KB268267

《거듭남 그 이후》에서 게리 토머스는 우리를 자유에서 멀어지게 하고 속박하는 흔한 거짓말들을 명쾌하게 파헤친다. 이 거짓말들을 찾아내 하나씩 해체해 나갈 때 우리는 다시 자유로 향하는 길에 들어설 수 있다. 그거짓말들을 인정하는 과정은 분명 고통스럽다. 하지만 그 너머에서 기다리는 자유는 그 모든 고통을 감수할 만큼 충분한 가치가 있다.

카일 아이들먼 。 Kyle Idleman
사우스이스트크리스천교회(Southeast Christian Church) 담임목사,
《그리스도인의 생각 사용법》 저자

나는 오래전부터 게리 토머스가 세상을 떠난 뒤에도 그의 책들이 기독교 저술의 고전으로 남을 것이라 말해 왔다. 그를 알고 지내며 인터뷰하는 특권을 누리는 동안 지켜본 바로, 그는 전능하신 하나님과 하나가 되는 데 가장 열정적이었다. 지혜의 샘과도 같은 그는 하나님의 깊은 세계를 끊임없이 갈구한다. 상투적인 말이나 공식에 안주하지 않고, 성경적 진리와 예수님이 우리에게 주시려고 목숨 바쳐 사신 그 대속의 삶을 부단히 탐구한다.

이 책에서 토머스는 우리 삶에 깊숙이 침투해 너무 익숙해진 나머지 의심조차 해 본 적 없는 거짓말들을 해체한다. 하지만 이것들은 결코 예사로운 거짓말이 아니다. 그는 우리의 신앙생활을 자기중심적으로 변질시키고 개인의 취향을 우상으로 숭배하게 만드는 그릇된 믿음의 실체를 파헤친다. 어떤 형태든 거짓은 우리를 포로로 사로잡아, 자유를 누리고 치유를 경험하는 온전한 삶을 살지 못하게 가로막는다. 철 지난 무거운 겨울옷을 벗어 던지듯 거짓말을 벗어 던질 준비가 되었는가? 그렇다면 이 책에 담긴 진리가 당신의 영혼에 깊이 스며들게 하라. 생명을 주는 새로운 계절이 당신을 기다리고 있다.

수지 라슨 。 Susie Larson
기독교 작가, 라디오 진행자, 강연가

얼마나 내게 필요했던 책인지! 흔하게 다뤄지지 않는 주제에 대한 저자
의 참신한 접근법은 저자 특유의 직설적이면서도 은혜로운 문체와 어우
러져, 계속해서 책장을 넘기게 했다. 우리는 지금 지혜가 절실히 요구되
는 시대를 살고 있으며, 이 책은 더할 나위 없이 적절한 때에 우리를 찾아
왔다.

새러 해거티 。 Sara Hagerty
Unseen(보이지 않음) 저자

잘 알려진 길과 인적이 드문 길을 함께 보여 주는 지도처럼《거듭남 그
이후》는 독자들이 자신의 신앙 여정을 다시 살펴보도록 이끈다. 이 책에
서 제안한 경로와 다른 길을 선택하는 이들도 있겠지만, 그럼에도 이 책
은 영적 삶이라는 복잡한 지형을 헤쳐 나가려는 모든 이들에게 신뢰할
만한 나침반이 되어 줄 것이다.

프랭크 바이올라 。 Frank Viola
《인써전스》 저자

게리 토머스가 거듭난 우리가 하나님과 친밀해지기 위해 살아야 할 삶에
관한 유용하고 지혜롭고 성경적인 책을 선보였다. 그는 그리스도의 제자
로서 우리의 전진을 막는 열두 가지 거짓말을 해체해야 한다고 강조한
다. 이 책을 강력하게 추천한다!

시앙양 탄 。 Siang-Yang Tan
풀러신학교(Fuller Theological Seminary) 임상심리학 수석 교수

이 책은 통찰력 넘치고 실천적이며, 때로는 충격적일 정도로 시대의 흐름을 거스른다. 교묘한 영적 의도들이 우리 삶을 오염시키려 하는 이 시대에 꼭 필요한 새로운 진리로 가득하다. 게리 토머스는 깊이 있는 신학을 쉬운 언어로 풀어 우리를 거짓 내러티브에서 건져 내고, 예수의 능력으로 거듭난 자들을 향한 하나님의 비전으로 나아가는 여정에 동참시킨다.

케빈 G. 하니 ∘ Kevin G. Harney
목사, 오가닉아웃리치인터내셔널(Organic Outreach International)
설립자이자 대표

게리 토머스는 하나님을 향한 깊은 마음을 지닌 사람이다. 그는 오랜 세월 충실하게 성경을 연구하며 배운 것을 다른 이들과 나누고자 하는 갈망으로 글을 쓴다. 이 책은 우리가 자주 듣고 너무도 쉽게 진실로 받아들인 진부한 통념과 거짓말들을 탁월하게 비판한다. 그는 성경이 말하는 바를 그대로 선포하고 모두가 당연히 여기는 것에 도전하기를 주저하지 않는다. 그러면서도 언제나 겸손과 긍휼의 태도를 잃지 않는다. 이 책은 그리스도를 섬기고 교회의 신실한 지체가 되고 싶은 이들에게 큰 도움이 될 것이다. 우리 마음을 혼란스럽게 하는 것들을 걷어 내고, 하나님과의 더 깊은 친밀함으로 나아가는 길에 발을 굳게 내디딜 수 있도록 구체적이고 실천적인 길잡이가 되어 준다. 사려 깊고 성경적 근거가 확실한 이 연구서를 강력히 추천한다.

로버트 슬로안 ∘ Robert Sloan
휴스턴크리스천대학교(Houston Christian University) 총장

거듭남 그 이후

지은이 | 게리 토머스
옮긴이 | 정성묵
초판 발행 | 2026. 2. 4.
등록번호 | 제1988-000080호
등록된 곳 | 서울특별시 용산구 서빙고로65길 38 두란노빌딩
발행처 | 사단법인 두란노서원
영업부 | 02)2078-3333   FAX | 080-749-3705
출판부 | 02)2078-3330

책값은 뒤표지에 있습니다.
ISBN 978-89-531-5224-3 03230

독자의 의견을 기다립니다.
tpress@duranno.com   www.duranno.com

두란노서원은 바울 사도가 3차 전도여행 때 에베소에서 성령 받은 제자들을 따로 세워 하나님의 말씀으로 양육하
던 장소입니다. 사도행전 19장 8-20절의 정신에 따라 첫째 목회자를 돕는 사역과 평신도를 훈련시키는 사역, 둘째
세계선교(TIM)와 문서선교(단행본·잡지) 사역, 셋째 예수문화 및 경배와 찬양 사역, 그리고 가정·상담 사역 등을
감당하고 있습니다. 1980년 12월 22일에 창립된 두란노서원은 주님 오실 때까지 이 사역들을 계속할 것입니다.

The Life
You Were
Reborn
to Live

거듭남
그 이후

게리 토머스 지음

정성묵 옮김

두란노

2010년부터 함께 성경을 공부하고 기도하며
형제애를 나눈 스킵(Skip), 로버츠(Roberts), 거스(Gus), 짐(Jim),
그리고 종종 우리와 함께해 준 데이비드(David)에게.

Contents

프롤로그. 거듭남, 이제 인생 룰이 완전히 바뀌었다 ◦ 12

1 "내 문제가 해결되기 전까진
   평안은 사치지."

상황보다 크신 예수,
그분을 깊이 누리는
오늘 ◦ 29

2 "하나님은 믿어.
   운전대만 내가 잡는 거야."

내 좁은 공식을 깨고,
그분의 경이로운 역사에
올라타다 ◦ 57

3 "물론 하나님도 섬길 거야.
   일단 가족부터 건사하고."

사랑하는 가족을
영적 제단에 올리는
용기 ◦ 73

4 *"혼자 잘 믿으면 그만,
굳이 복잡하게 얽힐 필요 없어."*

마음의 빗장을 풀고
'우리'라는
신비 속으로 ◦ 97

5 *"복음이란 예수 믿고
천국 가는 거야."*

거듭남, 하나님 나라
사명을 위해 '선발'되는
영광 ◦ 115

6 *"무탈한 삶이야말로
하나님 잘 믿는다는 증거 아닐까?"*

애통의 골짜기에서
진짜 하나님을
경험하는 복 ◦ 135

7 "제대로 거듭났다면
　죄 한 톨 없는 무결한 삶이어야지."

죄와 치열하게 씨름함으로써
구주께 더 밀착되는
신비 ∘ 157

8 "교회는 예나 지금이나
　하나같이 문제투성이야."

교회의 빈틈, 다름 아닌
내가 채워야 할
섬김의 자리 ∘ 183

9 "보이는 세상이 전부야. 천사니
　영적 전쟁이니 하는 건 다 허구일 뿐."

나를 지키기 위해
내 일상에 틈입하는
하늘의 군대 ∘ 209

10 "번듯하게 성공해야지. 초라한
   인생에 무슨 가치가 있어?"

화려한 신기루 너머
영원한 부요함에
삶을 쏟아붓다 ◦ 235

11 "하나님이 나한테 이 정도는
   당연히 해 주셔야 하지 않나?"

불평 가득한 청구서를
찢고 '구조받은 자'의
심장으로 ◦ 253

12 "이만하면 됐어.
   더 배울 것도 없어."

지혜 없이 내달리는 세상,
하나님 나라의 지적
화력으로 맞서다 ◦ 279

에필로그. 지금 여기서, 하나님 나라를 사는 즐거움 ◦ 304

감사의 말 ◦ 311

주 ◦ 313

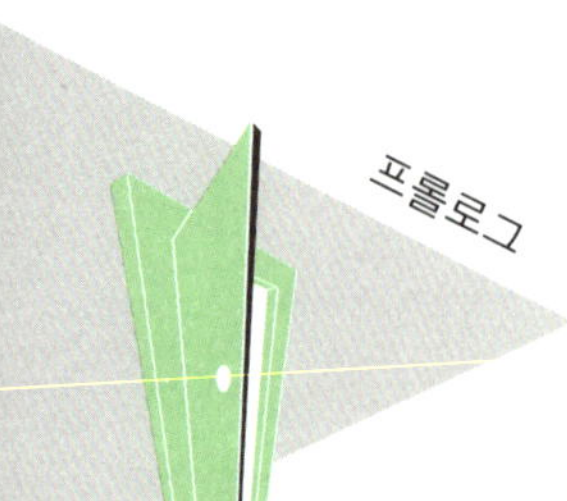

거듭남,　　　이제 인생 룰이 완전히
바뀌었다

우리 모두는 평생 숱한 거짓말을 들으며 살아왔다. 계속해서 귓가에 맴돌며 우리를 좌절하게 만드는 거짓말, 잘못된 것을 중시하고 갈망하게 만드는 거짓말, 엉뚱한 것에 분노하게 만드는 거짓말……. 물론 그중에는 대수롭지 않아 보이는 것도 있지만, 잠시 생각해 보라. 그런 말들이 얼마나 만연하며, 우리가 얼마나 생각 없이 그 말들을 받아들이고, 그에 맞춰 우리의 삶을 꾸려 왔는지를 말이다.

한때 사람들은 마가린이 버터보다 몸에 좋다고 믿었다. 우리 어머니도 '버터가 아니라니 믿을 수 없어'라는 이름의 마가린을 식탁에 올리곤 했다(난 믿어지던데). 하지만 이제 영양사들은 마가린이 버터보다 우리 몸에 훨씬 더 해롭다는 사실을 안다.

지금도 나를 괴롭히는 해묵은 거짓말이 하나 있다. 자전거를 가장 빠르게 타려면 타이어 공기압을 최대치까지 높여야 한다는 말이다. 불과 10년 전까지만 해도 세계 최고 권위의 사이클 대회인 '투르 드 프랑스'(Tour de France)에 참가하는 프로 선수들도 모두 그렇게 했다. 하지만 이제 과학은 전혀 다른 이야기를 한다. 공기압을 조금 낮추면 오히려 더 빨리 달릴 수 있고, 펑크가 날 확률도 줄며, 노면 접지력도 좋아진다는 것이다. 그럼에도 나는 여전히 타이어 바람을 끝까지 채우지 않으면 뭔가 잘못된 것처럼 느낀다. 왜일까? 수십 년 동안 그래야 한다는 말을 들어 왔기 때문이다. 옳게 느껴지는 것이 항상 옳은 답은 아니다. 그리고 그릇된 방식은 언제나 우리에게 해를 끼친다.

어떤 거짓말에는 의도가 있다. 면도를 하면 털이 점점 더 굵고 짙어진다는 말을 들었던 기억이 난다. 한 달에 한 번씩 머리를 면도하는 대머리 남자로서 자신 있게 말하는데 이 말은 전혀 사실이 아니다(사실이었으면 하는 마음이 간절하지만). 하지만 우리 부모 세대는 딸들이 다리털을 '너무 이른 나이에' 밀기 시작하지 않기를 바라는 마음에서 우리 세대에게 그런 말을 했던 것이다.

의도적인 거짓말이든 무지에서 비롯한 거짓말이든, 진실이 아닌 거짓말들은 이제 모두 버려야 한다. 우리가 그 거짓말을 받아들이고 그에 따라 행동한 결과, 우리의 삶이 크게 제한되었기 때문이다.

성경은 이보다 더 위험한 거짓말에 관해 경고한다. 바로 의도가 있는 영적 거짓말이다. 이 거짓말들은 단순히 무지가 아니라 악의에서 비롯했다. 이는 하나님의 자녀를 그리스도 안에서의 풍성한 삶 밖으로 유인하기 위해 하나님의 교회 정원에 심긴 것들이다. 우리가 듣고 믿는 모든 거짓말은 삶의 다양한 측면에서 풍성함을 잃게 만든다. 모든 거짓말이 그렇다.

그런데 적지 않은 교회에서 무수한 거짓말이 탄생하고 전파되며 옹호되고 있다. 이런 영적 거짓말은 토스트에 무엇을 바를지 또는 타이어에 공기를 얼마나 주입할지보다 훨씬 더 심각한 사안이다. 그래서 그리스도인은 아무것이나 무턱대고 믿지 말아야 한다. 우리가 믿는 것은 우리의 영과 정서, 관계, 몸에 지대한 영향을 미치기 때문이다. 사도 바울은 이렇게 썼다. "너희는 〔더 이상〕 이 세대를 본받지〔세상의 패턴을 따르지, NIV〕 말고 오직 마음을 새롭게 함으로 변화를 받아"(롬 12:2).

시대마다 나름의 '패턴'이 있다. 내가 보기에 이 세대가 주력하는 것은 우리의 '주의를 분산시키는 일'이다. 세상의 전략은 우리의 관심을 딴 데로 돌려 하나님을 즐거워하지 못하게 하고, 하나님 안에서 누리는 만족을 잃게 하며, 하나님을 향한 믿음을 망가뜨리는 것이다. 그리하여 순종의 기쁨이 넘치는 삶을 누릴 기회를 놓치게 만든다.

이 책에서 논할 열두 가지 거짓말을 해체하면 더 이상 이 세상의 패턴을 따르지 않고 마음을 새롭게 함으로 변화받는 길에 들어선 것이다. 앞으로 우리가 초점을 맞추게 될 열두 가지 진리는 다음과 같다.

1. 누구나 평안을 원하지만, 진정한 평안은 예수님께 나아가는 자들에게만 주어진다. 예수님 없이 환경에서 평안을 얻으려 하면 아무리 애써도 우리 영혼이 갈망하는 쉼을 찾을 수 없다. 무엇이 내적 평안을 만드는지 이해하지 못한 채 평안을 쫓을수록 오히려 평안에서 더 멀어지고 만다.

2. 내 삶에 대한 통제권을 내려놓는 일은 두렵고, 심지어 무책임하게 느껴질 수도 있다. 하지만 통제권을 하나님께 맡기면, 그분이 친히 인도하시며 우리의 삶을 우리 자신보다 훨씬 더 잘 다스리신다.

3. 가족 안에서 궁극적인 의미를 찾으려 하면 그들을 제대로 사랑할 수 없게 되며, 하나님의 가족의 일원이 됨으로써 누리는 충만함 또한 맛보지 못하게 된다.

4. 힘들고 상처받을 수 있다는 이유로 인간관계를 포기하면 공동체 안에서 누릴 수 있는 만족을 놓치게 된다.

5. 자신만을 위한 구원에 안주하면 영혼이 삶의 목적과 의미로 충만해지는 구원을 누리지 못하고, 하나님 나라 사역에 쓰임받을 때 누리는 기쁨도 빼앗기고 만다.

6. 안락함과 편안함에 집착하면 역경을 통해 단련될 기회를 놓치게 된다.

7. 지금 당장 죄에서 자유로워지길 갈망하다 보면 지름길을 찾으려 들 수 있다. 하지만 그러면 죄와 시험(유혹)이 우리에게 가르쳐 주는 지혜를 놓치게 된다. 또한 우리 자신의 공로가 아닌 예수님이 이루신 의 안에서 쉬는 영광도 빼앗긴다.

8. 교회 소비자가 되면 교회를 섬길 때 얻는 기쁨과 만족을 놓치게 된다. 그러면 예수님의 신부를 사랑하지 못하고 교회라는 조직에 불만과 분노만 품게 된다. 교회는 예수님처럼 완벽하지 않기 때문이다.

9. 사람들의 시선이나 체면 때문에 물질주의적 세계관을 따르면 초자연적인 돌보심과 도우심 속에서 살아가는 삶의 경이를 경험하지 못하게 된다.

10. ‘하나님께 대하여 부요한’ 삶은 기독교 고전에서 가장 자주 다루는 주제 중 하나다. 이 삶은 진정 중요한 것에 마음을 둠으로써, 이 세상에서의 성공과 의미, 성취를 찾기 위한 가혹한 경쟁에서 우리를 해방시킨다.

11. 특권 의식에 빠져 있으면(아마도 우리 시대의 가장 큰 영적 함정일 것이다) 하나님께 감사하는 마음과 그분의 선하심에 대한 경탄을 잃고, 쓰라린 원망과 분노의 늪에서 허우적거리게 된다.

12. 지혜를 적극적으로 길러 나가지 않는 것은 여명이 아니라 짙은 어둠으로 향하는 ‘영원한 황혼’ 속에서 사는 것이다. 그럴 경우 진정으로 중요하며 영원한 만족을 주는 것들을

놓치고 만다.

이 진리들 이면에 숨은 거짓말을 해체하는 작업은 매우 역동적인 과정이다. 마음을 새롭게 하면 우리의 삶은 변화되어 거짓말이 남긴 후유증으로부터 자유로워지며, 이전과는 다른 새로운 기쁨을 맛보게 된다. 우리가 당연하게 받아들여 온 것들을 다시 생각할 때, 두려움은 사라지고 쓴 뿌리와 원망, 분노로 가득했던 자리에는 기쁨과 소망이 차오르게 된다. 풍성한 그리스도인의 삶, 승리하는 그리스도인의 삶, 기쁨과 평안이 충만한 그리스도인의 삶은 바로 진리 위에 세워진 삶이다.

우리가 하나님에 관해 믿는 모든 거짓말은 그분을 바라보는 시각과 그분께 반응하는 방식을 변질시킨다. 이에 못지않게 해로운 것은 우리가 거짓말을 믿을 때 그 거짓말을 주변에 퍼뜨리게 된다는 것이다. 그렇게 되면 아무리 좋은 의도로 전했다 해도 우리의 믿음의 형제자매들은 우리와 같은 기만의 감옥에 갇히고 만다.

거짓된 믿음을 해체하는 일은 불필요한 체중을 감량하고 빚을 청산하며 집을 리모델링하는 작업을 단번에 모두 해내는 것과도 같다. 내 경우에는 이 과정을 밟는 것이 마치 옷장을 통해 나니아 나라 속으로 걸어 들어가는 것처럼 느껴졌다. 새로운 영적 세상과 경험이 내 앞에서 펼쳐졌다. 이 새로운 진리들을 받아들이자 완전히 새로운 삶으로 가는 길이 열렸다. 루시가 형제들을 나니아 나라의 모험으로 초대했듯이 상상 이상으로 풍성하고 깊은 영적 현실을 탐험하는 모험으로 당신을 초대하고 싶다.

윌리엄 로(William Law)는 1728년, *A Serious Call to a Devout and Holy Life*(경건하고 거룩한 삶으로의 엄숙한 부르심)라는 중요한 책을 발표했다. 그가 묘사한 대부분의 사람이 추구하는 피상적이고 거짓된 삶에 대해 읽어 보면 놀라울 정도로 현대인의 삶과 비슷하다.

> 재산이 풍족한 것, 좋은 집과 값비싼 옷을 갖추는 것, 화려한 위세를 떨치며 시종과 마차의 수행을 받는 것, 용모가 아름다운 것, 존귀한 직함을 얻는 것, 다른 사람들보다 우월한 위치에 서는 것, 사람들에게 머리 숙여 하는 인사와 공경을 받는 것, 사람들에게 감탄 어린 시선을 받는 것, 적들을 힘으로 제압하는 것, 자신에게 맞서는 모든 자를 굴복시키는 것, 최대한 화려하게 치장하는 것, 호사스럽고 웅장하게 사는 것, 가장 사치스럽게 먹고 마시고 즐기는 것. **세상의 영**은 모든 사람의 눈을 바로 이런 것들로 향하게 하며, 이것들이야말로 위대하고 명예로우며 탐나는 일이라고 말한다. 그리하여 많은 사람이 …… 이런 것들을 추구하는 대열에 끼지 않으면 세상으로부터 어리석은 자로 여겨질까 두려워한다.[1]

지난 300년 동안 "세상의 영"은 크게 달라지지 않았다. 그렇지 않은가? 이런 것이 영적 파멸로 가는 지름길임에도 불구하고 오늘날 사람들은 기본적으로 18세기 사람들이 추구하던 것과 똑같은 것을 추구한다. 마차 대신 자동차와 비행기를 타고 다닐지는 몰라도 여전히 권력과 안위, 부, 대중의 찬사를 갈망한다. 남들이 우리를 조금이라도 부러워해 주기를 바라는 마음도 여전하다. 우리는 조금이라도 더 매력적으로 보이고 싶어 하며, 실제 나이보다 더 젊어 보이고 싶어 한다. 이름 없이 묻혀 살거나 무시당하는 것을 원치 않는다. 마차를 끄는 말이 두 마리인지 네 마리인지는 이제 우리 관심사가 아니지만, 최고급 SUV와 중고 세단 사이에서 무엇을 살지 결정하는 문제는 여전히 우리 삶의 중요한 화두다.

월리엄 로는 이어서 이렇게 말한다. "복음의 역사는 주로 이 세상의 영을 그리스도께서 정복하신 역사다. 참된 그리스도인의 수(數)란 오직 그리스도의 영을 따라 이 세상의 영에 거슬러 살아온 사람들의 수다."[2]

그리스도인의 삶을 산다는 것은 우리 시대가 당연하게 여기는 거짓된 의제를 식별하고 거부하는 것이다. "너희는 이 세대를 본받지 말고." 우리는 매일 하는 선택들을 통해 우리의 삶 속에서 그리스도의 승리를 선포하거나 이 세대에 굴복한다. 가치들이 서로 극단적으로 부딪히는 상황에서 우리가 세상을 향해 1센티미터 다가갈 때마다 그리스도에게서 1센티미터씩 멀어지는 것이다.

문제는 심지어 그리스도인들도 이 시대의 거짓말들이 어떤 식으로 우리를 그리스도의 진리에서 멀어지게 만드는지 잘 이해하지 못한다는 것이다. 그리스도 안에서의 삶은 곧 '생각하는 삶'이다. 세상의 힘은 세상에 대한 맹목적인 순종에 기반하기 때문이다. 이에 관해 월리엄 로는 이렇게 말한다.

경건한 사람은 자신의 이성을 참되게 사용한다. 세상의 허망함을 꿰뚫어 보고, 자신의 부패한 본성과 맹목적인 열정을 발견한다. 세상의 저속한 눈에는 보이지 않는 법에 따라 살며, 영의 세계에 발을 들인다. 가장 큰 것들을 비교하고, 시간을 영원에 비추어 본다. 그리하여 살아생전 세상의 쾌락을 한껏 누리기보다 죽어서 하나님 앞에서 영원히 큰 자가 되기를 선택한다.[3]

계속해서 세상과 다른 방식으로 생각하고, 세상과 다른 것들을 가치 있게 여기고, 세상과 다른 것들을 추구하고, 전혀 다른 청중을 만족시키려고 할 때 그리스도 안에서의 삶이 꽃을 피운다. 사도 요한은 이렇게 표현했다. "그들은 세상에 속한 고로 세상에 속한 말을 하매 세상이 그들의 말을 듣느니라 우리는 하나님께 속하였으니 하나님을 아는 자는 우리의 말을 듣고 하나님께 속하지 아니한 자는 우리의 말을 듣지 아니하나니 진리의 영과 미혹의 영을 이로써 아느니라"(요일 4:5-6).

내가 자전거 타이어에 바람을 넣을 때와 마찬가지로, 당연히 그렇게 해야 한다고 생각해서, 다르게 하는 것이 옳은데도 그러면 안 될 것 같은 기분이 들어서 뭔가를 계속해서 해 오는 것들이 있다. 그럴 때 '그릇된 것'을 바꾸는 것이 항상 쉽지는 않다. 그 그릇된 것이 옳다고 확신할 때는 더더욱 그렇다. 생각을 바꾸는 훈련이 반드시 필요하다. 성경은 그릇된 것이라고 선포하는데도 세상에서 편안한 삶을 추구하는 것이 옳게만 느껴진다. 하지만 성경은 분명히 밝힌다. "그러므로 너희가 그리스도와 함께 다시 살리심을 받았으면 위의 것을 찾으라 거기는 그리스도께서 하나님 우편에 앉아 계시느니라 위의 것을 생각하고 땅의 것을 생각하지 말라 이는 너희가 죽었고 너희 생명이 그리스도와 함께 하나님 안에 감추어졌음이라"(골 3:1-3).

나는 심한 길치다. 특히 덴버 유료도로에서 빠져나오는 한 지점에서 늘 헤매는데, 집은 남쪽인데도 일단 북쪽 방면 출구로 나가야 하기 때문이다. 방향 감각이 탁월한 아내 리사(Lisa)는 내가 헷갈려 할 때마다 참을성 있게 말해 준다. "아니요, 그대로 우측 차선을 타요." 내 느낌에는 그쪽으로 가는 게 분명 잘못된 방향 같지만 말이다. 이와 비슷한 맥락에서 사도 바울은 말한다. "너희는 〔더 이상〕 이 세대를 본받지〔세상의 패턴을 따르지, NIV〕 말고 오직 마음을 새롭게 함으로 변화를 받아"(롬 12:2).

NIV 성경에서 헬라어 "아이온"을 "세상"(world)으로 번역한 것은 자칫 오해를 불러일으킬 수 있다(개역개정 성경은 "세대"로 번역했다-편집자). "아이온"은 많은 경우 "시대"(age)로 옮기는 편이 더 적절하다. 바울은 이를 통해 우리가 새로운 사고방식과 새로운 이해를 갖춘 새로운 시대에 살고 있음을 역설한다. 시대마다 그 시대를 이끄는 의제(agenda), 즉 중요하다고 내세우는 것들이 있다. 우리의 사명은 이 시대의 의제가 당연하게 여기는 전제들에 도전하고, 이를 하나님의 의제와 견주어 보며, 이 시대의 거짓된 것은 거부하고 성령 안의 참된 것은 받아들이는 것이다.

우리는 생각하는 대로 살게 되어 있다. 바울은 에베소서에서 이 점을 강조한다. 옛 사람을 벗고(엡 4:22) 새사람을 입는 과정(24절)은 "심령이 새롭게" 되는 것(23절)을 중심으로 이루어진다. 우리는 전에 생각하던 것을 버리고 하나님의 혁명적인 진리를 다시(혹은 처음으로) 배워야 한다. 그런 뒤에야 "하나님을 따라 의와 진리의 거룩함으로 지으심을 받은 새사람을 입"을 수 있다(24절). 이어서 바울은 "거짓을 버리고 …… 참된 것을 말하라"(25절)라는 권면으로 시작하여 에베소 교인들에게 어떻게 처신해야 할지를 말해 준다. 새로워지려면 먼저 이전에 믿어 온 거짓말부터 해체해야 한다. 거짓말 이면의 전제를 받아들이면 그 거짓말을 좇게 되어 있고, 결국 그 거짓말 때문에 망하고 만다.

20세기의 저명한 스위스 신학자 칼 바르트(Karl Barth)는 로마서 12장 2절을 다음과 같이 번역했다. "간절히 청합니다. 이 세상의 현재 틀에 자신을 맞추지 말고, 장차 도래할 세상의 변화에 맞춰 여러분을 형성하십시오."[4] 이 중대한 선언은 이 세상의 일시적인 유행이 아니라 장차 올 세상의 변화를 삶의 토대로 삼으라는 명확한 부름이다. 바울의 초대는 그야말로 경이롭다. 이제는 새로운 시대이며, 당신은 새로운 사람이다. 이 사실을 믿고 그 믿음대로 살아가라.

우리 집 아이 중 둘이 '올해의 교장 상' 최종 후보에 올랐던 스티브 클라크(Steve Clark)가 교장으로 있는 공립 고등학교에 다녔다. 큰 복이었다. 우리 지역에는 고등학교가 세 군데 있는데, 다들 이 학교에 자녀를 보내고 싶어 했다.

어느 학기 초에 두 명의 전학생이 주먹 다툼을 벌이자 클라크는 두 아이를 교장실로 불러 이렇게 말했다. "너희는 잘 모르겠지만 이곳 벨링햄고등학교(Bellingham High School)에서는 싸움으로 문제를 해결하지 않는단다."

그는 "이 학교는 새로운 학교다. 우리는 새로운 교칙을 따른다"라는 모토로 학생들이 마음껏 배울 수 있는 좋은 학교를 세워 갔다. 두 학생은 예전 학교에서 싸움으로 생존하는 법을 배웠다. 하지만 이제 새로운 학교에 왔으니 그 전략을 버려야 했다. 그리고 새로운 삶의 방식을 배워야 했다.

우리가 이 책에서 논할 열두 가지 진리는 열두 가지 새로운 마음가짐, 곧 하나님 나라의 삶의 방식을 가리킨다.

애굽을 떠나야 약속의 땅으로 갈 수 있다

세례 요한도 예수님도 모두 회개에 초점을 맞추면서 공적 사역을 시작했다(마 3:1-2; 4:17). 회개의 첫 번째 핵심 요소는 바로 '다시 생각하기'(내가 '해체하기'라 부르는 것)다. 우리의 주의를 분산시키려는 이 시대의 전략은 점점 더 강해지고 있다. 이 거대한 환상에서 빠져나와 이에 저항하는 운동에 함께하지 않겠는가? 그동안 잘못 배운 참이 아닌 것들을 버리고, 이제 하나님 나라의 시민으로서 더 고귀한 삶을 받아들이지 않겠는가?

우리를 변질시킬 뿐 아니라 사로잡으려는 거짓말들을 밝혀내면 그리스도 안에서 마땅히 우리의 것, 곧 영광을 얻을 수 있다. 참으로 매혹적이고, 영광스럽고, 강력하며, 위로가 되고, 초자연적으로 평안한 새로운 영적 삶이 우리를 기다리고 있다. 먼저 옛 삶을 버려야 이 삶을 향해 발을 내딛을 수 있다.

때로 나는 세상이 반복적으로 들려주는 거짓말에 사로잡혀 결국 그 거짓말을 참으로 믿곤 했다. 그런가 하면 교회에서 들은 거짓말에 발목이 잡힌 경우도 있었다. 그러므로 이 책에서 이야기하려는 해체는 삶의 모든 영역에서 이루어져야만 한다. 약속의 땅으로 가기 위해서는 먼저 애굽을 떠나야 한다.

신약학자 존 스토트(John Stott)는 "본받지 말라"가 성경 전체에서 반복적으로 나타나는 지시라는 점에 주목했다.[5] 레위기 18장 3절은 이렇게 말한다. "너희는 너희가 거주하던 애굽 땅의 풍속을 따르지 말며 내가 너희를 인도할 가나안 땅의 풍속과 규례도 행하지 말고." 예수님은 제자들에게 바리새인과 이교도들의 관행을 설명하고서 이렇게 말씀하셨다. "그들을 본받지 말라"(마 6:8).

갈라디아서 1장 4절에서 바울은 예수님이 "이 악한 세대에서 우리를 건지시려고 우리 죄를 대속하기 위하여 자기 몸을 주셨"다고 했다. 예수님의 목적이 악한 세대로부터 우리를 건지시는 것이라면 우리는 결코 이 시대를 신봉하거나 믿거나 추구하지 말아야 한다. 우리는 이 시대의 틀과 방식을 버려야만 한다.

그리스도의 오심은 현시대의 끝을 알리는 신호다. "이 세상도, 그 정욕도 지나가되 오직 하나님의 뜻을 행하는 자는 영원히 거하느니라"(요일 2:17). 우리가 하나님의 뜻을 어떻게 알 수 있는가? 로마서 12장 2절의 전반부는 그 첫걸음을 알려 준다. 바울은 이 시대의 방식을 본받지 말고 마음을 새롭게 함으로 변화를 받아야 비로소 "하나님의 선하시고 기뻐하시고 온전하신 뜻이 무엇인지 분별"할 수 있다고 말한다.

변화를 받기 전까지는 하나님의 뜻을 알 수 없다. 또한 계속해서 이 시대를 따르는 한, 하나님의 뜻을 받아들일 수 없고, 심지어 그 뜻에 반대할 수도 있다. 오늘날 많은 교회에서 바로 이런 일이 벌어지고 있다. 아주 단순하다. 하나님의 뜻을 알려면 변화를 받아야 한다. 그래서 나는 늘 내 생각을 하나님의 비할 수 없이 탁월한 생각에 굴복시킨다. 참되지 않은 것을 해체하고, 옳은 길을 까먹고 잘못된 출구로 나갈 때마다 재빨리 되돌아와야 한다, 계속해서.

세상의 기립박수와 하나님의 인정 사이에서

거의 30년 가까이 강연을 다니면서, 진심 어린 기립박수도 여러 번 받았고, 그냥 예의상 보내는 박수도 많이 받아 보았다. 그러면서 나는 기도로 강연을 마치면 사회자가 올라와서 다시 박수를 청하지 않는 한 기립박수를 받을 가능성이 거의 없다는 사실을 알게 되었다. 그래서 나는 대개 기도로 강연을 마친다.

거의 매번 기립박수를 받는 한 강사와 여러 차례 콘퍼런스에 함께 설 기회가 있었다. 나는 유명 강사들의 강연을 대부분 들어보았고 내용과 전달력 모두를 제대로 평가할 줄 안다고 자부하는데, 그런 측면에서 그가 매번 기립박수를 받는 것이 의아했다. 그래서 나는 몇 차례 그가 강연을 어떻게 끝맺는지 유심히 관찰했고, 그가 강연 마지막에 항상 하는 세 가지 행동을 발견했다.*

창피한 고백이지만, 다음번 강연에서 나는 기도로 마치지 않고 그가 했던 세 가지를 그대로 시도해 보았다. 결과는 확실했다. 열화와 같은 기립박수가 터져 나왔고, 순간 짜릿함을 느꼈다. 하지만 내 영혼을 지키기 위해 그 뒤로는 다시는 하지 않았다. 아내도 이 이야기를 들었기에, 앞으로 내가 그 행동을 하는 일은 없을 것이다. 내가 그런 짓을 하면 아내가 즉시 알아챌 것이기 때문이다. 대중의 일시적인 찬사를 받으면 엔도르핀이 솟아 짜릿하겠지만 대신 사랑하는 아내의 경멸을 사게 될 것이다. 아마 아내는 '세상에, 제정신이에요?'라고 생각할 것이다. 아내가 인정하지 않는데 세상의 찬사를 받고 싶지는 않다.

이를 영적인 관점으로 바꾸어 생각해 보자. 당신이 하는 일을 낱낱이 지켜보시는 하나님이 당신의 동기와 행동, 성과를 인정하지 않으시는데도 세상의 기립박수를 구하겠는가? 세상의 환심을 사서 원하는 관심과 인정, 명성을 얻는 데 성공할지도 모른다. 하지만 하나님의 경멸을 감수하면서까지 얻는 세상의 기립박수란 너무나 비싼 값을 치르는 어리석은 선택이다.

나는 세상의 길에서 벗어나 그리스도 안에서 살고 싶다. 그리스도께 온전히 헌신하고 그분께 인정받는 삶에서 불어오는 신선한

---

* 다른 강사들이 내게 이 세 가지가 무엇인지 물었지만 일부러 나 혼자만 알고 아무에게도 말하지 않았다. 누군가를 공개적으로 비판하는 것은 내 사명이 아니다.

바람을 느끼고 순전한 향기를 맡고 싶다. 이는 우리가 무심코 흡수해 온 거짓의 체계를 해체하고, 그리스도 안의 더 풍성한 삶으로 나아가자는 초대다. 바로 이 삶을 살게 하시려고 우리를 거듭나게 하셨다.

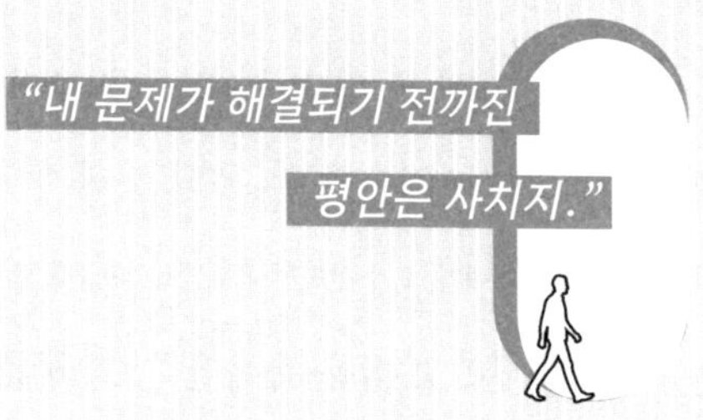

상황보다 크신 예수,
그분을 깊이 누리는 오늘

평강의 주께서 친히
때마다 일마다 너희에게 평강을 주시고
주께서 너희 모든 사람과 함께하시기를 원하노라.
데살로니가후서 3장 16절

＊

종종 친구들이 내 또래라면 누구나 받는 질문을 내게 던진다. "자네의 숫자는 얼마인가?" 여기서 '숫자'란 은퇴 전까지 모으고자 희망하는 자산 총액을 말한다(내가 죽기 전까지 은퇴라는 대열에 합류할지는 잘 모르겠지만). 우리는 돈을 다 써 버리고 싶은 유혹을 참고 꾸준히 저축하며 그 목표 수치를 향해 조금씩 다가간다. 그러다 국가적 경제 위기라도 닥치면, 공들여 쌓아 온 숫자의 30~40퍼센트가 순식간에 사라져 버린다. 작은 조언을 하나 하자면, 그 돈으로 무엇을 할 수 있었을지(근사한 휴가, 새 차 구입, 집 증축) 하나하나 따져 보지 말라. 그래 봐야 괴로울 뿐이다.

친구들 중에 수백만 달러를 모은 한 부부가 있다. 자초지종을 말하자면 너무 길고, 결론은 그들은 집을 팔고 지금은 월세를 내며 매달 힘겹게 살아가고 있다. 그 친구의 아내는 채권자들로 인해 눌릴 때마다 시편 23편 1절 말씀이 다시 일어설 힘을 준다고 고백했다. "여호와는 나의 목자시니 내게 부족함이 없으리로다." 부족함이 없다는 확신은 목표했던 '숫자'를 달성해서 얻어지는 게 아니다.

그 친구가 잃은 돈을 단시간에 다시 벌어들일 만큼 유능한 사업가여서도 아니다. 막대한 유산을 물려받을 예정이어서도 아니다(실제로 물려받을 유산 같은 건 없다). 그 친구 부부가 부족함이 없다고 고백할 수 있는 단 하나의 이유는 하나님이 그들의 목자이시며, 그것만이 결코 변하지 않는 진리이기 때문이다.

평안(peace)*은 곧 '그분'이시다. 평안을 누린다는 것은 우리의 안전을 그분께 두고, 그분만으로 이미 충분하다는 사실을 깨닫는 것이다. 모든 것을 잃고 아무도 당신을 주목하지 않으며 주변 세상이 온통 무너져 내려도, 당신은 이미 필요한 모든 것을 가졌다.

평안은 돈이나 찬사, 심지어 사랑하는 이들에게 받는 인정보다 훨씬 더 낫다. 하나님은 모든 자녀가 영혼을 소생시키는 깊은 평안을 맛보기를 원하신다. 근심이 우리의 생각을 오염시키고 우리의 하루하루를 망칠 때 하나님은 몹시 슬퍼하신다. 근심이 도움이 된 적이 있던가? 단 한 번이라도? 시편 23편 1절은 단순히 재물에 관한 말씀이 아니다. 관계, 만족, 사랑하는 사람들, 아니 우리에게 필요한 모든 것에 관한 이야기다. 우리가 모든 면에서 부족함이 전혀 없을 것이라는 말이다.

하나님의 평안이 나를 감쌀 때 나는 더 이상 타인의 인정에 목매지 않게 된다. 더는 사랑하는 이들이 하나님을 따르는 과정에서

Chapter 1

---

*　편집자 일러두기 : 영어 성경의 "peace"는 한국어 성경에서 문맥에 따라 "평강", "평화", "화평"으로 다양하게 번역된다. 이 책에서는 인용된 성경 구절과 그와 직접적으로 연결된 문장에서는 해당 성경 번역의 표현을 존중하고, 그 외의 경우에는 대부분 "평안"으로 통일하여 옮겼다.

'내가 바라는' 결정을 해 주기를 기대하지 않는다. 영원한 행복을 보장받으려 애써 나를 증명할 필요도 없다. 내가 쓴 책이 몇 권 팔려야 한다는 압박도 사라진다. 이미 가진 것 외에는 아무것도 필요치 않다. 마치 영적 몸무게를 20킬로그램이나 덜어 낸 듯한 가벼움이다. 정말 놀라운 경험이다!

평안은 상황이 아니라 관계에서 온다는 사실을 깨달았을 때, 내 삶은 놀라운 방식으로 완전히 뒤바뀌었다. 평안은 곧 그분이시다. "모든 것이 평안하다. 다 괜찮다. 지금 이 순간, 내게 필요한 모든 것을 이미 가졌다"라고 고백하자 비로소 나는 안달복달하며 애쓰고 걱정하며 전전긍긍하던 삶을 멈출 수 있었다.

초자연적인 평안의 이유

개인적인 평안은 인간이 할 수 있는 가장 강력한 영적 경험 중 하나다. 평안은 영광스럽고 심지어 초자연적이기까지 하다. 나는 평안이 그리스도인으로서 경험할 수 있는 가장 좋은 것 중 하나라고 믿는다.

이 책에서는 개인적인 평안을 가장 넓은 의미에서의 안녕으로 정의하고자 한다.* 평안은 정신적 혼란이나 불안, 사라지지 않

---

* 성경에서 "평안"(평강, 평화, 화평)은 유대인과 이방인 사이의 화해를 의미하기도 한다(엡 2장 참조). 이 성경적 개념에는 편견과 인종 차별을 극복하는 것과 관련된 중요한 의미가 있지만 그 문제는 따로 한 장을 할애해서 다뤄야 한다.

는 두려움에서 상대적으로 자유로워지는 것을 의미한다. 평안은 더 나쁜 일이 닥칠지 모른다는 느낌에 더 이상 시달리지 않는 것을 의미한다. 평안은 분명 감정이지만, 감정 이상의 것이다. 내가 생각하는 평안은 주변 모든 것이 혼란에 빠진 상황에서도 모든 것이 괜찮을 것이라는 확신에서 비롯하는 초자연적인 차분함이다. 우리의 삶이 온전히 하나님의 손안에 있다는 사실을 알면 마음이 안정되고 편안해진다.

이런 유의 평안을 경험하는 그리스도인은 매우 드물다. 사실상 이런 평안의 그림자조차 밟지 못하는 그리스도인이 대부분이다. 그런데도 오늘날 교회는 이 평안을 제대로 가르치고 있지 않다. 예수님이 2,000년 전 예루살렘을 향해 하셨던 말씀을 오늘날 교회를 향해서도 하고 계시지 않을까 싶다. "너도 오늘 평화에 관한 일을 알았더라면 좋을 뻔하였거니와 지금 네 눈에 숨겨졌도다"(눅 19:42).

평안을 누리는 법을 배우지 못하면 삶의 질이 떨어질 뿐 아니라 복음 전파에도 큰 걸림돌이 된다. 우리는 구원에 대해 말하는 데 수많은 시간을 할애하지만, 정작 사람들은 우리에게서 구원을 '볼 수 없기에' 관심도 없고 믿지도 않는다. 이는 마치 당신이 별로 듣고 싶지 않은 음악을 하는 뮤지션의 '베스트 앨범'을 누군가 당신에게 팔려 하는 것과 같다. 설령 그 뮤지션의 최고작들만 모아 놓았다 해도, 당신은 여전히 그 앨범을 원치 않을 것이다.

모든 사람이 평안을 원한다. 단지 평안 얻는 법을 모를 뿐. 먼저 평안이 어디에서 오는지에 관한 세상의 관념부터 해체해야 한다. 평안이 다음과 같은 조건에 달려 있다고 생각하는 사람이 너무도 많다.

- 고통이 전혀 없는 삶
- 문제가 전혀 없는 삶
- 수십 년은 거뜬히 버틸 수 있을 만큼 비축해 둔 현금
- 나를 사랑하고 항상 친절하게 대해 주는 배우자
- 나를 인정해 주는 자녀(게다가 모두 하나님도 잘 믿는 것)
- 나를 자랑스러워하는 부모
- 남들에게 존경받는 직업이나 재정 포트폴리오
- 주변 사람들이 나를 미워하거나 반대하지 않는 것
- 주변 사람들이 내게 죄책감을 느끼게 하거나 내 행동을 지적하지 않는 것
- 내가 지지하는 인물이나 정당이 집권하는 것

이 모든 조건이 충족되어야 평안할 수 있다고 믿는 것은 '거짓 평안'이다. 우리는 이러한 환경을 만들려고 안간힘을 쓴다. 이 중 단 하나라도 빠지면 고통스러운 불안에 시달리고, 두어 가지만 어긋나도 절망에 빠져 무너져 내린다.

그러나 이 모든 조건이 한꺼번에 충족되는 때는 결코 오지 않는다. 또한 이 중 어느 것 하나 이루어지지 않더라도 우리는 여전히 평안을 누릴 수 있다. 삶의 모든 문제를 해결해야 마침내 평안할 수 있다고 생각한다면, 영영 평안을 누리지 못할 것이다. 하나님이 주

시는 평안은 우리의 환경에 좌우되지 않으며, 전적으로 그분과의 관계에만 뿌리를 둔다. 조나단 헤프너(Jonathan Hefner)는 이렇게 고백했다. "내 상황은 평탄치 않을지라도, 내 영혼은 평안하다."*

세상과 다른 예수님의 방식

주께서 심지가 견고한 자를 평강하고 평강하도록 지키시리니 이는 그가 주를 신뢰함이니이다. ○ 이사야 26장 3절

예수님을 따르는 이들이 평안의 길을 배울 때, 그들은 영적으로 눈멀고 마음이 완고해진 이들에게 예수님이 오셨음을 삶으로 증명해 보이게 된다. 예수님을 신뢰하는 자들에게는 모든 것이, 참으로 모든 것이 달라진다는 사실이 그들을 통해 입증되는 것이다.

내 절친인 스티브(Steve)·레베카(Rebecca) 부부에게 들은 이야기다. 스티브와 레베카는 동네 마트의 계산대 직원인 루비(Ruby)의 고객 서비스에 늘 고마워했다. 루비는 기쁨과 평안이 무엇인지를 몸소 보여 주는 사람이었다. 그녀는 진심으로 모든 손님을 반기고, 손님들에게 하나님에 대해 거리낌 없이 나누었다.

코로나19 팬데믹 시기였다. 스티브와 레베카는 계산대에서 물건을 계산하면서 루비에게 잘 지내는지 안부를 물었다.

---

* 조나단 헤프너는 내가 운영하는 서브스택(Substack: 미국의 구독형 뉴스레터 플랫폼) 구독자로, 이 책의 초고를 미리 읽었다.

"음, 이런저런 상황을 생각하면…… 그래도 괜찮은 편이에요."

루비의 대답에 스티브는 다시 물었다. "무슨 일 있어요?"

"아들이 코로나에 걸려 병원에서 인공호흡기를 달고 있어요. 자가 면역 질환이 있어서 의료진도 많이 걱정하고요. 예후가 좋지 않대요. 아이 면회도 안 되는 상황이고……. 그런 와중에 어제는 제 병원 검사 결과가 나왔는데…… 암이라고 하더군요."*

이런 충격적인 소식을 전하면서도 루비는 계속해서 물건들을 계산했다.

스티브 부부는 말했다. "두 분을 위해 꼭 기도하겠습니다."

"감사해요. 이 모든 일에 하나님의 목적이 있음을, 하나님이 이 모든 상황을 다스리고 계심을 믿어요. 두 분 다 복된 하루 되세요."

〈미국 의학 협회지〉(JAMA)는 코로나 팬데믹 초기에 "18~65세와 65세 이상 연령군에서 인공호흡기를 사용한 환자의 사망률이 각각 76.4퍼센트, 97.2퍼센트였다"고 밝혔다.[1] 인공호흡기를 단 18~65세 환자의 4분의 3 그리고 65세 이상 환자의 거의 전부가 끝내 인공호흡기를 떼지 못했다. 인공호흡기라는 마지막 수단은 성공보다는 실패하는 경우가 훨씬 많았다. 설상가상으로 루비는 암 진단까지 받았다. 아마 대부분의 사람이 이 중 한 가지만 겪어도 불안해서 견디지 못하리라. 그러니 이 두 가지 일이 동시에 닥친다면

---

* 레베카 윌크(Rebecca Wilke)가 자신의 책 *I Choose Hope* (SonKist Ministries, 2023)에 이 이야기를 썼다.

누구라도 절망에 빠지지 않고 배길 수 있을까?

하지만 루비에게는 이 모든 일에 하나님의 목적이 있으며, 무엇보다 하나님이 이 모든 상황을 완벽히 다스리고 계신다는 확신이 있었다. 하나님이 다스리심을 알았기에 루비는 자신의 감정이 상황에 휘둘리게 내버려 두지 않았다. 그녀는 공포에 질려 자기 문제에만 매몰되는 대신, 오히려 스티브와 레베카를 축복하며 말했다. "복된 하루 되세요." 스티브와 레베카 부부는 고난이 극심한 시기에도 그런 깊은 내적 평안을 누릴 수 있다는 사실에 크게 감동했다. 겉으로 보기에 루비를 둘러싼 상황은 실로 참담했지만, 그녀의 내면에는 깊고 잔잔한 평강이 흐르고 있었다.

그 뒤로 레베카는 그 마트에 몇 번 더 들렀다. 루비가 보이지 않자 걱정이 앞섰다. 마침내 루비를 다시 만난 날, 너무 반가워 곧장 루비의 계산대에 줄을 섰다. 차례가 되어 루비에게 상황을 묻자, 루비는 아들이 목숨을 건졌고 아직 회복 중이지만 인공호흡기는 뗐다고 했다. 또한 자신도 병원에서 적절한 암 치료 계획을 세워 준 덕분에 한시름 놓았다고 말했다. 그러고 나서 루비는 직원 유니폼 속에 입고 있던 티셔츠를 가리켰다. 그 티셔츠에는 〈더 초즌〉(The Chosen) 시리즈의 한 장면에 나오는 문구가 적혀 있었다. 극 중에서 예수님이 베드로에게 하신 말씀이었다. "이 다른 방식에 익숙해져라."

"저도 그렇게 하고 있어요!" 레베카가 자신의 책에서 묘사했듯 "마스크 위로 기쁨에 겨워 반짝이는" 눈빛으로 루비가 외쳤다. "저도 이 다른 방식에 익숙해지는 중이랍니다."

불안한가? 늘 최악의 결과만 예상하며 두려워하는 삶에 지쳤는가? 모든 것이 괜찮을 것이라는 잔잔한 확신이 없는가?

우리에게 익숙하지 않은 다른 방식, 곧 예수님의 방식에 익숙해져 보는 것은 어떤가?

처음부터 한결같은 하나님의 계획

평강이 임하고, 그 평강이 드러나며, 공동체 안에서 온전히 구현되는 것은 처음부터 하나님의 계획이었다. 이사야는 메시아가 "평강의 왕"이라 불릴 것이라 예언했다(사 9:6). 하나님은 구속의 계획을 펼치면서 구속의 중심에 평강이 있으리라고 약속하셨다. "다윗과 그의 자손과 그의 집과 그의 왕위에는 여호와께로 말미암는 평강이 영원히 있으리라"(왕상 2:33). 이사야의 핵심적인 예언은 "여호와가 말하노라 먼 데 있는 자에게든지 가까운 데 있는 자에게든지 평강이 있을지어다 평강이 있을지어다"였다(사 57:19).

시편 기자는 이렇게 선포한다. "여호와께서 자기 백성에게 평강의 복을 주시리로다"(시 29:11). 평강은 하나님의 매우 핵심적인 본성이다. 하나님은 그분의 언약이 "화평의 언약 …… 영원한 언약"이 될 것이라고 선포하셨다(겔 37:26). 하나님은 무려 '영원한' 화평을 약속하신다.

그러니 단 하루도, 아니 단 한 시간도 불안과 두려움에서 비롯된 불길한 예감에 굴복할 필요가 없다. 오늘부터 우리는 이 모든 것에서 영원히 해방되었다! 이것이 바로 "샬롬"이다. 하나님의 호의(favor)가 우리 위에 머물 때, 곧 예수님을 통해 하나님의 영원한 미소와 인정 안에 거할 때 비로소 이 평안을 누리게 되는 것이다. 이 평안은 결코 빼앗길 수 없으며, 영원히 끝나지 않는다.

구약 시대의 세상은 폭력적이고, 사악하고, 절망적이고, 참담하고, 혼란스러웠다. 하지만 수 세기 내내 하나님은 그분의 백성에게 이렇게 약속하셨다. "무너지지 말라. 평화가 오고 있다!" 그리고 하나님은 언제나 약속을 지키신다. 예수님이 오심으로 평화가 왔다. 신약은 평화가 새 언약의 일부라고 선포한다. 천사들은 메시아와 함께 평화가 온다고 목자들에게 선포했다. "지극히 높은 곳에서는 하나님께 영광이요 땅에서는 하나님이 기뻐하신 사람들 중에 평화로다 하니라"(눅 2:14).

예수님의 초기 제자들은 복음을 전할 때 평화를 강조했다. "하나님께서는 이스라엘 자손에게 말씀을 보내셨는데, 곧 예수 그리스도를 통하여 평화를 전하셨습니다. 예수 그리스도는 만민의 주님이십니다"(행 10:36, 새번역).

초대 교회는 평안을 전했다. 신약의 서신서 21개 중 19개가 화평을 권면하거나 평안에 관한 축복으로 시작되고 마무리될 정도다. 신약 기자들은 늘 평안을 입에 담고 살았으며, 서신서를 쓸 때 사랑하는 이들을 격려하는 첫인사로, 또는 그들을 위로하는 끝인사로 평안을 빌어 주었다. 그들은 예수님을 알면 곧 평안을 아는 것이라고 말했다. 따라서 평안을 선포하는 것은 하나님 나라의 임재와 예수님의 통치, 그리고 성령의 위로를 선포하는 것이다. 우리가 이 평안을 경험하는 것은 너무도 중요하다.

평안은 하나의 선포이자 삶의 방식이다. 하나님 자녀의 내면에, 그리고 그들 사이에 흐르는 평강은 "평강의 왕"을 세상에 드러낸다. 평화를 공포하며 복된 소식을 전하는 발길은 참으로 '아름답다'(사 52:7).

여기서 끝이 아니다. 이 평안을 얻으면 완전 무방비 상태로 잠을 자도 전혀 불안하지 않다. 우리 평안의 근원께서는 잠드시는 법이 없기 때문이다. "내가 평안히 눕고 자기도 하리니 나를 안전히 살게 하시는 이는 오직 여호와이시니이다"(시 4:8). "이스라엘을 지키시는 이는 졸지도 아니하시고 주무시지도 아니하시리로다"(시 121:4). 순간적으로 불안이 몰려올 때마다 나는 시편 23편 1절을 암송한다. "여호와는 나의 목자시니." 그러면서 그분이 나를 돌봐 주실 것을 다시금 떠올린다. 평안은 그리스도의 삶의 가장 두드러진 특징이다. 세상에 그리스도의 오심을 증언하려면 우리에게서 초자연적인 평안이 나타나야 한다.

평안은 세상이 말하는 방식으로 얻을 수 없다. 세상은 우리 삶 속의 모든 문제를 바로잡아 걱정할 일이 하나도 없게끔 만들어야 한다고 말한다. 이런 접근법을 해체하라. 그러고 나서 "상황이 괜찮지 않아도 내 삶은 괜찮다"라고 말할 수 있는 진짜 평안을 배우라.*

진짜 평안은 다음과 같은 사실에서 온다.

---

* 여러 사람이 이 말을 하는 것을 들었지만 내가 이 말을 처음 접한 것은 케이 워렌(Kay Warren)의 책 *Choose Joy*(기쁨을 선택하라)에서다.

여호와는 네게 복을 주시고 너를 지키시기를 원하며

여호와는 그의 얼굴을 네게 비추사 은혜 베푸시기를 원하며

여호와는 그 얼굴을 네게로 향하여 드사 평강 주시기를

원하노라. ○ 민수기 6장 24-26절

평안은 번영이나 고통 없는 삶, 사람들의 인정에 있지 않다. 평안은 하나님이 우리 쪽으로 얼굴을 향하시고, 우리가 생각을 그분께 고정할 때 찾아온다. 예수님은 말씀하신다. "평안을 너희에게 끼치노니 곧 나의 평안을 너희에게 주노라"(요 14:27). 예수님이 우리에게 평안을 주실 수 있는 것은 자신의 죽음을 통해 우리의 어깨에서 하나님의 진노를 벗겨 내시고 그분과 다시 화목하게 하셨기 때문이다(롬 5:9-11). 이는 우리 삶에서 가장 중요한 진리요, 가장 결정적인 사실이다. 이 진리는 이미 완성된 사역과 이미 완료된 선포에 근거한다. 그리하여 우리는 가장 중요한 것이 완성되고 확정되었다는 확신 가운데 어떠한 흔들림 없이 살 수 있다. 다른 모든 것이 잘못되어도 하나님과의 관계가 바로 서 있다면 아무런 문제가 없다.

우리의 모든 소유물이 우리 손에서 빠져나간다면? 누구보다 친했던 친구들에게 버림을 받는다면? 시한부 선고를 받았다면? 사탄이 현재 우리를 주된 표적으로 삼고 있다면? 이런 상황에서도 평안을 누릴 수 있을까? 물론이다. 바로 예수님이 이와 같은 평안을 보여 주셨다.

그리스도인의 평안은 단지 문제가 없는 삶이 아니다. 평안은

상황이 바뀐다고 찾아오는 게 아니라 우리의 초점을 바꿀 때 찾아온다. 상황에서 눈을 떼어 열정적으로 '한 분'께 시선을 고정할 때 얻게 되는 것이다. 평안은 상황이 아닌 관계에서 비롯된다. 평안을 가져올 것처럼 '생각되는' 것을 그만 좇고, 실제로 평안을 가져오는 것을 가치 있게 여기라. 그러려면 구체적으로 어떻게 해야 할까? 시편 기자는 하나님과의 관계에서 오는 진짜 평안(화평)을 힘써 추구하라고 말한다(시 34:14).

참된 평안에 이르는 길

삶의 모든 면이 무너지는 듯 보이는 순간에도 모든 것이 결국 잘되리라는 복되고도 흔들림 없는 확신과 쉼, 내적 평안을 경험하고 싶다면, 19세기 작가 헨리 드러먼드(Henry Drummond)의 역작 *Pax Vobiscum*(평안이 당신과 함께하기를)을 읽어 보기를 권한다. 드러먼드는 쉼과 내적 평안을 위한 그리스도의 실천적이고도 통찰력 깊은 처방을 단계적으로 제시한다.

드러먼드에 따르면 평안을 얻는 것은 케이크를 굽는 것과도 같다. 원재료를 고루 섞어 특정한 과정을 밟아야 한다. 이러한 과정을 거쳐 케이크(평안)라는 결과물이 나온다.

불안의 뿌리를 제거하라

먼저 불안의 뿌리를 제거해야 한다. 불안을 낳는 영적 상황과 쉼을 낳는 영적 상황이 있다. 헨리 드러먼드는 "불안에는 원인이 있다"는 사실을 지적했다.[2] 참되고도 오래가는 평안을 누리려면 원인을 공략해야 한다. 무엇이 우리로 하여금 불안하게 만드는가? 바로 자신의 상황을 바로잡으려는 지속적이고도 절박한 몸부림이다.

비한(Vihaan; 가명)은 젊은 나이에 성공한 정형외과 의사다. 잘나가던 그는 어느 날 의료 과실 소송을 당했다. 수술을 집도하려고 수술실에 들어가기 불과 몇 분 전에 그는 이 소식을 접했다. 이 일로 그의 커리어가 끝나게 될까? 최소한 커리어에 큰 흠집이 날 것은 분명했다. 비한은 '지금 당장 해야 할 일만 생각하자. 이 환자에게만 집중하자'라고 되뇌며 마음을 추슬렀다. 그는 겨우 마음을 다잡고 수술을 무사히 마쳤다. 하지만 이후로 그 소송 탓에 불안과 분노로 밤잠을 설치는 날이 장장 2년간 이어졌다.

소송을 건 환자는 넘어져서 부러진 팔꿈치 뼈가 살갗을 뚫고 튀어나온 상태에서 비한의 수술실에 들어왔다. 비한은 팔꿈치를 고쳤지만 신경 손상은 어찌할 수 없었다. 그 환자는 의료 과실 소송을 걸었고, 환자의 변호사는 5만 달러라는 상대적으로 적은 합의금을 제시할 만큼 노련했다. 병원이 가입한 보험사는 법정 다툼을 벌이면 비용이 서너 배로 늘어나리라고 판단해, 주로 그랬듯이 합의하는 쪽을 선택했다. 하지만 그렇게 하면 이 의사의 커리어에 흠집이 날 수밖에 없었다.

몇 년이 지나, 나는 비한에게 그 일이 그의 커리어에 미친 영향의 정도를 0에서 10으로 답해 보라고 말했다. 그러자 그의 대답은 놀랍게도 "0"이었다. 여전히 비한은 의사로서 활발하게 일하며 강의도 계속하고 있었다. 이런 일을 겪는 것은 때로 수술하는 의사로서 피할 수 없는 일이기도 하다.

비한은 분명 당시 최선을 다해 수술에 임했지만, 합의를 함으로써 의사로서의 평판, 나아가 그가 쌓아 온 커리어를 망치고 수치를 당할지 모른다는 두려움이 그를 불안하게 했다. 그 2년 동안 비한이 외적으로 입은 손해는 없었다. 비한이 젊은 시절의 자신에게 조언할 수 있다면 평판과 생계에 대한 모든 근심과 두려움, 걱정을 떨치라고 말해 줄 것이다. 그가 한 걱정 중에 현실로 이루어진 건 아무것도 없었다. 하지만 이 일로 비한은 내면에 큰 상처를 입었다. 무려 2년이라는 긴 시간 동안 가정과 일에 집중하지 못한 것이다.

소송이나 부당한 대우, 모함, 공격을 단 한 번도 당하지 않아야 평안할 수 있다면 누구라도 절대 평안을 누릴 수 없다. 불안이 우리에게 끼치는 유익이 있는가? 전혀 없다. 불안이 우리에게 끼치는 피해가 있는가? 아주 많다.

평안을 원한다면 평안의 '적'을 제거하라. 사람들의 칭찬, 재정적 안정, 인간의 인정, 문제가 없는 삶, 공직 당선, 육체적 안위와 행복, 정서적으로 만족을 주는 인간관계, 개인적인 매력, 평생 나이보다 젊어 보이는 것, 직업적 성공, 자신과 자신의 가족에 대한 긍지에서 평안을 얻으려는 태도가 바로 그 '적'이다. 물론 이런 것들을 원하는 것은 자연스러운 욕구다. 이런 것 자체는 악이 아니다. 하지만 이런 것을 얻어야만 비로소 평안해질 수 있다고 생각하면, 도리어 이런 것들이 평안이라는 막대한 복을 가로막을 수 있다. 그런 생각은 거짓말이다. 이 모든 것을 다 얻으려고 필사적으로 노력할수록 평안에서 더 멀어질 뿐이다.

예수님 품에 안기라 - "내게로 오라 내가 너희를 쉬게 하리라"(마 11:28)

쉼은 그분과의 관계에서 온다. 선지자 이사야는 하나님의 약속을 떠올리며 고백한다. "주께서 심지가 견고한 자를 평강하고 평강하도록 지키시리니 이는 그가 주를 신뢰함이니이다"(사 26:3). 이제 상황을 바꾸려는 시도를 멈추고 초점을 바꾸라.

당신이 허리케인 한복판에 있다고 상상해 보라. 당신의 집이 산산이 부서졌다. 가구들이 공중에 떠다닌다. 사방에서 비명 소리가 들린다. 언제 이 폭풍이 끝날지 알 수 없다. 영혼을 온통 뒤덮는 두려움과 무기력감이 느껴지는가?

이제 그 휘몰아치는 폭풍 한가운데로 예수님이 들어오시는 상상을 해 보라. 그분이 당신 앞으로 걸어와 두 손으로 당신의 얼굴을 잡고서 두 눈을 똑바로 쳐다보며 위로해 주신다. 나는 키가 한 3미터쯤 되는 예수님이 그 강한 팔로 나를 그분 품에 감싸안고 나를 절대 포기하지 않을 것이라고 말씀하시는 상상을 하곤 한다. 마치 거대한 산처럼 내 뒤에 서서 나를 두 팔로 보호하며 안아 주시는 모습을……

예수님이 우리 삶에 계시는데 어찌 평안하지 않을 수 있겠는가! 그분의 임재는 이 세상의 혼란처럼 보이는 모든 것을 압도한다. 우리는 무너지고 깨어지는 고통을 '그분과 함께' 통과한다. 그분이 폭풍보다 크신 분이기에 우리는 여전히 평안할 수 있다. 그분의 팔이 우리를 두르고 있으니, 심지어 때로 눈앞의 상황을 마치 쇼를 보듯 구경할 수 있다!

우리에게 무슨 일이 벌어지는지에 따라 행복을 정의하려는 자연적인 성향을 거부하라. '누가' 우리와 동행하는지에 따라 행복을 정의하는 법을 배우라. 그리스도를 가진 것이 얼마나 많은 것을 가진 것인지 깊이 묵상하라. 장 칼뱅(Jean Calvin)은 이렇게 말했다. "하나님은 우리의 창조주시기에 능력으로 우리를 도우시고, 섭리로 우리를 다스리시며, 선하심으로 우리를 양육하시고, 온갖 종류의 복으로 우리를 돌보신다."[3] 하나님은 다른 데로 가지 않으신다. 하나님은 지치지 않으신다. 하나님은 우리를 돕고 다스리고 양육하고 돌보기를 한시도 멈추지 않으신다. 이 진리에 집중하라. 반드시 평안이 찾아온다.

평안을 얻는 과정을 배우라

예수님은 "내게 배우라 그리하면 너희 마음이 쉼을 얻으리니"(마 11:29)라고 말씀하셨다. 우리는 영적으로 쉬는 법을 '배워야' 한다. 우리의 영적 오븐에서 개인적인 평안을 굽는 법에 대해 배워야 한다.*

---

* 단어 공부를 좋아하는 사람들을 위해 설명하자면, 요한복음 14장 27절에서 "평안"으로 번역된 단어는 "에이레네"다. 칠십인역 성경에서 이 단어는 히브리어 "샬롬"을 번역할 때 사용되었다. 여기 마태복음 11장 29절에서 "쉼"에 해당하는 단어는 "아나파우오"지만 평안의 개념과 쉼의 개념은 서로 밀접하게 연관되어 있다. "에이레네"(평안)가 있을 때 우리는 "아나파우오"(쉼)를 가질 수 있다. "에이레네"는 "아나파우오"로 이어진다. 따라서 두 단어가 동일하지는 않되 드러먼드가 두 단어가 같은 동전의 양면인 것처럼 논한 것은 전혀 이상한 일이 아니다. 언어학적으로 두 단어는 실제로 같은 동전의 양면이다. 쉼을 원하면 곧 평안을 찾는 것이다. 평안을 찾으면 쉼을 찾은 셈이다.

예수님은 평안을 낳고 쉼으로 이어지는 두 가지 핵심 요소를 가르쳐 주셨다. 그것은 바로 그분의 "온유"와 "겸손"이다. 우리는 예수님이 어떤 분이시며 무엇을 행하셨는지를 배우고 따라 해야 한다. 오직 그분 안에서만 평안을 찾을 수 있기 때문이다. "나는 마음이 온유하고 겸손하니 나의 멍에를 메고 내게 배우라 그리하면 너희 마음이 쉼을 얻으리니"(마 11:29).

온유와 겸손이 부족한 사람들은 무거운 짐에 짓눌려 지치기 마련이다. 그들이 온유와 겸손을 실천하신 예수님께로 올 때 비로소 진정한 쉼을 얻으며, 이 쉼이야말로 평안의 핵심적인 특징이다. 다시 말해, 예수님과 관계를 맺어 그분의 성품과 연결된 뒤 그 성품(특히 온유와 겸손)대로 행하는 법을 배우면 평안을 얻고, 그 평안은 쉼으로 이어진다.

나는 평안을 너무도 쉽게 포기하고 불안을 선택하곤 한다. 어떤 멍청이가 불안을 선택할까 싶겠지만, 실제로 나는 그런 어리석은 짓을 그만두기 위해 무던히 애를 쓴다. 아내와 나는 덴버 공항에서 셔틀 버스를 운영하는 공항 외곽 주차장을 주로 이용한다. 주차 요금이 저렴해서다. 그런데 때로는 싼 게 비지떡이라는 현실을 절감한다. 최근 한 번은 주차 요원이 나를 한 주차 구역으로 안내했는데, 흰 선을 넘겨 주차한 큰 차들 때문에 남은 자리가 지나치게 비좁았다. 어찌어찌 그곳에 차를 댄다 해도 문을 열고 내릴 수가 없었을 것이다. 부실한 고객 서비스에 정말 짜증이 났지만, 그날 나는 중요한 한 가지를 배웠다. 내가 아무리 짜증을 내 봐야 그 주차장 운영 서비스는 조금도 나아지지 않는다는 것이다. 그저 내 평안만

깨지고 혈압만 치솟을 뿐.

내가 평안을 찾기 위해 세상의 모든 고객 서비스를 바로잡아야 할까? 예전에는 그런 태도로 살았다. 누구에게도 고함을 치지는 않았지만 말이다. 그런 태도는 아무런 득도 없이 내 영혼만 더럽힐 뿐이다. 이제는 그래 봐야 나만 손해라는 걸 잘 알고 있다. 이제 나는 형편없는 고객 서비스일지라도 하나님께 감사할 수 있다. 내 영적 태도가 성장할 기회이기 때문이다. 이 영역에서 나는 시행착오를 반복하며 배우고 성장해 가야 한다. 내 반응을 점검하여, 그런 반응이 얼마나 어리석고 나를 약하게 만드는지 깨달아야 한다. "내 반응이 상황을 개선하는 데 도움이 되었는가? 내 기대치는 현실적이었는가? 이것이 내가 진정 바라는 나의 모습인가?" 이런 질문으로 나 자신을 돌아봐야 한다.

앞서 "불안에는 원인이 있다"고 한 말이 기억나는가? 야망이 좌절되고 이기적인 욕심과 욕구가 채워지지 않을 때, 무시당하거나 공격당한 기분이 들 때 우리는 평안을 잃는다. 불안해지고, 심하면 잠도 오지 않는다. 상실감이 너무 깊어지면 우리의 영혼이 고통 중에 비명을 지른다.

온유와 겸손은 이런 암살자들의 급소를 공격한다. 예수님의 성품이 얼마나 명쾌하고 단순하게 쉼과 평안으로 이어지는지 보라. 헨리 드러먼드는 이렇게 말했다. "낮아지라. 자신을 내세우려는 생각이 전혀 없는 사람은 남들이 알아주지 않아도 상처받지 않는다. 그러므로 온유하라. 기대하는 바가 없는 사람은 아무것도 얻지 못해도 애를 태우지 않는다."[4]

모든 사람(가족, 직장 동료, 교회 식구들, 도로 위의 다른 운전자들)이 항상 내가 원하는 대로 해 주리라 기대하지 않으면 그들이 그렇게 하지 않아도 마음이 흔들리지 않는다. 평안을 잃고 투덜거리거나 화를 내지 않는다. SNS에 올라오는 근사한 집에 살리라 기대하지 않으면 그런 집이 없어도 전혀 불행해지지 않는다. 세상이 항상 내 생각에 동의하리라 기대하지 않으면 내가 뽑은 후보가 선거에서 져도 상심하지 않는다. 사람들이 나를 주목하고 칭찬하고 내게 감사해야 마땅하다고 생각하지 않으면 그들이 그렇게 하지 않아도 전혀 마음이 상하지 않는다.

반면, 교만한 사람은 쉽게 기분이 상한다. 그리하여 잔인하고 타락한 세상의 흐름을 따라 미워하고 거짓말하고 공격하며 (사회적으로나 육체적으로나) 살인하기를 좋아하게 된다. 드러먼드는 이렇게 말했다. "항상 무시당한 일을 찾아다니는 사람들이 있다. 그들은 필연적으로 불행할 수밖에 없다. 어디를 가나, 특히 자신의 상상 속에서 그런 일을 찾게 되기 때문이다."[5]

자기 몸의 문제를 찾아내려고 건강 정보 사이트를 수시로 샅샅이 뒤지는 사람을 본 적 있는가? 내가 바로 그 방면에서 선수다. 지난주에는 오른쪽 손바닥 피부 안쪽에 멍이 든 것처럼 보이는 게 아닌가! 분명 심장 기능에 문제가 생겨 피부 밑에서 혈액이 응고되고 있는 거라고 생각했다. 그날 밤 아내를 꼭 안아 주며 사랑한다고 말하고 작별 인사를 해야 할 것만 같았다. 그런데 손을 씻고 나니, 생명을 위협하던 그 병이 말끔히 나았다. 알고 보니 쓰레기 수거를 위해 길가에 쓰레기통을 내놓다가 이끼가 좀 묻은 것뿐이었다.

자기 몸의 문제를 찾으려 들면 매번 반드시 문제를 찾아내기 마련이다. 한 연구에 따르면, 의대생의 70퍼센트가 최소한 잠깐이라도 "일시적 건강 염려증"을 겪는다고 한다. 이는 심각한 질병에 걸렸을 가능성에 대해 지속적이고도 비현실적으로 집착하는 상태를 말한다.[6] 워낙 질병에 대해 골똘히 생각하고 관찰하고 연구하다 보니, 지극히 정상인 흔한 신체 신호를 생명을 위협하는 중병의 증거로 오해하는 것이다.

무시당했다고 여길 만한 흔적을 더 이상 찾지 않는 것은, 밤새 걱정하다가 아침에 병원에 가서 의사가 손을 씻어 주기를 기다리는 대신, 스스로 손을 씻어 이끼를 없애는 것과 같다.

교만하거나 불안한 사람들은 늘 무시당했다고 여길 만한 일을 찾는다. '저 표정은 무슨 뜻이지?' '어떻게 나한테 전화를 안 할 수 있지?' '내가 이렇게 열심히 일했는데 고맙다는 말을 들은 적이 언제더라?' 이런 사람의 행복은 타인이 자신을 대하는 방식과 주목하는 정도, 자신에게 고마움을 표시하는 행동에 묶여 있다. 무시당한 흔적을 찾으려 들면 반드시 찾아내게 된다. 그리고 그 순간 로켓이 지구를 떠나는 속도보다도 더 빠르게 영혼의 평안이 사라질 것이다.

헨리 드러먼드는 온유를 기대가 없는 것과 연결 지었다. 다른 사람들이 나를 어떻게 대해야 한다는 높은 기대치를 갖고 있다가 그 기대치가 충족되지 못할 때가 있다. 예를 들어, 그들의 감사 인사가 기대만큼 충분하지 않거나, 마땅히 그래야 한다고 생각한 만큼 우리를 전폭적으로 도와주지 않거나, 단순히 우리를 실망시킬 수 있다. 그럴 때 우리는 거칠게(온유의 반대) 행동하는 경향이 있다. 자신이 부당하게 대우받았다고 느끼는 순간 거칠게 반응하는 것이다.

드러먼드는 교만하고 온유하지 못한 사람이 두려워하는 '나쁜 경험'이 사실은 쉼과 평안으로 향하는 빠른 길이 될 수 있음을 정확하게 지적했다. 단, 조건이 있다. 참된 평안을 알려면 평안을 '가치 있게' 여겨야 한다. 너무도 많은 사람이 그렇게 하지 않는다. 혹은 우리가 추구하는 다른 것보다 평안을 충분히 가치 있게 여기지 않는다. 우리는 평안과 성공을 함께 원한다. 평안과 풍요를 함께 원한다. 평안과 찬사를 함께 원한다. 평안을 원하는 동시에 모든 것이 자기 뜻대로 되기를 바라고, 평안을 원하는 동시에 완벽하고 모범적인 가정을 바란다.

하지만 평안을 이런 것보다 더 우선순위에 두지 않은 채 이런 것을 원하면 평안을 방해할 뿐이다. 이는 마치 이렇게 말하는 것과도 같다. "건강한 몸무게도 유지하고 싶지만 매끼 식사 후에 케이크와 아이스크림도 먹고 싶다. 혈당은 낮추고 싶지만 탄산음료도 하루에 여섯 캔씩 마시고 싶다. 튼튼한 심장을 갖고 싶지만 온종일 앉아 있고 싶다."

기억하는가? 평안은 상황이 괜찮지 않아도 내 삶은 괜찮을 것이라고 믿을 때 찾아온다. 물론 평안을 추구하면서 성공이나 풍요, 찬사, 행복한 가정이나 결혼 생활을 얻을 수도 있다. 이런 것 자체는 전혀 악한 것이 아니다. 하지만 이런 것을 주된 추구요 사랑의 대상으로 삼을 때 그 추구 자체가 평안을 파괴한다. 불안의 요인들에 완전히 노출되기 때문이다.

평안을 얻기 위한 예수님의 처방은 안전이 찬사와 안락함, 부유함, 세상의 인정에서 온다는 우리의 옛 사고방식을 근본적으로 뒤흔든다. 드러먼드는 이렇게 썼다. "재산을 잃었을 때 뒤따르는 첫 번째 결과는 굴욕이다. 그 굴욕은 사람을 겸손하게 만들고, 겸손은 쉼을 낳는다."[7] 이런 굴욕은 가치가 있다. 그것이 맺는 열매 때문이다. 따라서 물질적 자산을 잃는 것은 영적으로 오히려 유익이 된다. 우리가 영적인 평안을 진정으로 가치 있게 여긴다면, 결국 우리는 더 큰 승리를 거둔 셈이다.

"평안을 원하십니까?"라고 묻는다면 당신은 아마 주저 없이 "물론이죠!"라고 대답할 것이다. 그런데 내가 평안으로 가는 길이 (타인의 시선에 연연하는 습관에서 벗어나기 위한) 굴욕을 거쳐야 한다고 말한다면, 당신은 아마 "그렇다면 평안하고 싶지 않습니다"라고 대답할 것이다. 평안을 가져다주는 것을 가치 있게 여기지 않으면서 평안을 원한다고 말하는 것은 스스로를 속이는 일이다. 우리를 영적으로 병들게 하는 일들에 매달리면서 영적으로 건강해지고 싶다고 말하는 것은 거짓말이다.

예수님이 평안을 누리셨다는 사실을 의심할 사람이 있을까? 예수님은 평안을 삶으로 보여 주셨다. 사납게 날뛰는 풍랑 한가운데서 주무셨다. 어떤 일이 기다리는지 뻔히 알면서도 예루살렘으로 들어가셨다. 성령의 능력으로 지상 대명령을 수행하는 일을 미성숙한 제자들에게 맡기고 떠나셨다. 그야말로 예수님은 평안 그 자체셨다.

예수님께 돈이 있었는가? 전혀 없었다. 예수님께 적이 많았는가? 그렇다. 예수님을 죽이려고 작당하는 무리가 있었는가? 물론이다. 누구보다 가까웠던 자가 예수님을 부인했는가? 그렇다. 예수님이 잔인한 심판을 받으시는 동안 제자들은 그분 곁을 지켰는가? 전혀 아니다. 그 순간 그분 곁에는 단 한 사람의 제자도 없었다. 자, 보자. 무일푼, 수많은 적들, 좋을 때만 친구처럼 곁에 있는 사람, 부당한 심판, 부패한 정부, 고문, 사형. 이런데도 평안?

드러먼드는 이렇게 말했다. "외적으로 볼 때 그리스도의 삶은 역사상 가장 괴로운 삶 중 하나였다. 폭풍과 소동. 또다시 폭풍과 소동. 너덜해진 시신이 무덤 속에 놓일 때까지 쉴 새 없이 거친 파도가 밀려왔다. 하지만 내적 삶은 유리 바다였다. 거대한 평안이 늘 존재했다."[8]

평안은 우리가 무엇을 가졌는지가 아니라 우리가 어떤 존재인지와 관련이 있다. 평안은 우리가 누구의 것이며, 누구의 손을 잡고 있는지와 관련이 있다. 평안은 우리가 무엇을 가치 있게 여기는지와 관련이 있다.

영혼의 쉼을 얻고 싶은가? 첫째, 불안의 뿌리를 제거하라. 세상이 가치 있게 여기는 것들을 더는 추구하지 말라. 그것들은 불안만 낳을 뿐이다. 둘째, 예수님 품에 안기라. 그분을 당신의 사랑과 생각의 중심으로 삼으라. 그분이 어떤 분이시며 당신과 어떤 관계인지, 그리고 당신을 어떤 존재로 만드셨는지로 당신을 정의하라.

셋째, 쉼을 얻는 과정을 배우라. 교만과 야망을 계속해서 버리라. 명예와 육체적 매력, 재정적 안정의 욕구를 날마다 비워 내라.

이런 것은 평안을 극심하게 방해한다. 이런 것을 추구하면 평안은 절대 손에 잡히지 않는다. 그리고 온유와 겸손을 추구하라. 세상의 찬사와 섬김을 그만 기대하라. 대신, 그리스도를 찬양하고 섬기는 일에 집중하라. 나쁜 일처럼 보이는 것도 겸손과 온유의 시각으로 보면 좋은 영적 열매로 이어질 수 있다는 사실을 깨달으라. 당신이 모든 것을 컨트롤할 필요 없다. 주변 모든 사람이 당신을 완벽히 사랑해 주기를 바라지 말라. 당신 자신과 다른 사람들에게 너무 부담을 주지 말라. 당신의 양심과 늘 씨름하거나 당신을 반대하는 이들과 늘 실랑이를 벌이며 살 필요가 없다.

이 과정을 밟는다면 당장이라도 당신은 평안의 문턱에 들어설 수 있다. 그저 이렇게 선포하라(단, 진심으로 그래야 한다). "나는 사람들의 찬사보다 평안을 더 원한다. 나는 무엇보다, 누구보다 예수님과 함께하기를 원한다." 그런 다음, 그 마음가짐이 깊어져 흔들리지 않는 평안과 영적 안식에 이를 때까지 계속해서 그 방향으로 걸어가라.

이 평안을 소유하는 것에 비하면 돈은 얼마나 중요한가? 하루만 주가가 폭락해도 돈은 순식간에 증발한다. 대중의 환호는 얼마나 중요한가? 예수님의 예루살렘 입성을 축하했다가 몇 시간 만에 그분을 십자가에 처형하라고 아우성쳤던 군중처럼 대중은 언제라도 우리에게 등을 돌릴 수 있다. 평안은 값으로 따질 수 없을 만큼 귀하다. 한번 진짜 평안을 맛본 사람은 다시는 평안 없는 삶으로 돌아가고 싶지 않게 된다.

평안을 가로막는 것들을 거부하라. 지금까지 추구해 온 것들을 해체하고, 평안을 가져다주는 것을 기쁘게 맞이하라. 그럴 때 진정한 영적 위로와 내면의 안식, 평온과 안정을 누리게 될 것이다.

무엇보다, 우리가 평안을 얻으려고 예수님을 따르는 게 아님을 기억하라. 우리는 예수님이 참된 신이요 우리의 창조주이며 진정한 왕이시기에 그분을 따른다. 그분은 아름다우시며, 그 아름다움은 그분을 사랑하지 않고는 견딜 수 없게 만든다. 그분을 사랑하면 자비롭고 강하신 하나님을 신뢰하는 데서 자연스럽게 솟아나는 평안을 경험하게 된다. 오로지 평안을 얻기 위해 예수님을 믿는다면 그분도 평안도 다 얻지 못할 것이다. 그분은 목적을 위한 수단이 아니라 궁극적인 목적 자체이시다.

하나님과 그분의 말씀을 진정으로 높이려는 교회라면 성도들에게 진정한 평안을 가르쳐야 한다. 이 사역은 생각보다 훨씬 더 중요하다.

"하나님은 믿어.

운전대만 내가 잡는 거야."

내 좁은 공식을 깨고,
그분의 경이로운 역사에 올라타다

바람이 임의로 불매
네가 그 소리는 들어도
어디서 와서 어디로 가는지 알지 못하나니
성령으로 난 사람도 다 그러하니라.
요한복음 3장 8절

❋

　매일 똑같은 하루가 반복될 뿐 삶에 특별한 변화가 일어나지 않아 지루한가? 기독교가 시시하고 너무 뻔하게 느껴지기 시작했는가? 때로 우리는 삶의 스케줄에서 유혹, 인간관계, 욕구까지 주변 모든 것을 자신이 통제해야만 그리스도 안에서 번성할 수 있다고 생각한다. 어떤 이들은 우리 삶에 대한 통제력을 유지하고 강화하는 것을 '성숙'으로 정의하기도 한다. 하지만 만약 하나님이 우리에게 통제권을 '포기하라고' 명령하셨다면?

　우리는 '바람의 길'이라는 복된 진리를 배워야 한다. 그리스도인이 되면 우리 삶에 대한 통제권을 내려놓고 예수님의 고백처럼 살아야 한다. "내가 하늘에서 내려온 것은 내 뜻을 행하려 함이 아니요 나를 보내신 이의 뜻을 행하려 함이니라"(요 6:38).

　바울은 이 점을 분명히 강조했다. "그가 모든 사람을 대신하여 죽으심은 살아 있는 자들로 하여금 다시는 그들 자신을 위하여 살지 않고 오직 그들을 대신하여 죽었다가 다시 살아나신 이를 위하여 살게 하려 함이라"(고후 5:15). 우리의 시간은 더 이상 우리 자신의 것이 아니다. 더 이상 우리 맘대로 방향을 정하지 않는다. 무슨 일을 언제 할지를 더는 스스로 통제하지 않는다. 이제 우리는 영적 모험이라는 예측 불가능하지만 흥미진진한 파도를 타는 법을 배워야 한다. 그리스도 안에서의 삶은 우편배달보다 우버(스마트폰 앱으로 차량을 호출해 이동할 수 있는 차량 공유 서비스) 운전에 더 가깝다. 누구를 만날지 다음번에는 어디를 갈지 알 수 없다.*

나는 내 하루를 통제하고 모든 것을 내 힘으로 이루려는 욕구를 해체해야 했다. 이것은 세상의 길이다. 디즈니랜드(Disneyland)는 자칭 '지구상에서 가장 행복한 곳'이다. 하지만 이 회사의 변호인단은 그곳이 '뜻밖의 일(즉 소송)이 전혀 없는 곳'으로 만들기 위해 최선을 다한다. 모든 놀이기구가 설계된 대로 움직여야 한다. 정해진 시간표에 따라 라인을 옮겨야 한다. 동물들에게 정시에 사료를 줘야 한다. 2025년에 타는 '잇츠 어 스몰 월드'(It's a Small World; 작은 세상)라는 놀이기구는 1975년과 똑같다(그리고 2055년에도 똑같은 주제곡이 변함없이 들릴 것이다). 디즈니랜드에 한번 가 본 사람은 어디에 무엇이 있는지 다 안다. 배에서 내릴 때 무슨 말을 듣게 될지도 다 안다.

예수님의 가르침과 삶은 다음번 코너를 돌면 무엇이 있을지 혹은 다음번에 누구를 만날지 모른다는 점에서 테마파크보다는 정

---

* 이 비유는 브라이언 존스(Brain Jones)에게서 빌려왔다. 실제 인용문은 약간 다르다. "예수님을 따르는 것은 도서관 사서가 되는 것보다 택시를 운전하는 것에 더 가깝다. 누구를 만날지 다음번에는 어디를 갈지 알 수 없다." *Second Guessing God: Hanging On When You Can't See His Plan* (Standard, 2006), 31.

글에 더 가깝다. 가끔 디즈니랜드에 '방문하면' 즐겁지만, 우리는 정글에서 '살기' 위해 거듭난 사람이다. 그리고 오로지 이러한 정글에서만 풍성한 삶을 발견할 수 있다.

그리스도인의 삶이 너무 단조롭고 밋밋해서 따분하게 느껴진다면 당신은 진정한 그리스도인의 삶을 살고 있지 않은 것이 분명하다. 프랭크 루박(Frank Laubach, 1884-1970)은 하나님의 임재 안에서 살기 위해 매시간 목표를 세웠고, 그 덕분에 모험 가득한 삶을 살았다. 그는 이렇게 말했다. "종교가 지루하고 시시하고 나른하다는 생각은 하나님이 몹시 싫어하시는 것이다. 하나님은 무한한 다양성을 창조하셨고, 우리의 예상과 기대를 깨뜨리는 것을 즐기신다. 만일 나른한 형태의 헌신이 따분하다면, 아마 하나님도 당신만큼이나 따분해하고 계실 것이다. 거기에서 빠져나와, 수많은 새로운 길 중 하나를 통해 그분께 나아가라."[1]

영국 성공회의 사랑받는 영적 지도자였던 R. 서머싯 워드(Somerset Ward, 1881-1962)는 사람들을 그리스도 안에서의 삶으로 인도하는 데 시간과 정성을 쏟았다. 그는 그리스도 안에서의 삶이 항상 고도로 정돈된 모습만 있는 것은 아니라고 경고했다.

주변의 모든 것이 정돈되고 제한되어 있을 때, 성령의 삶도 그러할 것이라고 생각하는 습관에 빠지기가 쉽다. …… 영적 삶에 대해 설명해 달라는 요청에 우리 주님은 우리의 일상에서 가장 무질서하고 예측 불가능한 현상을 비유로 드셨다. "바람이 임의로 불매 네가 그 소리는 들어도 어디서 와서 어디로 가는지 알지 못하나니 성령으로 난 사람도 **다** 그러하니라"(요 3:8).

이것은 깔끔하게 규격화된 바리새인들의 계율과 영적 삶을 하나의 시스템으로 보는 관념에 대한 통쾌한 반격이었다.[2]

저 요한복음 말씀에서 "다"(모든 사람)라는 단어를 놓치지 않았는가? 기독교는 스스로를 통제하려는 태도에 정면으로 반기를 든다. 기독교는 하나님이 우리의 길로 무엇을 보내시든 그것에 항복하는 겸손을 바탕으로 한다. 이는 참으로 흥미진진한 삶이다. 자유하게 하는 삶이다. 그리고 의존하는 삶이다. 우리는 이 삶을 살기 위해 거듭났다.

그럼에도 이런 종류의 삶은 두려움을 일으킨다. 바리새인들의 '산더미 규칙'은 쉽게 이해하고 관리하고 제시할 수 있어 오히려 편안할 수 있다. "이건 하고 저건 하지 말라. 여기서 기도하라. 지금은 일하지 말고 이때 일하라. 이런 옷을 입고 저런 옷은 입지 말라. 이것을 이렇게 요리해서 이때 먹으라." 이런 종교는 우리에게 안전하고 질서정연한 세상을 공급한다. 이런 시스템에서는 하나님이 규칙을 책에 써서 우리에게 주신 뒤에는 이제 우리가 책임을 맡는 것이다. 그때부터 우리는 하나님의 규칙을 깰 가능성조차 없도록 스스로 만든 규칙들을 더한다.

하지만 이러한 삶은 믿음의 삶이 아닌 두려움의 삶이다. 워드는 이렇게 말했다. "우리는 너무 길들여졌다. 우리는 종교에서 모험심을 잃고 있다."[3]

하나님을 위해 모험한 적이 언제인가? 당신의 해야 할 일 목록에 있는 열두 가지 일에서 눈을 떼어 하나님이 지금 이 순간에 집중하라고 말씀하시는 '한 가지' 일에 집중한 적은 언제인가? 이렇게 하면 얼마나 큰 자유가 찾아오는지 모른다! 우리는 해야 한다고 생각되는 온갖 일을 하느라 힘들 때가 많다. 하지만 "주님, 제가 다음으로 해야 하는 한 가지 일은 무엇입니까?"라고 기도하면 패배감과 절망이 물러간다. 결단할 용기와 기쁨이 샘솟는다.

하나님께 전혀 예상치 못했던 방식으로 쓰임받은 뒤 "오직 하나님만 이런 일을 행하실 수 있다!"라고 생각했던 적은 언제인가? 바로 그때가 당신이 진정으로 예배했던 때일지 모른다.

콜로라도주 하이랜즈 랜치(Highlands Ranch)에 있는 우리 체리힐스커뮤니티교회(Cherry Hills Community Church)의 사역자들은 내가 설교를 얼마나 열심히 준비하는지 잘 알 것이다. 심지어 내가 설교를 너무 지독하게 준비하는 것에 대해 농담을 하는 사역자들도 있다. 보통 나는 최종 점검을 위해 주일이 되기 며칠 전, 10여 명의 사람들 앞에서 설교 리허설까지 한다. 하지만 가장 신나는 일은 대개 실제 예배 중과 전후에 일어난다. 그런 일에 대해서는 준비가 거의 불가능하다.

많은 사람이 나를 찾아온다. 여러 가지 발달장애가 있는 한 여자 성도는 종종 찾아와 하나님과의 동행에 대한 고민을 상담하거나 시급한 기도 제목을 나누곤 한다. 한번은 내가 그녀의 삶에 일어난 큰 고난을 놓고 기도하자, 그녀는 "목사님의 기도에 울컥했어요. 제 마음을 감싸는 예수님의 따뜻함이 느껴졌어요"라고 말했다. 또 어떤 성도는 나를 찾아와 내가 무려 9개월 전에 그를 위해 해 주었다는 기도를 언급했다. 솔직히 나는 그 일을 잊었지만 그는 그 기도가 자기 삶을 바꿔 놓았다고 말했다(여담으로, 그는 내 설교에 관해서는 한마디도 하지 않았다).

나는 이런 순간을 예측해 준비할 수 없고, 이런 일이 일어나게 만들 수도 없다. 내 설교 준비보다 이런 유의 사역이야말로 예수님의 사역을 진정으로 닮았다. 복음서를 보면 예수님의 행보는 즉흥적이고 심지어 무계획적으로 보인다. 마치 회오리바람 같다. 성경 어디에도 예수님이 산상수훈을 준비하시는 모습은 없다(물론 그분의 많은 기도 시간이 곧 준비 시간이라고 볼 수 있지만).

어느 날 우리 교회를 다니던 징(Jing; 가명)이라는 한 중국인 성도가 예배를 드리고 나서 트레일해드 미니스트리(Trailhead Ministry)에서 섬기기로 자원했다. 기도, 상담, 교회 안내로 섬기는 사역 부서다. 그런데 마침 그 주일에 광둥어를 사용하고 영어는 거의 할 줄 모르는 한 여성이 교회를 방문했다. '우연히도 그날이' 징이 이 사역에 참여한 첫 주일이었다. 방문자는 자신과 언어가 통하는 사람이 이 교회에 있다는 사실에 깜짝 놀랐다. 우리 교회는 머나먼 외국에서 온 여성이 덴버 지역에서 이해와 공감을 받을 수 있도록 도울 방안을 미리 계획하거나 예상한 적이 없었다. 그야말로 '하나님의 역사'라고밖에 볼 수 없었다.

개인이든 교회든 그리스도 안에서의 삶을 살려면 어떤 일이 일어날지 통제하려는 욕구를 버리고, 그냥 영적 모험 속으로 과감히 뛰어들어야 한다. 삶이 지루한가? 그것은 당신의 삶 속에 모험이 거의 없어서일 가능성이 높다. 모든 일을 자신이 통제하려고 하면 하나님의 흥미진진한 모험을 기대할 수 없다.

월리엄 캐리(William Carey)의 유명한 도전을 마음에 새기면서 신앙을 재충전하라. "하나님을 위해 위대한 일을 시도하고 하나님이 이루실 위대한 일을 기대하라."[4]

배는 항해하기 위해 지어졌다

돛배를 항구에만 묶어 놓고 한 번도 바다로 나가지 않는다면 무슨 소용인가. 물론 항구를 떠나면 폭풍을 만날지도 모른다. 거친 파도에 휩싸일 수 있다. 암초에 부딪혀 배가 뒤집힐 수도 있다. 항법 장치가 망가져 항구로 돌아가는 길을 스스로 알아내야 할 수도 있다. 바다는 늘 예측 불가능하기에 어떤 위험이 기다리고 있을지 모른다. 하지만 배는 항해하기 위해 만들어졌다. 그리고 그리스도인들은 영적 모험을 위해 태어났다. R. 서머싯 워드 역시 말한다.

예수 그리스도의 삶을 중심으로 하는 신앙은 언제나 새로운 발견이 뒤따르기 마련이다. 그분의 삶과 가르침 전체가 하나의 거대한 탐험이자 모험이기 때문이다. 어쩌면 우리의 삶이 그분과 가장 닮지 않은 점이 바로 이 대목일 것이다. 우리의 진짜 바람은 더 나아가기 위한 기지(base)가 아니라 안전하게 머물 수 있는 기착지(stopping-place)를 찾는 것일 때가 너무도 많다. 그럼에도 하나님은 우리 안에 어떤 신체적 · 영적 불안정함을 두셨으며, 이로 인해 우리는 단순한 안정에 만족하지 못한다. 이 신성한 불만족을 자극하고 활용하는 것은 우리 몫이다.[5]

혼자서도 얼마든지 바쁘게 지낼 수 있다. 나만의 계획으로 내 생각과 시간, 달력의 빈칸을 가득 채울 수 있다. 하지만 바삐 뛰어다니면서도 늘 뒤처진 기분에 시달리는 이런 삶은 활기와 열정으로 이어지기보다 지치고 좌절하게 만든다. 일어서기보다는 포기하고 싶게 만든다.

워드가 "신성한 불만족"이라고 부른 불안정함을 느끼고 있는가? 이를 활용하는 법을 배우라. 하나님이 당신을 새로운 모험으로 부르고 계신다. 하찮은 것들에 만족해 왔는가? 지금 하나님이 새로운 기회들을 향해 당신을 깨우고 계신다. 하나님이 이미 당신에게 꽤 많은 승리를 주셨는가? 그런데 더 많은 승리를 주기 원하신다면? 하나님이 이미 그분의 나라를 넓히기 위해 당신을 사용하셨는가? 그런데 당신에게 더 큰 역할을 주기 원하신다면? 하나님이 이미 당신에게 새로운 세상을 열어 주셨는가? 그런데 당신을 새로운 우주로 이끌기 원하신다면?

모든 것을 컨트롤하려는 집착을 해체하라. 그 대신, 당신 스스로 계획도 실행도 할 수 없는, 하나님이 당신을 부르시는 새로운 일들에 놀라고 경탄하는 법을 배우라.

내일 아침 일어나서 하나님께 오직 당신만 줄 수 있는 것을 필요로 하는 사람을 보내 달라고 기도해 보라. 그 사람에게 필요한 것은 격려 한마디, 지폐 몇 장, 미소 한 번, 한두 시간의 고된 노동일 수 있다. 매일 눈을 크게 뜨고 주의 깊게 살펴보라. 하나님의 크신 역사나, 비교적 잔잔하지만 여전히 의미 있는 역사를 기대하라. 바로 이것이 영적 정글에서 살아가는 삶이다.

나는 설교나 강연을 하고, 글을 쓰고, 목회 상담을 하는 등 맡겨 주신 공적 사역에 대해 늘 하나님께 감사드린다. 하지만 즉흥적인 사역에는 이와는 다른 무언가가 있다. 내가 계획하지도 않았고 계획할 수도 없었던 무언가 말이다. 그럴 때마다 나는 외부 관찰자의 시선으로 하나님이 행하시는 특별한 역사를 구경한다. 그런 조용한 기적(하늘이 땅으로 몰래 내려오는 것)은 완전히 다른 차원에서 내 영혼을 울리고, 하나님에 대한 내 확신을 더욱 다지게 만든다.

이런 순간은 그리스도 안에서 참으로 귀한 순간이다. 나는 이런 즉흥적인 모험이 우리에게 필요하다는 확신을 하게 되었다. 일단, 이런 순간은 우리의 지적 의심을 날려 버리기 때문이다. 만약 하나님이 살아 계시지 않는다면 나는 미치광이인 게 분명하다. 존재하지 않는 대상과 늘 대화하고 매일 그런 존재를 의지하는 것이니까 말이다. 하지만 하나님은 매일같이 내게 자신을 증명하고 또 증명해 보이신다. 덕분에 어떤 실망스러운 일이 생겨도 내 믿음은 흔들리지 않는다.

영적 모험으로 가득한 삶이야말로 우리가 살아야 할 삶이다. "우리는 그가 만드신 바라 그리스도 예수 안에서 선한 일을 위하여 지으심을 받은 자니 이 일은 하나님이 전에 예비하사 우리로 그 가운데서 행하게 하려 하심이니라"(엡 2:10).

내가 어릴 적 여름에 했던 아르바이트 중에서 가장 싫었던 일은 쉬는 시간이 많은 일이었다. 나는 따분한 것보다 바쁜 것이 더 좋다. 시계만 쳐다보는 일은 말 그대로 삶을 허비하는 것이다. 그러고 있으면 영적으로 약해진다.

목적 없이 시계만 쳐다보며 시간을 보내는가? 매일 큐티를 하고 매주 교회에 가고 가끔 교회의 큰 행사에서 자원봉사를 하지만 단지 천국에 갈 생각으로만 그렇게 하고 있는가? 그렇게 살면 허송세월하는 기분이 들 수밖에 없다. 그런 생활을 멈추라!

새로운 삶을 배우라. 지금 당신이 어디에 있든, 휴가지에 있든, 출근하는 길이든, 교회에 막 도착했든, 동네 산책을 하는 중이든, 이 사실을 기억하라. "바람이 임의로 불매"(요 3:8).

R. 서머싯 워드는 실제 삶이 때로는 감옥에 갇힌 것처럼 느껴질 수 있음을 인정했다. 우리에게는 직업과 책임, 그리고 지켜야 할 약속이 있다. 하고 싶지 않을 때조차 반드시 해내야 하는 일들도 있다. 그럼에도 풍성한 기대감을 품고 산다면, 모험은 언제든 일상의 틈새를 파고들어 우리의 삶을 풍요롭게 할 수 있다. "우리는 매일 아침 일어나 똑같은 식탁 앞에 앉아야만 하지만, 그때의 마음 상태와 삶을 대하는 태도는 무한히 달라질 수 있다."[6]

단조롭고 시시해 보이는 직업을 갖고 있는가? 혹은 몸이 아파

꼼짝없이 누워 있어야 하는 신세인가? 그럼에도 불구하고 '바로 지금' 기도가 필요한 사람의 얼굴이 떠오르게 해 달라고 기도해 본 적이 있는가? 갑자기 마음에 감동이 와서 하나님께 그분의 일을 할 힘과 지혜와 분별력을 달라고 간청해 본 적이 있는가? 다른 누군가의 삶에서 일하시는 하나님께 남몰래 협력할 때 그분과 더 친밀해질 수 있다.

워드는 다음과 같은 광경을 묘사했다. "병마로 누워서 잠 못 이루는 어느 가련한 사람을 보라. 주변 사람들은 그가 아무 힘도 쓸 수 없는 무기력한 존재라고 생각하겠지만, 실상 그는 누군가의 삶을 변화시키고 기적을 일으키는 통로다. …… 이 나라와 넓은 세상 곳곳에는 당신의 중보 기도를 기다리는 영혼들이 있다. 그들의 기다림을 헛되게 할 것인가? 당신이 기도를 소홀히 하는 동안 그 영혼들이 밖에서 하염없이 기다리게 놔둘 것인가?"[7]

자, 모험할 기회가 보이는가? 누군가를 인터뷰해야 하는 직업인가? 혹은 방금 커피숍에서 친구를 만나 밀린 이야기를 나누는 중인가? 워드는 다음과 같은 통찰을 제시한다.

그냥 늘 하는 일상의 대화라는 생각으로 대화에 임한다면
기회를 놓치고 만다. 모든 대화는 모험의 가능성을 지녔으며,
어마어마한 결과로 이어질 수도 있다. 늘 똑같고 평범해
보이는 하루 속에서도 먼 나라로 떠나는 여정의 문이 계속
열리고 있다. 우리가 지나가는 길목마다 모퉁이 너머에 기적이
기다리고 있다. 영혼 속에 힘찬 모험 정신과 기대감을 품지

않는 한 우리는 그 기적을 볼 수도 그 기적의 통로가 될 수도 없다.[8]

당신이 지금 단순히 택배를 배달하거나, 택시 고객을 맞거나, 동료와 점심 식사를 하는 것이 아니라면? 만약 하나님이 이 만남을 통해 훨씬 더 큰 무언가를 계획하셨다면?

물론 매시간, 심지어 매일 이런 경험을 하려고 하면 미쳐 버릴 지도 모른다. 바람은 언제나 '임의로', 즉 마음대로 부니까 말이다. 하지만 그렇다고 아예 아무런 기대 없이 사는 건 어리석은 삶이다.

그리스도 안에서 더 깊은 삶을 경험하려면 더 많은 영적 모험을 해야 한다. 더 많이 사랑하고, 내 시간을 더 많이 내주며, 더 많이 도와주고, 종의 마음을 더 철저히 품어야 한다. 또한 하나님이 어디든 나를 데려가실 수 있도록 통제권을 내려놓아야 한다.

영적 모험으로 가득한 삶을 살려면 위험을 감수해야 한다. 이 위험을 워드는 일상 속에서의 의도적인 실험이라고 불렀다. "늘 해 오던 것만 하면 나의 기부는 평생 똑같을 것이다."[9] 당신이 평소에 수입의 5퍼센트나 10퍼센트를 기부해 왔다고 해 보자. 그런데 하나님이 당신에게 더 담대하게 기부할 기회를 보여 주신다면? 당신이 특정 상황에서 특정 사람들과 성공적으로 관계를 맺어 왔다고 해 보자. 그런데 하나님이 당신의 사역 영역을 넓히시기를 원하신다면? 당신이 특정한 어둠의 영역에서 승리를 거두었다고 해 보자. 그런데 하나님이 당신 삶의 새로운 영역에 빛을 비추시기를 원하신다면?

영적 모험을 받아들이지 않을 때 무엇을 잃는지 알면 다음 단계를 밟을 용기가 생긴다. 워드의 말은 소심한 나머지 그리스도 안에서의 풍성한 삶을 거부한 사람들에게 경종을 울린다. "우리는 영혼을 위한 기회로 가득한 세상을 눈을 감고서 방황하는 몽유병자와도 같다."[10]

가정주부, 투잡을 뛰는 한부모, 중소기업 말단 직원, 작은 교회의 목사, 하급 공무원도 모든 만남 가운데 깃든 깊은 가능성을 불어넣는 성령의 바람을 따라가면 모험 가득한 삶을 살 수 있다. 적시적소에서 격려하고, 돕고, 세워 주고, 솔직히 조언하고, 위로해 주라는 하나님의 음성을 들으면 작은 생각 속에 눌려 있던 삶이 되살아난다.

영적 모험이라는 개념을 좀 더 깊이 공부하고 싶다면《허드슨 테일러의 영적 비밀》(*Hudson Taylor's Spiritual Secret*)을 읽어 보길 바란다.[11] 그가 모험을 너무 심하게 했다는 생각이 들지도 모른다(봉급 인상에 대해 기도만 하지 않고 사장에게 적정한 보수를 요구하는 것이 왜 잘못인지 나는 모르겠다). 하지만 그는 영적 모험의 삶에 대한 훌륭한 본을 보여 주었다.

'도덕 재무장'(Moral Re-armament)을 설립한 프랭크 북맨(Frank Buchman) 또한 즉흥적인 영적 모험에 적극적으로 뛰어든 또 다른 저명한 역사적 인물이다. 그의 사역에 논란이 없지는 않으나, 놀랍고도 즉흥적인 방식으로 하나님께 쓰임받는 데 열려 있던 그의 모습은 계획과 통제에만 집착하는 사역자들에게 변화를 위한 중요한 교훈을 준다. 가스 린(Garth Lean)이 쓴 북맨의 전기 *Frank Buchman: On the Tail of a Comet*(프랭크 북맨: 혜성의 꼬리 위에서)를 읽어 볼 것을 권한다.[12] 가스 린이 도덕 재무장에서 사역했던 경험을 회고한 *Good God, It Works! An Experiment of Faith*(세상에, 정말 되네! 믿음의 실험)도 흥미롭게 읽을 수 있을 것이다.[13]

예수님께 인생 운전대를 맡길 때

브랜트 핸슨(Brant Hansen)은 자신의 저서 *Unoffendable*(마음 상하지 않음)에서 휴스턴에서 가족과 함께 보낸 어느 아침의 일을 들려준다. 그는 아이들을 차에 태우고 마트에 가서 장을 보았고, 전해 줄 물건이 있어 친구 집에 잠시 들렀으며, 그 밖에도 몇 가지 볼일을 더 보았다. 그러던 중 도로에서 속도위반으로 경찰 단속에 걸리기도 했다.

다시 길을 나섰을 때 딸이 그에게 어디로 가는지 물었다. 말을 보러 휴스턴 로데오에 가는 중이라고 답하는 순간, 문득 그날 아침의 모든 일이 딸의 시선으로 다시 보이기 시작했다.

갑자기 이런 생각이 들었다. 이 이동이 딸의 시각에서는 얼마나 이상했을까? 우리가 여기저기를 다니는 내내 아이는 계속해서 안전벨트를 매고 차에 앉아 있었다. 아이는 엄마가 어딘가를 부리나케 갔다가 오는 것을 보았다. 그러더니 조금 이따가는 불빛이 반짝이는 차에서 우스꽝스러운 모자를 쓴 이상한 남자가 다가오는 것을 보았다. 우리 차는 이쪽으로

방향을 틀었다가 저쪽으로 방향을 틀고 속도를 늦췄다가 다시
올리기를 반복했다. 아이는 우리가 어디로 가는지 몰랐다,
전혀. 하지만 조금도 투정을 부리지 않았다.[14]

브랜트는 딸의 태도를, 어디로 가는지, 다음 차례는 무엇인지,
목적은 무엇인지 항상 알기 원하는 자신(우리 대부분)의 성향과 비교
했다. 딸은 부모가 가는 대로 순순히 따라가 결국 아주 특별한 목적
지, 곧 세상에서 가장 큰 로데오에 도착했다.

하나님이 우리에게도 이런 일생일대의 경험을 제공해 주기를
원하신다면? 우리가 아빠가 가는 대로 그냥 따라가는 어린아이처
럼 겸손을 잃지 않는다면?

브랜트의 딸처럼 당신도 인생의 통제권을 내려놓고 예수님께
'운전대'를 맡기는 법을 다시 배워 보지 않겠는가?

'불신과 스트레스, 기진맥진, 분노, 원망, 그리고 쉴 새 없는
분투로 점철된 삶'과 '만족과 안식이 있는 삶' 사이에는 뚜렷한
경계선이 있다. 이는 내 딸만이 아니라, 궁극적으로 인생을
컨트롤하는 주체가 우리 자신이 아님을 아는 모든 이에게
해당되는 이야기다. **딸은 누가 운전하는지를 알았다.** 딸은
운전하는 사람이 …… 자신을 사랑한다는 것을 알았고 지금도
알고 있다. 바로 그 사실이 결정적인 차이를 만들어 낸다.[15]

사랑하는 가족을
영적 제단에 올리는 용기

내가 나의 형제에게는 객이 되고
나의 어머니의 자녀에게는 낯선 사람이 되었나이다
주의 집을 위하는 열성이 나를 삼키고
주를 비방하는 비방이 내게 미쳤나이다.
시편 69편 8-9절

✳

아무도 우리 부부에게 앞으로 어떤 일이 닥칠지 경고해 주지 않았다. 오히려 장밋빛 희망으로 가득한 말만 들었다. 선하고 독실한 부모가 자녀를 열심히 양육하면 모두가 하나님을 따르는 선하고 경건한 가정이 세워지고, 그 자녀들 역시 같은 길을 가게 된다는 이야기였다. 그 말 속에는 우리가 충성스럽게 하나님을 섬기기만 하면 모든 후손이 잘된다는 암묵적인 전제가 담겨 있었다.

30~40년 전, 회중교회 설교자 조나단 에드워즈(Jonathan Edwards)를 그 본보기로 꼽던 이들이 얼마나 많았는지 모른다. 그의 흠잡을 데 없는 신앙과 삶이 14명의 대학 총장과 100명이 넘는 목회자, 100명의 대학교수 등 훌륭한 자손이라는 귀한 결실로 이어졌다는 것이다. 하지만 당시 나는 그토록 경건했던 그가 노예를 소유했다는 사실은 듣지 못했다. 결국 에드워즈의 노예 소유 문제는 '부모가 신실하기만 하면 자녀도 자동으로 신실해진다'라는 소위 본보기 이론의 허점을 드러냈다. 실제 삶은 그런 단순한 공식에 심각한 의

문을 제기하곤 한다.

자녀들을 다 키워 독립시키고 비슷한 처지의 친구들을 만나게 되어서야 비로소 다른 이야기와 관점이 들리기 시작했다. 상심에 빠진 한 아버지가 내게 말했다. "성인 자녀를 둔 그리스도인 부모 중에 자녀의 삶의 방식이나 신앙 거부로 인해 마음이 타들어 가는 고통을 겪지 않은 사람이 거의 없는 것 같습니다."

미국의 한 대형 기독교 사역 단체에서 일하는 한 여성은 최근 아들의 결정으로 인한 속상함과 슬픔을 내게 털어놓았다. 나는 조금 전 언급했던 그 아버지의 말을 전하며 그녀를 위로하려 했다. 그녀는 잠시 멈칫하더니 이렇게 말했다. "사실 제 아들 셋 다 주님을 따르지 않고 있어요."

한 상담자는 내게 자신이 오랫동안 알아 온 더없이 경건한 부부에 대해 이야기해 주었다. 그 부부는 가는 곳마다 하나님의 임재를 드러내며 교회에서도 온 교인에게 많은 사랑을 받았다. 하나님은 이 부부를 통해 많은 가정을 치유하셨고, 도움을 구하러 온 많은 젊은이들을 상담할 지혜도 주셨다. 상담자는 말했다. "그 부부의 신앙은 정말 진실하고 강력하고 아름답고 놀라웠어요."

하지만 그 부부 중 아내가 세상을 떠났을 때, 부모와 소원했던 아들은 1년이 지나서야 그 사실을 알았다. 부모와 자식 사이의 골이 그만큼 깊었던 것이다. 온 교회가 이 여성의 죽음을 애도했지만, 정작 아들에게는 여느 날과 다를 바 없는 하루였다. 장례식에 아들이 불참한 사건은 모두에게 고통스럽고도 충격적인 일이었다.

우리의 가장 첫 번째이자 주된 관계이며, 가장 중요한 가족 관계인 '아버지 하나님'의 으뜸 되심(preeminence)을 배우면 안정되고 든든한 삶으로 이어진다. 그리스도 안에서 우리가 받아들여졌다는 사실은 확실하며, 결코 잃어버릴 수 없는 사실이기 때문이다. 우리의 안녕과 행복을 타락한 사람들(심지어 우리의 혈육도 마찬가지) 손에 맡기는 것은 실로 위험한 일이다. 이는 우리의 평안에 아무런 도움도 되지 않는다. 기껏해야 멀리서만 반짝거리는 황철석에 불과하다. 가까이서 보면 영원한 가치의 부재가 분명해진다. 우리는 이 땅의 가족들에게서 만족을 기대하는 절박한 마음을 해체하고, 하나님이 우리를 입양해 주신 영적 가족 안에서 충만함을 누리는 법을 배워야 한다.

가족들이 우리를 실망시킬 때 그리스도 안에서의 삶이 우리를 세워 줄 것이다. 우리가 사랑하는 이들이 우리를 가장 무정하게 밀어낼 때 하나님이 우리를 가까이 끌어 주실 것이다. "내가 나의 형제에게는 객이 되고 나의 어머니의 자녀에게는 낯선 사람이 되었나이다 주의 집을 위하는 열성이 나를 삼키고 주를 비방하는 비방이 내게 미쳤나이다"(시 69:8-9). 이 시편을 쓴 기자는 항상 곁에 계시는 하나님에게서 위안을 얻었다. "여호와여 나를 반기시는 때에 내가 주께 기도하오니 하나님이여 많은 인자와 구원의 진리로 내게 응답하소서 …… 여호와여 주의 인자하심이 선하시오니 내게 응답하시며 주의 많은 긍휼에 따라 내게로 돌이키소서"(13, 16절). 그는 가족과의 소원함에서 오는 고통을 인정하는 동시에 하나님의 영광스러운 인정과 사랑에 기뻐하고 있다.

그리스도 안에서의 삶은 예수님을 '첫 번째 충성'의 대상이 아니라 '모든 충성'의 대상으로 삼은 삶이다. 가족에 대한 헌신은 하나님에 대한 헌신의 부분 집합이다. 하나님에 대한 헌신이 가족에 대한 헌신의 부분 집합인 것이 아니다. 원하는 가족을 얻고자 하나님을 이용하지 말아야 한다("하나님, 우리 가정을 행복하고 화목하게 해 주시기만 하면 당신께 계속해서 립 서비스를 하겠습니다"). 다른 모든 것과 함께 가족도 제단 위에 올려야 한다. 우리 주님이요 왕께 100퍼센트 항복해야 한다.

예수님은 믿음이 항상 가족들을 하나로 묶어 준다고 약속하시지 않았다. 오히려 정반대다. "장차 형제가 형제를, 아버지가 자식을 죽는 데에 내주며 자식들이 부모를 대적하여 죽게 하리라 또 너희가 내 이름으로 말미암아 모든 사람에게 미움을 받을 것이나 끝까지 견디는 자는 구원을 얻으리라"(마 10:21-22).

심지어 가족이 없는 혈혈단신도 하나님만으로 충분하다는 사실을 배워야 한다. 물론 하나님도 있고 가정도 화목하면 더할 나위 없다. 그야말로 지상 천국이다! 내 인생에서 가장 행복한 순간 중 하나는 교회에서 예배 중에 당시 10대였던 우리 집 세 아이가 하나님께 예배드리는 모습을 힐끗거리던 순간이다. 그중 두 아이는 손을 높이 들고 찬양했다. 어느 해 여름, 세 아이가 선교 사역에 모두 참여했을 때도 그렇게 행복할 수 없었다. 이보다 더 만족스러운 일은 없다. 그리고 이를 바라는 것은 지극히 자연스럽다. 그러나 우리가 '약속받은' 것은 오직 하나님뿐이다. 그리고 우리가 '경고받은' 것은 하나님보다 자기 가족을 우선시하는 것이다.

욥은 자녀가 죽었을 때 하나님을 저주하지 않았다. 우리 역시 자녀가 영적으로 죽어도 하나님을 저주하지 말아야 한다. 나아가, 결코 그들을 하나님보다 우선시하여 그들의 영적 죽음에 동참하지 말아야 한다.

육신의 가족을 가장 우선시할 때의 위험

우리가 (주로 교회에서) 들어 온 '가족의 삶은 이래야 한다'는 내러티브를 해체하지 않으면, 가족의 삶이 무너질 때 가장 큰 위로를 잃을 수 있다.

학대를 일삼은 부모 탓에 아버지 하나님의 사랑을 보지 못하게 된 이들이 너무도 많다. 하지만 하나님은 스스로를 이렇게 소개하신다. "여호와라 여호와라 자비롭고 은혜롭고 노하기를 더디 하고 인자와 진실이 많은 하나님이라 인자를 천대까지 베풀며 악과 과실과 죄를 용서하리라"(출 34:6-7). 학대하는 부모 밑에서 자란 이들은 때로 더 나은 가정을 주지 않으신 하나님께 분노하곤 한다. 하지만 그 분노가 마음속 '쓴 뿌리'로 굳어지게 내버려 두는 대신, 우리에게 완전한 영적 가족을 허락하시는 하나님을 예배하는 편이 훨씬 더 복되지 않겠는가?

하나님은 완벽한 육신의 가족을 약속하신 적이 없다. 사실, 구약의 계시는 심각하게 망가진 가족사들로 시작된다. 대신, 하나님은 불완전한 가족을 잘 다루도록 도와주는 완벽한 하나님이 되어 주겠다고 약속하신다. 육신의 가족을 가장 중요하게 여긴다면, 완벽하지 않은 가족 때문에 하나님을 원망하기가 쉽다. 그러나 하나님은 바로 그 부족함 속에서도 우리를 구원해 주시는 분이시므로, 그분께 나아가는 것이 마땅하다.

가족을 가장 우선시해야 한다는 가르침으로 인해 진작 정리했어야 마땅한 학대하는 남편과의 관계를 계속 유지하는 아내들이 적지 않다. 그러한 탓에 몸이 성한 데 없이 망가졌고, 사역은 무너졌으며, 영혼은 시들해졌다. 이들이 맺은 영적 열매는 결국 땅에 떨어져 썩어 버렸다. 일부 교인들은 구주에 대한 영적 헌신은 사실상 무시한 채 아내들에게 남편에 대한 헌신만 강조했다. 그리고 그 모습을 지켜보는 하나님의 마음은 찢어졌다.

조금 힘들거나 실망스럽다고 해서 쉽게 이혼하는 사람들을 옹호하는 것은 결코 아니다. 이래 봬도 내가《결혼, 영성에 눈뜨다》(Sacred Marriage)를 포함해서 가정에 관한 책을 꽤 많이 펴낸 사람이니 이 점에 대한 오해는 없으리라 생각한다.* 여기서 내가 말하려는 핵심은 가정이 중요하기는 하지만 하나님과의 관계에 비할 수는 없다는 것이다.

가정에 충실한 것과 하나님이 주신 소명에 충실한 것을 구분하는 것이 비성경적이라는 생각이 드는가? 그렇다면 내게 따질 게 아니라 예수님께 따지라. "이르시되 내가 진실로 너희에게 이르노

---

* 내가 여기서 이야기하고 있는 구분에 관해서는 내 책 *When to Walk Away* (Zondervan, 2019)에서 자세히 설명해 놓았다.

니 하나님의 나라를 위하여 집이나 아내나 형제나 부모나 자녀를 버린 자는 현세에 여러 배를 받고 내세에 영생을 받지 못할 자가 없느니라 하시니라"(눅 18:29-30). 물론 여기서 "하나님의 나라를 위하여"는 우리 자신의 행복을 추구하기 위해서, 단순히 실망스러운 배우자에게서 벗어나 새로운 사람과 결혼하기 위해서가 아니다.

가족을 가장 우선시해야 한다는 가르침 탓에 가정을 지키려고 심각한 도덕적 타협을 한 부모들이 적지 않았다. 많은 부모가 자녀와 좋은 관계를 유지하고 손자들을 계속해서 보고 싶은 마음에 그리스도와 사도들의 가르침에 관한 기존 신념을 부인하고 자신의 신학을 바꾸기까지 했다. 그들은 자녀의 마음을 얻기 위해 하나님의 계명을 버렸다. 그로 인해 하나님을 배반했을 뿐 아니라 결국 자녀까지도 망쳤다.* 오해하지는 말라. 가족을 거부하라는 말이 절대 아니다. 오히려 가족을 계속해서 사랑하기 위해 최선을 다해야 한다. 다만 여기서 나는 예수님이 하신 것처럼 가족이 '우리'를 거부할지 모른다는 경고를 하고 있는 것이다.

가족을 가장 우선시하는 풍조로 인해 진실한 신자이면서도 이혼의 아픔을 겪었다는 이유로 교회에서 권한을 받은 종으로 하나님을 마음껏 섬기지 못하는 이들이 있다. 심지어 전 배우자의 잘못으로 이혼한 경우에도 같은 불이익을 당하는 이들이 있다. 배우자가 그들을 떠나거나 배신했을 때 일부 교인들도 그들에게 똑같은

---

* 나 역시 손주들이 있는 할아버지로서 이 말이 가혹하게 들리지 않았으면 한다. 가정의 평화를 우선시하고 싶은 마음은 충분히 이해한다. 하지만 어떤 유혹이 있더라도 우리는 진리를 굳게 부여잡고 하나님께 충성해야 한다.

짓을 했다. 누군가에게 당한 일로 공식 사역자로서의 자격을 잃는다는 게 말이 되는가? 전 배우자를 헌신적으로 사랑했지만, 자신이 '바람을 피우지 않거나 가정 폭력을 행사하지 않을 도덕적 능력'이 없는 사람과 결혼했다는 사실을 인정할 수밖에 없었던 사람을 많이 만나 보았다. 배우자를 잘못 선택한 잘못은 있을지언정(그렇다 해도 그냥 매우 교활한 사기꾼에게 당한 것일 수도 있다) 누군가와 사랑에 빠져 어리석은 선택을 했다고 해서 그 선택의 대가를 충분히 치른 뒤에도 사역자로서 하나님을 섬기지 못하게 하는 것이 과연 옳은가?

물론 불륜을 저지른 전적이 있는 사람의 경우에는 사역자로 세우기 전에 반드시 철저한 검증을 거쳐야 한다. 하지만 불륜의 '희생자'는 전혀 다른 문제다. 법원이 범죄의 가해자와 희생자 모두에게 유죄를 선고하는 것은 얼토당토않다. 하지만 역사적으로 기독교의 많은 집단이 사역자의 자격을 정할 때 이혼의 양 당사자 모두를 이렇게 취급해 왔다.

마지막으로, 가족을 가장 우선시하면 사탄의 손에 놀아나고 만다. 때로 사탄은 하나님을 섬기는 데 걸림돌로 가족을 이용하기 때문이다. 리처드 백스터(Richard Baxter)는 이렇게 경고했다. "[사탄은] 할 수만 있다면 …… 당신의 아버지나 어머니, 남편이나 아내, 형제자매, 자녀를 이용해 당신을 그리스도에게서 멀어지게 설득하거나 핍박할 것이다. 그러므로 그리스도께서는 우리가 이들 모두를 미워하지 못한다면, 즉 그들이 우리를 그분에게서 멀어지게 하려 할 때 사람들이 미워하는 것을 다루듯이 그들을 다룰 수 없다면, 우리는 그분의 제자가 될 수 없다고 하신다."[1]

누가복음을 보면, 사탄이 이 땅에서 예수님의 사역을 무산시키려고 시도한 뒤에 소름 끼치는 구절이 나온다. 사탄은 그 실패 뒤에 예수님의 가장 가까운 벗 중 한 명을 찾아갔다. "열둘 중의 하나인 가룟인이라 부르는 유다에게 사탄이 들어가니"(눅 22:3). 유다가 예수님의 직계 가족은 아니었지만 열두 제자와 예수님과의 사이는 웬만한 가족보다 더 가까웠다고 말할 수 있다. 사탄이 우리를 마음대로 주무를 수 없을 때는 가족을 포함해서 우리와 가까운 사람에게 영향을 미치려고 들지 않을까? 전혀 가능성 없는 말이 아니다. 영적 전쟁은 실재이며 사탄은 지독한 악의로 이 전쟁에 참전 중이다.

우리가 육신의 가족을 희생적으로 섬기고 그들에게 헌신하지 말아야 한다는 뜻은 절대 아니다. 야심만만한 목사나 선교사가 '하나님 나라를 위하여' 배우자와 자녀를 소홀히 한다면 그들이 세우는 나라는 하나님 나라가 아니다. 이는 이기적인 야망으로 세우는 나라일 뿐이다. 하나님을 사랑한다면 가족을 희생적으로 돌보고, 그리스도께서 교회를 사랑하시듯 배우자를 사랑할 수밖에 없다.

교회를 사실상 자신의 연인으로 여기고 아내를 돌보지 않은 전직 목사를 상담한 적이 있다. 피해가 깊었다. 그가 목회에 복귀할 생각이 있다면 먼저 가정을 재건하는 일에 모든 힘을 쏟아야 했다. 그러나 어떤 여성이 단순히 남편에게 싫증이 났다는 이유로, 더 매력적인 남자를 만나기 위해 하나님 앞에서 맺은 혼인 서약을 저버린다면, 그것이야말로 통탄할 죄다. 나는 강한 남자들이 고통스럽게 우는 모습을 많이 보았으며, 그때 하나님도 우셨으리라 믿는다. 하나님의 형상대로 지음받은 존재가 배우자의 불의한 행동으로 인해 크게 슬퍼하고 분노하는 모습을 보고도 하나님이 가만히 있으시겠는가?

오해하지 말라. 가족을 가장 우선시하지 말아야 한다는 말은 가족을 우선순위에서 꼴등으로 미뤄야 한다는 말이 전혀 아니다. 심지어 세 번째로 챙겨야 한다는 말도 아니다. 내 우선순위에서 가족은 확실한 두 번째다. 하지만 예수님의 말씀을 유심히 들어 보면 가족은 두 번째라고 말하기도 민망할 정도로 하나님과 천지 차이여야 한다.

가족을 가장 우선시하는 태도를 해체해야 하는 또 다른 이유는 부모나 형제, 자녀가 우리에게 수치를 주려고 할 때 찾아올 패배감과 혼란을 피하기 위해서다. 가장 사랑하는 이들을 실망시키고 나면 예수님이 우리를 위해 해 주신 모든 일에도 불구하고(심지어 우리의 자격이 우리 자신이 아닌 그분 안에 있는 줄 알면서도) 자신이 하나님 앞에서 자격이 없다는 생각에 빠져들 수 있다.

우리를 향한 하나님의 사랑은 그리스도께서 우리를 위해 해 주신 일에 근거한다. 우리가 누군가의 완벽한 자녀나 부모, 배우자, 형제인지와 상관이 없다. 우리는 자신을 하나님이 선택하시고 받으시고 인정하신 존재로 보며 기쁨과 안정, 행복을 누려야 한다. 하지만 가정 안에서의 실패라는 렌즈로 자신을 바라보면 기쁨과 평안은 없고 수치만 가득해지며 우리의 예배는 메말라진다. 자신이 하나님 앞에서 가치 없는 존재라고 생각해 하나님을 피하게 된다. 실제로 가족이 우리에게 그런 말을 할 수 있다. "너 같은 사람이 그리스도인이라고? 네가 나한테 한 짓을 알고도 그런 말이 나와?"

당신이 가족을 실망시켰을지 몰라도, 그렇다고 해서 당신이 하나님 앞에서 실패자가 되는 것은 아니다. 우리 모두는 살면서 실수와 실패를 거듭한다(약 3:2). 물론 우리는 최대한 좋은 자녀, 좋은 부모, 좋은 형제, 좋은 배우자가 되고 싶어 한다. 하지만 그리스도 안에서의 삶은 우리가 실패해도 우리의 정체성은 실패자가 아니라는 뜻이다. 우리의 정체성은 하나님께 용서를 받고 입양된 그분의 자녀다.

하나님의 말씀은 우리가 가족의 사랑에 연연하는 데서 벗어나 '그분'의 사랑, '오직' 그분의 사랑만을 의지하게 만든다. "내 부모는 나를 버렸으나 여호와는 나를 영접하시리이다"(시 27:10).

거룩한 미움

예수님은 가족보다 신앙을 우선순위에 두는 성경적 가르침의 오랜 맥을 이어 가셨다. 신명기에는 다음과 같은 말씀이 기록되어 있다.

> 네 형제나 네 자녀나 네 품의 아내나 너와 생명을 함께하는 친구가 가만히 너를 꾀어 이르기를 너와 네 조상들이 알지 못하던 다른 신들 곧 네 사방을 둘러싸고 있는 민족 혹 네게서 가깝든지 네게서 멀든지 땅 이 끝에서 저 끝까지에 있는 민족의 신들을 우리가 가서 섬기자 할지라도 너는 그를 따르지 말며

들지 말며 긍휼히 여기지 말며.   ○ 신명기 13장 6-8절

예수님은 이 옛 가르침을 강조하시고, 사명과 믿음의 문제를 함께 포함시켜 이 가르침을 확장하셨다. "수많은 무리가 함께 갈새 예수께서 돌이키사 이르시되 무릇 내게 오는 자가 자기 부모와 처자와 형제와 자매와 더욱이 자기 목숨까지 미워하지 아니하면 능히 내 제자가 되지 못하고 누구든지 자기 십자가를 지고 나를 따르지 않는 자도 능히 내 제자가 되지 못하리라"(눅 14:25-27).

여기서 "미워하다"에 해당하는 헬라어 단어 "미세오"는 셈어의 과장법이다. 예수님은 원수를 미워하듯 가족을 미워하라고 말씀하신 것이 아니다. 가족들을 해치려는 마음을 먹으라고 말씀하신 것이 아니다. 물론 여기서 "미세오"는 실제로 미워한다는 의미다. 하지만 예수님이 헬라어가 아닌 아람어로 말씀하셨다는 점을 잊지 말아야 한다. "미세오"는 누가가 예수님이 실제로는 아람어로 말씀하신 것을 헬라어로 번역하기 위해 선택한 단어다. 또한 예수님은 우리 자신의 삶에 대해서도 "미세오"를 품어야 한다고 촉구하실 때 우리 자신이나 가족에게 일부러 해를 끼치거나 악한 마음을 품으라는 뜻이 아님을 분명히 밝히셨다. 예수님이 말씀하신 것은 그런 종류의 미움이 아니다.

그럼에도 "미세오"가 "그들을 하나님보다 덜 사랑하라"라는 뜻으로 본다면 그것은 강도를 너무 낮춘 것이다. 누가가 이 단어를 선택한 데는 이유가 있다. 누가는 예수님이 하신 말씀의 심각성이나 충격을 희석시키고 싶지 않았다. 여기서 부드럽거나 공손한 말로

는 해체의 행위가 일어날 수 없다. 예수님이 우리를 초대하시는 새로운 세상과 변화된 삶은 과감하고 강한, 심지어 충격적인 무언가를 필요로 한다. 그래서 "미세오"라는 단어가 선택되었다.

하나님 나라, 그분의 역사, 우리와 그분과의 관계, 그분의 은혜가 우리에게 그 무엇에도 비할 수 없을 만큼 매력적이고 중요해져야 한다. 하나님을 가장 중시하면 가족을 덜 사랑하게 되기는커녕 그들을 진정으로 신실하고 희생적으로 사랑하게 된다. 뉘앙스가 중요하다. 성경에서 믿음이 최우선이라는 말은 가족이 가장 나중이라거나 전혀 중요하지 않다는 뉘앙스가 아니다. 믿음을 가장 중시하면 가족을 가장 제대로 사랑하는 데 도움이 된다.

예수님의 삶을 생각해 보라. 예수님은 십자가 위에서 사역(역사상 단연 가장 중요한 사역)을 완성하실 때 자신이 죽은 뒤에 어머니 마리아를 돌봐 달라고 요한에게 부탁하셨다(요 19:26-27).

예수님은 하나님의 일에 바쁘다는 핑계로 가족에 대한 의무를 도외시하시지 않았다. 하지만 이 부분에 대해서도 짚고 넘어갈 점이 있다. 개신교에 따르면, 마리아에게는 예수님이 돌아가신 뒤에 자신을 돌봐 줄 수 있는 다른 자녀들이 있었다. 실제로 개신교는 신약의 두 저자(야고보와 유다)를 마리아의 아들로 본다. 단, 그들은 십자가 사건 당시에는 신자가 아니었던 것으로 보인다.* 예수님이 마리

---

* 로마 가톨릭교회는 이 두 사람이 마리아의 자녀가 아니라 예수님의 사촌이었던 것으로 본다. 동방 정교회는 이들이 요셉 쪽에서 태어난 예수님의 이복형제들이라고 가르친다. 즉 요셉은 마리아와 결혼하기 전에 이들을 낳았고, 따라서 예수님이 마리아의 유일한 자식이라는 것이다.

아를 피붙이가 아닌 요한*에게 부탁한 것은 혈연보다 믿음을 중시하신 것이다. 예수님은 혈연의 의무로 묶여 있지만 아직 신자가 아닌 젊은이들보다 그분을 따르고 믿는 사람에게 자신의 어머니를 맡기고자 하셨다.

그리스도 안에서의 삶은 옳은 시각과 하나님이 기뻐하시는 방식으로 가족을 사랑하게 만든다.

더 높은 소명

수 세기 동안 유대인 여성들은 메시아의 어머니가 되는 것보다 더 큰 소명이 없다고 생각했다. 하지만 예수님이 자신의 어머니에 관해 뭐라고 말씀하셨는지 들어 보라. "이 말씀을 하실 때에 무리 중에서 한 여자가 음성을 높여 이르되 당신을 밴 태와 당신을 먹인 젖이 복이 있나이다 하니 예수께서 이르시되 오히려 하나님의 말씀을 듣고 지키는 자가 복이 있느니라 하시니라"(눅 11:27-28).

아이를 낳고 기르는 것이 하나님의 말씀을 듣고 지키는 것만큼 중요하지는 않다. 마리아는 무엇보다 예수님의 어머니로서 가톨릭과 동방 정교회에서 존경을 받아 왔다. 하지만 예수님은 참된 복은 육체적으로 메시아를 낳는 것보다 영적으로 하나님의 계명을

---

* 일부 전통에서는 요한의 어머니가 마리아의 여자 형제였던 것으로 본다. 그렇다면 요한은 예수님의 사촌이었다. 나는 성경 자체에서 명시하지 않은 문제에 대해 어느 쪽 편을 들고 싶지 않다.

지키는 데서 비롯한다고 말씀하셨다. 순종하는 여성이 메시아의 어머니보다 낫다. 예수님의 제자가 되는 것이 심지어 그분의 어머니가 되는 것보다도 중요하다.

어머니 역할이 중요하지 않다거나 인정받을 만하지 않다는 뜻이 절대 아니다. 어머니의 역할은 분명 중요하다. 세상 모든 어머니는 인정을 받아 마땅하다. 때로 어머니의 가치를 폄하하는 문화 속에서 이 소명의 가치에 대한 시각을 바로잡을 필요성이 있다. 하지만 그리스도인으로서 우리는 어머니 역할이 귀하기는 하지만 그것이 여성의 '가장 중요한' 소명은 아니라는 사실을 기억해야 한다. 어머니는 여성으로서 결정적 정체성이 아니며, 어머니 역할이 여성의 최종 가치를 결정하지도 않는다.

아버지도 남성의 결정적 정체성이 아니다. 과거에 나는 남성이 할 수 있는 가장 영향력 있는 일은 자녀가 하나님을 섬기도록 양육하고, 나아가 그 자녀도 자신의 자녀를 신앙적으로 키우도록 만드는 것이라고 가르쳤다. 이는 여전히 고귀한 이상이다. 우리가 하나님 나라를 위해 할 수 있는 가장 좋고도 전략적인 일 가운데 하나는 자녀를 하나님을 예배하고 섬기는 사람으로 키우는 것이다. 하지만 내가 자녀를 기르는 능력으로 남성을 평가한 것은 잘못이었다.

예수님과 바울은 자녀를 기르지 않고도 하나님 나라에 크나큰 영향을 미쳤다. 그리고 모세의 장남이 누구인지 아는가? 게르솜. 우리가 게르솜에 대해 유일하게 아는 정보는 이름뿐이다. 하지만 게르솜을 낳고 기르는 것이 모세의 삶에서 결정적인 특징이었다고 말할 수 있을까? 베드로에게 아들과 딸이 있었는가? 요한이나 안드레는 어떤가? 그들에게 자식이 있었다면 뭘 했는가? 그들에 관해 알려진 사실은 무엇인가?

　하나님 나라를 가장 중시하는 삶을 살면 가족에게 충실하고 희생적인 부모가 될 수밖에 없다. 하지만 구약에서 아브라함과 이삭과 야곱으로 내려가는 계보를 매우 중시했던 것과 달리 더 이상 우리의 정체성은 가족을 통해 정의되지 않는다.

　예수님이 어머니를 포함한 혈육을 대하신 모습에서 혈육보다 하나님 나라의 삶을 더 중시하신 것을 분명히 알 수 있다.

> 예수께서 무리에게 말씀하실 때에 그의 어머니와 동생들이
> 예수께 말하려고 밖에 섰더니 한 사람이 예수께 여짜오되
> 보소서 당신의 어머니와 동생들이 당신께 말하려고 밖에 서
> 있나이다 하니 말하던 사람에게 대답하여 이르시되 누가 내
> 어머니이며 내 동생들이냐 하시고 손을 내밀어 제자들을
> 가리켜 이르시되 나의 어머니와 나의 동생들을 보라 누구든지
> 하늘에 계신 내 아버지의 뜻대로 하는 자가 내 형제요 자매요
> 어머니이니라 하시더라.　○ 마태복음 12장 46-50절

　성경은 예수님이 어머니와 동생들을 만나러 나가셨는지에 관해 아무런 말도 없다. 마태는 우리에게 그 사실을 알리는 것이 중요하지 않다고 생각했다. 나는 예수님이 말씀은 그렇게 하셔도 가족들을 만나러 나가시지 않았을까 하는 생각이 든다. 하지만 그와 상

관없이 마태는 우리가 이 이야기에서 하나님 나라의 일과 섬김이 혈육보다 중요하다는 사실을 배우기를 바랐다.

현대 그리스도인의 시각에서는 이것이 충격일 수 있다. 하지만 이전 세대의 신자들에게는 그리 충격적이지 않았다. 토머스 브룩스(Thomas Brooks)는 16세기 중반에 있었던 일화를 소개한다.

> 메리 여왕의 박해 기간에 한 자비로운 여성이 당시 런던 주교였던 '피의 보너'(bloody Bonner) 앞에 심문을 위해 끌려갔다. 그 여성의 종교 재판에서 심문하던 보너는 남편을 빼앗아 가겠다고 위협했다. 이에 그녀는 담담히 대답했다. "그리스도께서 나의 남편입니다." 보너가 자식을 빼앗아 가겠다고 위협하자 그녀는 말했다. "그리스도께서 열 아들보다 귀합니다." 보너가 세상에서 누리는 모든 낙을 빼앗아 가겠다고 하자, 그녀는 말했다. "그렇게 하더라도 제게는 그리스도가 계시며, 당신은 그분을 빼앗아 갈 수 없습니다." 그리스도께서 자신의 분깃이라는 확신은 모든 시련 속에서도 그녀의 마음을 강하게 하고, 정신을 평온하게 만들었다.[2]

이 여성이 가족을 가장 우선시했다면 결국 그리스도를 버렸을지도 모른다. 하지만 이 신실한 여성은 하나님을 가장 우선시한 덕분에 박해자가 그 무엇으로 위협해도 첫사랑을 버릴 수 없다는 굳은 결심을 품을 수 있었다.

가족에 대한 예수님의 말씀을 볼 때마다 무엇보다 가족이 먼저라고 생각했던 나 자신이 부끄러워진다. 성경은 예수님을 따르고 싶지만 먼저 중요한 문제를 처리할 시간을 달라고 요청한 한 남자의 이야기를 전해 준다. "주여 내가 먼저 가서 내 아버지를 장사하게 허락하옵소서 예수께서 이르시되 죽은 자들이 그들의 죽은 자들을 장사하게 하고 너는 나를 따르라 하시니라"(마 8:21-22).

이 남자의 아버지가 실제로 죽은 것인지, 단순히 나이가 많이 든 것인지에 관해서는 주석가마다 의견이 분분하다. 아버지가 늙은 것이라면 이 남자의 바람은 장례식을 치르는 것이 아니었다. 그는 단지 예수님을 따르기 전까지 몇 년을 기다려 달라고 부탁한 것이다(물론 몇 년 뒤면 예수님은 이미 십자가에 달리시고 난 뒤일 것이다). 이 남자는 "일단 집에서 부모님을 돌보게 해 주십시오. 부모님이 돌아가시고 난 뒤에 선생님을 따르겠습니다"라는 뜻으로 말한 것인지도 모른다.

예수님은 이런 생각을 거부하셨다. 그런데 성경의 다른 곳에서 바울은 부모를 잘 봉양하라고 명령했다(딤전 5:8; 엡 6:2-3). 따라서 예수님의 이 반응은 특이할 수 있다. 일단, 예수님이 육신으로 계시는 동안 그분을 따를 시간이 얼마 남지 않아서였을 수 있다. 혹은 이 남자의 열의가 부족한 것이 이유였을지도 모른다. 예수님을 따르라는 초대는 실로 영광스러운 것이므로 지체 없이 반응하는 것이 너무도 당연하다. 마태복음의 이 구절을 어떻게 해석하든 예수님은 세상적인 일보다 그분이 더 중요하다는 점을 분명히 지적하신다.

어릴 적에 교회에서 나는 예수님이 가족을 하나 되게 하시는 분이라고 배웠다. 지금도 나는 가족이 믿음과 예배로 하나가 된다는 의미에서는 이것이 옳다고 믿는다. 하지만 예수님은 그분을 믿으면 때로 가정이 분열되는 일도 벌어진다고 가르치셨다. 그분에 대한 충성은 절대적이기에 그분을 거부하는 사람은 필연적으로 그분의 제자들을 거부하게 된다. "장차 형제가 형제를, 아버지가 자식을 죽는 데에 내주며 자식들이 부모를 대적하여 죽게 하리라"(마 10:21).

신앙 때문에 자녀에게 버림받은 부모들을 무시한다면 예수님을 거짓말쟁이라 부르는 것이나 다름없다. 예수님은 부모가 가정을 소홀히 해서가 아니라 그리스도께 충성해서 자녀가 부모를 배신할 것이라고 말씀하신 것이다(물론 부모가 그리스도의 제자임을 자처하면서 행하는 위선이나 학대 때문에 부모를 거부하는 자녀도 분명 있다). 예수님은 심지어 더 강한 언어를 쓰셔서 다음과 같이 덧붙이신다.

> 내가 세상에 화평을 주러 온 줄로 생각하지 말라 화평이 아니요 검을 주러 왔노라 내가 온 것은 사람이 그 아버지와, 딸이 어머니와, 며느리가 시어머니와 불화하게 하려 함이니 사람의 원수가 자기 집안 식구리라 아버지나 어머니를 나보다 더 사랑하는 자는 내게 합당하지 아니하고 아들이나 딸을 나보다 더 사랑하는 자도 내게 합당하지 아니하며 또 자기 십자가를

지고 나를 따르지 않는 자도 내게 합당하지 아니하니라 자기 목숨을 얻는 자는 잃을 것이요 나를 위하여 자기 목숨을 잃는 자는 얻으리라. ○ 마태복음 10장 34-39절

믿음이 가정을 분열시킬 때 예수님은 제자들이 그 일로 인해 상을 받으리라고 말씀하신다. "또 내 이름을 위하여 집이나 형제나 자매나 부모나 자식이나 전토를 버린 자마다 여러 배를 받고 또 영생을 상속하리라"(마 19:29).

바울은 남편들에게 영웅적이고 순교자 같은 헌신으로 아내를 사랑하라고 촉구하면서도(엡 5:25; 골 3:19) 이런 글을 남겼다. "이후부터 아내 있는 자들은 없는 자같이 하며"(고전 7:29). 여기서 바울은 모순된 말을 하지 않았다. 고린도전서 7장에서 바울의 요지는 우리의 믿음이 철저히 우선이기에 가정은 사실상 부차적 문제라는 것이다. 하지만 부차적이라고 해서 중요하지 않다는 뜻은 아니다. 결혼한 사람은 배우자에게 '헌신해야' 한다. 하지만 우리의 첫 번째 헌신은 어디까지나 그리스도를 위한 사역과 예배에 쏟아야 한다. 바울은 이렇게 말했다. "내가 이것을 말함은 너희의 유익을 위함이요 너희에게 올무를 놓으려 함이 아니니 오직 너희로 하여금 이치에 합당하게 하여 흐트러짐이 없이 주를 섬기게 하려 함이라"(고전 7:35).

나는 기독교 가정들의 회복을 위해 거의 평생을 바쳤다. 그런만큼 가족에 대한 희생적인 섬김의 중요성이나 가족을 사랑할 때 경험하는 순전한 기쁨을 부정할 생각은 추호도 없다. 나와 아내는 손주들 이야기를 얼마나 자주 하는지 모른다. 손주들에게 무슨 특

별한 것을 해 줄까 늘 고민한다. 심지어 집을 살 때도 손주들 행복을 최우선적으로 고려했다. 손주들이 이 사실을 알면 몹시 감동할 것이다.

우리 아이들이 "아빠, 엄마, 사랑해요"라는 말로 전화 통화를 끊으면 그 한 번의 통화로 우리 부부가 며칠 내내 얼마나 날아갈 듯한 기분으로 들떠 있는지 아이들은 전혀 모를 것이다. 또 휴대폰 바탕 화면에 아내의 사진이 뜰 때마다 사랑에 빠졌던 대학생 시절처럼 내 마음이 어찌나 녹아내리는지……. 나는 매일같이 가족을 위해 기도하고 가족을 섬긴다. 내 신앙에도 '불구하고'가 아니라 내 신앙으로 '인해' 평생 그리할 것이다.

하지만 하나님을 단순히 첫 번째로 사랑하는 수준을 넘어 압도적으로 사랑하지 않는다면 가족도 온전히 사랑할 수 없다. 하나님이 가족에게 바라시는 것이 내가 그들에게 바라는 것보다 훨씬 더 중요하다. 나는 가족이 나를 어떻게 생각하는지보다 그들이 하나님 앞에 어떤 모습으로 서 있는지를 더 염려해야 한다. 만약 가족의 신앙이 흔들려 하나님께 찔림을 받는다면, (나의 거룩한 삶 때문에) 그들이 나와 함께 있는 것이 자연스레 불편하게 느껴질 수도 있다. 물론 그런 불편함이 내가 은혜를 모르는 거만하고 독선적인 인간처럼 행동해서 생기는 일은 아니길 바란다.

예수님 당시에도 수많은 사람이 그분을 거부했다는 사실을 기억하라. 예수님을 닮은 삶을 살면 자녀가 결코 자신을 거부하지 않을 것이라 굳게 믿는 부모는 어리석다. 당신이 예수님을 닮아 가는 모습이 오히려 가족이 당신을 거절하게 만드는 촉매제가 될 수도 있다.

가족과 함께하는 삶에 관해 내가 확신하게 된 점은 이것이다. 정말 중요한 단 한 가지는 하나님의 은총과 기름 부으심이다. 나는 스스로에게 늘 이렇게 물어야 한다. "나는 지금 하나님을 기쁘시게 하려 하는가, 아니면 가족의 비위를 맞추려 하는가?"

하나님을 향한 헌신은 내 삶의 버팀목이기에, 하나님은 때로 이 헌신을 시험하신다. 때로는 가족을 돌보는 과정에서 교회 사람들조차 의아해할 만한 결정을 내려야 할 수도 있다. 그럴 때 나의 결정은 철저히 하나님의 인정과 기름 부으심에 근거해야 한다. 나는 매 순간 '무엇이 진정한 사랑인가'에 대한 하나님의 정의를 따라 가족을 사랑할 수 있도록 하나님과 협력해야 한다.

내가 진심으로 그분의 뜻을 구한다면, 설령 그 뜻을 잠시 오해할지라도 하나님은 나를 기뻐하시리라 확신한다. 내가 그분께 삶을 통째로 드렸음을, 즉 나의 모든 말과 행동과 결정이 오직 나의 구주이자 주님이신 그분을 높이고 예배하기 위함임을 그분이 아시기 때문이다. 그분은 마땅히 우리의 전부를 받으셔야 할 분이다.

나는 가족의 사랑을 원한다. 하지만 나는 무엇보다도 하나님의 사랑에 '의지'한다. 가족의 관심을 받는 것은 당연히 좋지만, 하나님의 관심이 없다면 나는 모자도 셔츠도 물 한 방울도 없이 사막 한가운데 고립된 사람과도 같다.

그리스도 안에서의 삶은 우주에서 가장 아름답고 놀랍고 강하고 영광스러운 분에 대한 열정적인 헌신과 예배와 의지에 기초한 삶이다. 이것이 우리가 배워야 할 첫 번째 교훈이다. 하나님의 사랑은 우리를 정의하고 지탱하고 격려하며 세우고 강하게 만든다. 이것이 우리 자신을 이해하기 위한 가장 확실한 기초다. 원가족이나 직계 가족이 우리 정체성의 핵심이라는 그럴듯하지만 잘못된 시각을 버려야 한다. 가족과 함께하는 삶이 주는 즐거움과 매력은 너무나 좋고 크기에 우리는 가족을 자신의 정체성을 규정하는 전부로 여기고 싶은 유혹을 의식적이고 의도적으로 떨쳐내야 한다.

아브라함이 아들 이삭을 물질적 제단에 올렸던 것처럼 우리는 가족을 영적 제단에 올려야 한다. 하나님의 명령에 따라 그들을 기꺼이 포기할 수 있어야 한다. 물론 그러고 나서 하나님의 선물로 그들을 돌려받는다면 더할 나위 없다. 하지만 상관없이 그들은 하나님의 선물이니 가져가시든 주시든 그분의 주권 아래 있다. 그리고 모든 것은 결국 그분께로 돌아간다.

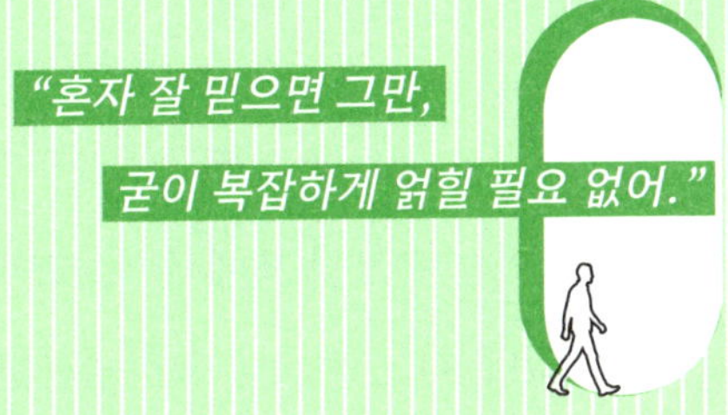

마음의 빗장을 풀고
'우리'라는 신비 속으로

내가 너희 보기를 간절히 원하는 것은
어떤 신령한 은사를 너희에게 나누어 주어
너희를 견고하게 하려 함이니
이는 곧 내가 너희 가운데서
너희와 나의 믿음으로 말미암아
피차 안위함을 얻으려 함이라.
로마서 1장 11-12절

✳

워싱턴주 섬너(Sumner)에 있는 부모님 댁에서 3킬로미터쯤 떨어진 곳에 스타벅스가 하나 있다. 나는 부모님 댁을 방문할 때마다 아침 일찍 그곳에 가서 글을 쓰곤 했다. 몇 달에 한 번꼴로 그곳을 찾았는데, 어느 날 가 보니 매장 배치가 바뀌어 내가 애정하던 자리가 흔적도 없이 사라져 버렸다. 몹시 실망스러웠다.

원래 내가 앉던 자리는 입구에서 멀찍이 떨어진 구석진 자리로, 콘센트가 바로 옆에 있는 작은 테이블이었다. 그곳에 앉아 있으면 꼭 외딴섬에 있는 기분이었다. 사람들 눈에 띄지 않아 방해받지 않고 일에 집중할 수 있었기 때문이다. 텍사스에서 온 내 몸은 여전히 중부 시간의 리듬에 맞춰져 있었다. 그래서 현지 시간으로 새벽 4시(중부 시간으로 오전 6시)에 매장이 문을 열자마자 첫 손님으로 들어가곤 했다. 나는 그렇게 구석 자리에 처박혀 노트북과 내 생각들만을 동무 삼아 시간 보내기를 좋아했다.

하지만 이번에 앉게 된 새 자리는 이전 자리의 반대편이었고, 훨씬 눈에 잘 띄는 위치였다.

하루는 80대 중반쯤 되어 보이는 한 남자가 카페에 들어왔다. 그는 내가 늘 하던 행동과 정반대로 움직였다. 의자를 문과 카운터 쪽으로 돌리더니, 카페를 드나드는 모든 사람이 자신을 보고 인사할 수 있도록 문에서 세 걸음, 카운터에서 네 걸음 떨어진 곳에 자리를 잡았다. 심지어 그는 단골손님들의 이름을 다 알았고 바리스타와도 자연스럽게 악수하거나 포옹을 했다.

내가 카운터로 가는 길에 그의 옆을 지나치려는 순간이었다. 그는 재빨리 손바닥에 있는 숫자를 보여 주었다. 화장실 비밀번호였다. 그는 지나가는 손님을 환영하고 화장실 비밀번호를 알려 주며 시키지도 않은 일을 자처해서 하고 있었다(나는 가장 큰 벤티 사이즈 차를 두 잔째 주문하러 가는 길이었기에 마침 그의 서비스가 고마웠다).

한 주간 내내 그는 아침마다 카페에 나타나 똑같은 루틴을 반복했다. 문과 카운터 쪽을 바라보도록 의자를 돌려 앉고, 위치를 바꾼 테이블 위에 커피를 올려놓고, 근처를 지나가는 모든 이들에게 인사를 건넸다. 그가 그 카페의 '참여자'였다면, 나는 '관찰자'로서 멀찍이 숨어 있었다. 아무도 주목하지 않는 카페 구석에 혼자 있는 것이 편하고 좋았다. 하지만 그 남자는 나와 달리 공동체 속으로 비집고 들어갔다.

하나님이 우리에게서 원하시는 가장 좋은 삶은 깊고 풍성한 관계의 삶이다. 하나님은 우리가 먼저 그분과 관계를 맺고, 이어서 다른 사람들과도 은혜가 충만하고 솔직하며 서로 격려하는 관계를 맺기 바라신다. 성격상 의자를 안쪽으로 돌리는 게 편한 사람도 있고 바깥쪽으로 돌리는 게 편한 사람도 있겠지만, 우리 모두는 최소한 몇 사람을 향해 의자 돌려 앉는 법을 배워야 한다.

타락한 세상에서 마음에 상처를 입을 수밖에 없음을 알기에 깊은 관계를 맺고 사는 것이 쉽지 않다. 어릴 적 가정에서부터 말할 수 없는 고통과 배신을 경험한 이들이 많다. 학대나 비난을 다름 아닌 가족에게서 당한 경우가 많다. 또 어린 시절 또래들에게 괴롭힘을 당하거나, 친한 사람에게 배신을 당하거나, 직장 내 정치로 마음이 상한 이들도 있다. 교회에서 사람들에게 상처를 받고 교회를 거부하는 일도 일어난다.

관계는 때로 큰 상처를 주곤 해서 아예 관계를 포기하고 고립된 채 수동적인 관찰자로서 타인의 골치 아픈 관계의 드라마를 구경만 하고 싶은 유혹이 든다. 하지만 영적으로 건강해지려면 고립을 의식적으로 해체하고, 하나님이 의도하신 삶에서 오는 깊은 만족을 체험해야 한다. 그 삶은 바로 풍성한 관계로 가득한 공동체 안에서 사는 삶이다.

공동체로 존재하시는 삼위일체 하나님을 가장 잘 알 수 있는 길은 공동체 안으로 들어가는 것이다. 스탠리 그렌즈(Stanley Grenz)는 이렇게 말했다. "하나님의 형상은 주로 관계적인 개념이다. 따라서 '이마고 데이'(하나님의 형상)는 주로 개인으로서 우리가 누구인지에 관한 것이 아니다. 그 형상은 서로 관계를 맺은 인간들 속에 존재한다. 한마디로, 하나님의 형상은 인간 공동체 안에서 발견된다."[1]

우리는 하나님의 형상을 따라 관계적인 아들딸이 되고, 세상을 함께 만들어 가고, 변화를 이끌어 내고, 하나님 나라의 적극적인 참여자가 되도록 지음받았다. 하나님이 "좋지 아니하니"라고 선포하신 유일한 피조물은 홀로 있는 아담이었다(창 2:18). 우리에게는 인간관계가 필요하다.

바깥쪽으로 의자 돌려 앉기

나 역시 내향적인 사람으로서 내향적인 사람이 영적으로 열등하다는 뉘앙스를 풍기고 싶지는 않다. 하지만 의자를 '안쪽'이 아닌 '바깥쪽'으로 돌릴 때 나타나는 관계적인 풍성함이 있는 것만큼은 분명한 사실이다.

물론 나는 혼자 있는 시간이 필요하다. 하지만 동시에 공동체 안에서의 시간도 필요하다. 외향적인 사람들에게 혼자만의 시간이 필요한 것처럼 말이다. 편안하고 안전하게 느껴지는 것이 항상 가장 좋은 것만은 아니다. 나는 혼자 조용히 글쓸 공간이 필요하지만, 내 의자를 단 한 번도 바깥쪽으로 돌리지 않는다면 참여가 아닌 단순한 관찰의 바탕에서만 글을 쓰게 될 것이다. 그렇게 되면 나의 글 쓰는 방식과 내용, 범위가 제한적일 수밖에 없다. 관계가 결여된 상태에서 쓰는 글에는 사랑이 아니라 오만과 독선만 잔뜩 묻어날 따름이다.

나는 온라인에서 이런 글을 자주 접했다. 사랑 없이 악의만 가득한 비판자들이 인터넷에 쏟아 내는 상처 주는 말 말이다. 사랑하고 격려하고 축복하는 대신 소리를 지르고 조롱하고 비판하는 삶을 사는 이들이 얼마나 많은지……. 사람들과 건강한 관계를 맺지 않고 밖에서 관찰하기만 하면 사람들의 나쁜 면만 보고 정죄를 일삼는 바리새인 같은 괴물로 전락하기 쉽다. 하지만 공동체가 예배와 만나면 정죄가 아닌 긍휼이 탄생한다.

사람들을 나쁘게만 보고 비난할 거리만 찾다 보면 진짜 그런 것만 수두룩하게 찾게 된다. 우리의 말이 어느 정도는 사실이라도 상대방을 일깨우고 회복시키기 위해서가 아니라 자신을 높이고 상대방을 깔아뭉개기 위해 그 사실을 이용할 수 있다. 상대방을 빛 가운데로 이끌어 내기 위함이 아니라 그냥 어두움을 공격하는 것이 좋아서 어두움을 찾고 사냥하는 사람이 될 수 있다.

사람들을 사랑하고 도우려는 마음이 아니라 그저 거들먹거리고 가르치려 드는 것은 그 옛날 바리새인들이 걸었던 길이다. 그들은 관찰하고 비난했을 뿐 사랑하지는 않았다. 오늘날 수많은 블로거, 팟캐스터, 독선적인 정치인들이 바로 그 바리새인들이다. 하지만 나는 교회에서 상처로 신음하고 혼란스러워하고 괴로워하는 사람들을 마주칠 때마다 소셜 미디어에서 판치는 물고 뜯기에 동참하고 싶은 마음이 싹 사라진다.

나는 사람들에게 다가가기 위해 의자와 테이블을 재배치한 스타벅스의 그 남자를 보며 깊이 감동했다. 그가 공동체 안에서 한 역할, 그가 그곳을 공동체로 만들기 위해 한 일은 실로 놀라웠다. 참여 대신 고립을 좋아하는 내 성향을 고치려 애쓰는 내내 그의 행동이 내게 하나의 비유가 되었다. 공동체에 있을 때마다 나는 스스로에게 묻는다. "나는 지금 내 의자를 안쪽으로 돌려 앉아 있는가? 아니면 바깥쪽으로 돌려 앉아 있는가?"

당신은 공동체를 만드는가, 아니면 공동체로부터 숨는가? 당신의 공동체는 격려하고 축복하며 세워 주는가, 아니면 다툼을 벌이고 공격하며 무너뜨리는가?

하나님이 당신을 내향적인 사람으로 지으셨다 해도 은둔자로 만드시지는 않았다. 하나님은 당신을 사랑하고 사랑받을 존재, 축복하고 축복받을 존재로 창조하셨다. 풍성한 삶은 바울이 데살로니가전서 5장 11절에서 말한 것 같은 풍성한 '연결' 속에서 발견된다. "그러므로 피차 권면하고 서로 덕을 세우기를 너희가 하는 것같이 하라."

당신에게 연결이 필요한지 전혀 몰랐는가? 연결은 반드시 필요하다. 아내와 내가 아는 한 여성은 몸 상태가 눈에 띄게 안 좋아져서 병원에 갔다가 비타민 D 결핍이 심각하다는 진단을 받았다. 이 사실을 알고 나서 모든 것이 변했다. 그녀는 비타민 D가 필요한 줄 몰랐지만 사실은 필요했다. 그것도 아주 절실하게.

외로운 사람들은 자신에게 연결이 필요한지 모르는 경우가 많다. 하지만 연결은 필요하다. 정말 절실하게 필요하다.

진정으로 사람들을 사랑하는 것, 진정으로 사람들과 함께 우는 것, 진정으로 사람들에게 고백하고 그들의 고백을 들어 주는 것. 이것이 바로 우리가 살아야 할 참여의 삶이다. 이것이 내가 한 교회의 목사이자 작가인 것이 행복한 이유 중 하나다. 사람들과 함께 인생길을 걸으면 내 안에서 긍휼이 자라난다. 사람들은 내게 고통 이면의 이야기를 들려준다. 어떤 상처가 죄로 이어졌는지, 어떤 아픔이 중독으로 이어졌는지를 엿보게 한다. 그렇게 사연을 듣고 나면 그들을 덜 정죄하게 된다. "어떻게 그런 짓을!"이라고 분노의 일갈을 날리지 않게 된다. 대신, 격려하고 축복하며 이해에서 나오는 눈물을 흘리게 된다.

성공적인 중독 치료 프로그램들은 하나같이 강력한 공동체의 필요성을 강조한다. 공동체가 핵심이다. 그러나 한 번의 모임으로는 중독이 치유되지 않는다. 한 주 내내 모인다 해도 문제가 해결되지는 않는다. 모임이 삶의 새롭고도 소중한 일부가 될 때 비로소 뇌가 새롭게 배선되고, 마음이 부드러워지며, 영혼의 갈망이 자유와 영적 풍요를 찾는 쪽으로 방향을 바꾼다.

한 알의 약은 즉각적으로 엄청난 쾌감을 주지만, 결국 당신을 감옥에 가둘 수 있다. 반면, 한 번의 모임은 자유라는 결승선까지 달려야 할 긴 마라톤의 첫걸음일 뿐이다. 고립에서 벗어나기 위한 열쇠 중 하나는 즉각적 만족이라는 욕구를 버리는 것이다. 즉각적 만족은 말 그대로 즉각적이지만("나를 취하게 해 달라") 참여는 기나긴 과정이다("나와 함께 걸어 달라"). 하지만 우리가 온전함을 향해 서서히 성장하도록 도와주는 것은 바로 이 기나긴 과정이다.

즉각적 만족과 고립이 어떻게 짝을 이루는지를 눈여겨본 적이 있는가? 술 문제가 있다면 그것은 주로 혼자 술을 마시기 때문일 가능성이 매우 높다. 폭식 문제가 있다면 아마도 혼자 마구 먹고서 아무도 보지 않도록 증거를 숨기고 있을 것이다. 포르노나 불륜에 빠졌다면 아무에게도 들키지 않는 장소를 찾을 것이다. 죄와 고립은 거룩함과 공동체처럼 영혼의 단짝이다.

모임과 관계가 모든 종류의 중독을 극복하는 데 필수라면, 중독을 사전에 예방하는 데도 똑같이 효과적이지 않을까?

Samson and the Pirate Monks(삼손과 해적 수사들)라는 책에서 네이트 라킨(Nate Larkin)은 어떤 면에서 삼손과 다윗이 공통점이 많다고 말했다. 둘 다 이른 나이에 하나님께 부름을 받았고 둘 다 지독한 잘못(둘 다 여자가 관련된 일)을 저질렀다. 그런데 한 사람(삼손)은 결국 돌무더기에서 죽음으로 본보기가 아닌 비극의 상징이 되었다. 삼손은 블레셋의 많은 지도자를 쫓아냈지만 그가 죽을 당시 이스라엘은 여전히 블레셋의 압제적인 통치 아래 있었다. 반면, 다윗은 패배를 딛고 일어나 승리하여 칭찬을 받았고, 온 나라를 위한 귀한 유산을 남겼다.

라킨은 다윗과 삼손이 똑같이 실패로 시작했지만 다윗의 결말이 사뭇 달랐던 이유로 다윗은 고립이 아닌 동반의 삶을 추구했다는 점을 꼽았다. 부모 외에 삼손의 삶에 관한 기록에서 찾을 수 있는 그의 유일한 친구는 사실상 친구도 아닌, 그를 배신한 들릴라뿐이었다.

반면, 다윗에게는 요나단이 있었다. 또한 성경에서 "몇 페이지에 걸쳐 …… 이름과 묘사"를 기록해 놓은 수많은 친구가 다윗에게 있었다.[2] 그들은 다윗을 위해 기꺼이 목숨을 걸었고, 끝까지 다윗을 버리지 않았으며, 사막과 치열한 전장까지 따라갔다.

쇠사슬과 어두움에 둘러싸였을 때 "삼손은 도와 달라고 외치지 않았다. 자신의 외침에 신경 쓸 사람이 가까이에 아무도 없다는 것을 알았기 때문이다."[3] 그는 철저히 혼자였다. 하지만 다윗의 상황은 전혀 달랐다. "그는 지옥 같은 삶 속으로 곤두박질하는 순간에도 여전히 자신의 친구들을 볼 수 있었고, 친구들도 그를 바라보았다. 그가 도움을 요청하지 못할 만큼 약하고 혼란스러워졌을 때도 친구들은 그가 곤경에 처한 것을 보고 그를 구하기 위해 왔다."[4] 그런 친구들 중에는 다윗의 죄를 지적한 나단 선지자도 있었다. "당신이 그 사람이라"(삼하 12:7). 나단은 다윗을 회개로 이끌고 새로운 방향을 가리켰다. 하나님이 우리 모두에게도 이런 친구를 주시기를!

하지만 삼손처럼 철저히 혼자 살면, 삼손처럼 철저히 혼자 죽게 될 가능성이 높다.

서로를 회복시키는 건강한 관계

잠시 멈춰 서서 보면 하나님께 적대적인 세력들이 주무르는 이 세상은 세계적 차원에서 외로움을 양산하는 공장이다. 무슨 심한 짓을 당한 것도 아닌데 문득 외로움이 사무치는 날이 있다. 자식이나 부모, 배우자, 친구, 동료와의 관계 때문에 진이 빠진다. 기껏 정리해 놓은 게 엉망이 되어 기분이 상한다. 자신이 만든 무언가가 무시나 비판을 받는다. 시급한 일들 때문에 하고 싶은 일이나 정작 해야 하는 일을 계속해서 못 한다. 밖에 나가서 산책이나 조깅을 하려는 순간, 갑자기 두통이 찾아오거나 등이 욱신거리거나 날씨가 나빠진다. 그 바람에 그렇잖아도 우울하던 기분이 아예 바닥을 친다. 이런 일에 좌절감이 쌓이고 쌓이다가 급기야 '도망치고' 싶어진다.

도망칠 기회는 널렸다. 폭식, 폭음, 마약, 도박, 끝없는 소셜 미디어 스크롤이나 채널 서핑……. 믿음과 예배와 교제의 삶을 살지 못하게 우리의 시선을 끄는 싸구려 보석들이 이토록 널린 시대는 역사상 없었다.

하지만 우리에게는 '도망'이 아닌 '회복'이 필요하다. 나는 내향적인 사람이다 보니 빅 드라이 크릭(Big Dry Creek) 공원이 근처에 있고 멀리 로키산맥이 보이는 우리 집 데크에 앉아 양질의 소설을 읽을 때 '마음'이 회복된다. 이런 종류의 고독을 위한 시간과 장소가 있다. 하지만 내 '영혼'은 예배와 교제를 통해 회복되어야 한다. 그리고 우리의 교제가 가치가 있으려면 예배가 필요하다.

워치만 니(Watchman Nee)의 글은 성경에서 벗어날 때가 가끔 있지만, 서로를 회복시키는 것에 관한 한 그의 글은 탁월한 지점이 있다. 그는 세상살이가 우리를 녹슬게 한다는 점을 지적했다.[5] 세상의 의무들은 필요하기는 해도 우리를 무겁게 짓누르고, 우리가 그리스도 안에서 누리는 영적 풍요를 망각하게도 한다. 그것들이 우리의 영혼에 어두운 그림자를 드리울 수 있다. 이것이 인생의 현실이다. "하지만 집으로 오는 길에 하나님과의 교제로 마음이 회복되고 부풀어 오른 형제를 만나면 얼마나 좋은지 모른다!"[6]

공동체는 우리를 풍성한 삶으로 다시 불러낸다. 당신이 낙심할 때 내 안의 성령이 당신을 일으켜 세우고, 내가 낙심할 때 당신 안의 성령이 나를 일으켜 세울 수 있다. 이것이 풍성한 삶을 누리는데 공동체가 필수적인 이유다. 우리는 날마다 그 삶을 붙들어야 한다는 사실을 서로에게 일깨워 주어야 한다. 직접적인 권면일 수도 있고, 미소나 소망을 담은 다정한 말, 격려, 시기적절한 문자나 이메일, 혹은 경청 같은 간접적인 방식일 수도 있다.

의식적으로 고립된 삶을 산다면, 자신에게는 다른 사람들의 격려를 필요로 할 일이 평생 없을 거라 생각하기 때문일 가능성이 크다. 혼자서 자기 방식으로만 하나님을 사랑하고 그분과 관계를 맺어도 충분하다 생각해서다. 이는 마치 뷔페에서 빵이든 뭐든 한 가지 음식만 선택하고, 다채로운 음식으로 접시를 풍성하게 채우는 '바보들'을 깔보는 태도와 같다.

오랫동안 나의 영적 훈련은 성경 공부와 기도, 신앙 서적 읽기, 간헐적 금식으로 이루어져 있었다. 그러다 나중에 영적 대화를 그 훈련에 추가했다. 내가 일부러 자주 이야기를 나누는 몇몇 사람이 있다. 그들과의 대화는 영적 샤워처럼 느껴질 때가 많다. 그들과 대화하고 나면 깨끗해지고 새로워지며 용기가 샘솟고 회복된 기분이 든다.

물론 '항상' 그렇지는 않다. 때로는 그냥 평범한 대화일 뿐이다. 삶의 어느 측면에서든 너무 많은 기대를 품지는 말아야 한다. 이번 조깅은 저번 조깅보다 못하다. 이번 파티는 저번 파티보다 덜 즐겁다. 이번 만남은 저번 만남보다 덜 유익하다. 심지어 같은 사람과의 만남도 매번 달라진다.

그럼에도 우리는 아름답고 영광스러우신 하나님을 예배하고 사람들과 교제하도록 지음받았다. 사람들과의 사귐 속에서 우리는 누군가를 회복시키고 또한 누군가를 통해 회복된다. 나는 교제라는 이 영광스러운 영적 훈련을 열심히 하려고 노력 중이다. 한쪽만 항상 상대방을 회복시키거나 상대방을 통해 회복되는 일방적인 관계에서 벗어나야 한다. 바울은 서로 격려하라고 촉구한다. 영적으로 우리는 받기도 해야 한다. 상대방을 통해 회복되는 경험도 해야 한다. 그렇게 하지 않으면 교만과 자기 의로 얼룩질 수 있다.

20년 넘는 세월을 함께한 나의 한 절친이 긴 시간 참으로 견디기 힘든 어려움을 겪은 적이 있다. 한번은 그와 이야기를 나누던 중 "계속해서 싸워. 포기하지 마. 전장을 떠나지 마"라는 조언을 입이 닳도록 반복해서 말했다. 그 뒤로 다음 몇 번의 통화에서도 그 말을 몇 번이나 되풀이했다. 몇 주 뒤 그 세 마디가 내 머릿속에서 계속해서 맴돌았다. 어느 금요일 아침 일찍 친구에게서 전화가 걸려 왔고, 그는 그 세 마디에 각각 성경 구절을 짝지어 강한 열정을 담아 내게 선포했다.

배가 너무 고파서 건강한 음식을 먹기 전까지는 아무 생각도 할 수 없다가 마침내 음식을 먹고 나서 새로운 사람이 된 것 같은 기분을 느껴 본 적이 있는가? 이 친구와 건강한 영적 대화를 나누고 나면 바로 그런 기분이 든다. 정신이 바짝 들고 힘과 용기가 솟는다. 새로워진 열정과 결단으로 믿음의 여행을 힘차게 다시 시작할 수 있다.

상담 치료도 도움이 되지만 그것이 사람과의 연결을 대신할 수는 없다. 다른 사람들과 교제하지 않아서 생긴 공백을 설교가 채워 줄 수는 없다. 서로를 회복시키는 상호적 관계, 서로 주고받는 관계가 반드시 필요하다. 우리는 이런 관계를 누리도록 창조되었다. 단순한 관찰자가 아니라 '참여자'가 되도록 창조되었다.

아무도 예외일 수 없다. 워치만 니는 이렇게 단언했다. "교회 안에는 누군가의 보살핌이 필요 없을 만큼 우월한 계층의 형제란 존재하지 않는다. 새롭게 회복되는 은혜는 하나님의 종이라면 누구나 의지해야 하는 것이다."[7] 당신이 그리스도 안에서의 형제자매와 주기적으로 연결되지 않고 있다면 필시 죄와의 연결로 그 공백을 채우고 있을 것이다. 그 죄는 건강을 해치는 위험한 형태의 도망일지 모른다. 정죄나 험담일 수도 있다. 진정으로 중요하지 않은 무언가에 홀려 있을지도 모른다. 온라인에서 악플을 달고 있을지도 모른다.

숨을 깊이 들이쉬라. 친구나 교회 식구에게 전화를 걸라. 이번 장에 책갈피를 꽂아 이 책을 보내 주겠다고 하면서 앞으로 더 자주 대화를 나누자고 말하라.

다시 연결되고 회복되라. 고립된 생활을 해체하라. 공동체를 배우라.

아브라함과 롯의 이야기는 영적 · 관계적 풍요로움이 왜 물질적 풍요와 위안보다 더 나은지를 잘 보여 준다. 식구가 늘어나 분가할 필요성이 생기자 아브라함이 조카 롯에게 먼저 살 곳을 정하게 해 준 이야기를 기억하는가? 롯은 전적으로 물질적 풍요와 개인적 위안에 따라 결정을 내렸다.

> 이에 롯이 눈을 들어 요단 지역을 바라본즉 소알까지 온
> 땅에 물이 넉넉하니 여호와께서 소돔과 고모라를 멸하시기
> 전이었으므로 여호와의 동산 같고 애굽 땅과 같았더라
> 그러므로 롯이 요단 온 지역을 택하고 동으로 옮기니 그들이
> 서로 떠난지라 아브람은 가나안 땅에 거주하였고 롯은
> 그 지역의 도시들에 머무르며 그 장막을 옮겨 소돔까지
> 이르렀더라 소돔 사람은 여호와 앞에 악하며 큰 죄인이었더라.
> ○ 창세기 13장 10-13절

롯은 인간관계보다 물질적 풍요로움을 선택했다. 그는 어떤 사람들과 어울려 살게 될지(“여호와 앞에 악하며 큰 죄인이었더라”)보다 땅의 풍요로움(“물이 넉넉하니 …… 여호와의 동산 같고”)을 우선적으로 고려했다. 그로 인해 결국 딸들이 위험에 처하고 아내는 목숨까지 잃었다. 또한 “물이 넉넉한 동산”이 불구덩이로 돌변한 탓에 롯은 물질적 풍요로움까지 전부 잃고 말았다.

관계적 연결보다 물질적 행복을 선택한 나머지 결국 둘 다 잃고 파괴된 가정이 얼마나 많은가. 오랫동안 좋지 않은 사람들에게 둘러싸여 돈만 좇다 보니 가장 중요한 인간관계가 깨진다. '사람'보다 '물질'을 중시한 결과, 그 대가를 톡톡히 치른다. 서로에게 소홀히 하면서까지 악착같이 모은 재산이 서로 갈라서면서 반 토막이 난다.

물질과 생활 수준보다 타인과의 연결을 중시하는 법을 배워야 하는 이유는 연결이 없으면 우리 자신의 행복과 영적 건강이 망가지기 때문이다. 아무리 으리으리한 집도 감정적으로 연결된 인간관계보다 중요하지 않다. 그런 집도 연결의 부재로 인한 공백을 채워 줄 수 없다.

1938년, 하버드(Harvard)에서 한 연구를 시작했다. 그 결과 "우리의 인간관계와 그 관계 속에서 우리가 얼마나 행복한지가 우리의 건강에 막대한 영향을 미친다는 …… 놀라운 사실"이 드러났다. 이 연구의 책임자인 매사추세츠종합병원(Massachusetts General Hospital)의 정신과 의사이자 하버드대학교의과대학(Harvard Medical School) 정신의학과 교수인 로버트 월딩어(Robert Waldinger)는 장수에 관해 이렇게 말했다. "자신의 몸을 돌보는 것도 중요하지만 인간관계를 돌보는 것 또한 일종의 자기 관리다. 이는 우리가 놓치지 말아야 할 놀라운 통찰이다."[8]

이 연구는 성경이 계시로 알려 주는 사실을 과학적으로 확증해 준다. 그것은 다른 사람들과 풍성하게 연결된 삶이 가장 풍성한 삶이라는 것이다.

연구에 따르면 돈이나 명예보다 친밀한 인간관계야말로 평생 행복을 유지시켜 주는 것이다. 이런 연결은 불만족을 막아 주고, 정신적·육체적 쇠퇴를 늦추며, 사회적 계급이나 아이큐, 심지어 유전자보다도 장수와 행복한 삶을 더 정확하게 예측해 주는 요인이다. 하버드 학생들(건강 상태를 추적한 기존 학생들)과 (1970년대 연구에서 추가된) 도심 지역 참가자들 모두에서 이런 결과가 나왔다.[9]

이 연구는 "50세에 가장 만족스러운 인간관계를 누린 사람들이 80세에 가장 건강했다"고 결론 내렸다. 따라서 전반적인 건강과 행복을 위해서는 콜레스테롤과 혈압보다 가정과 친구 관계에 더 신경을 써야 한다. 매일 운동하는 것도 좋지만 외로운 삶이 정신적·영적 건강에 미치는 악영향은 흡연과 오래 앉아 있는 생활 습관이 심장과 폐에 끼치는 피해만큼이나 크다.

이 연구는 처음에는 장수와 건강에 초점을 맞추었기 때문에 초기 연구원들은 사회적 연결의 필요성에 관심을 집중하지 않았다. "1966년에서 2004년까지 수석 연구원이었던 조지 베일런트(George Vaillant)는 이렇게 말했다. '연구가 시작될 때는 아무도 공감이나 애착에 관심을 갖지 않았다. 하지만 건강한 노화의 열쇠는 첫째도 관계요, 둘째도 관계이며, 셋째도 관계다.'"[10]

연구원들은 관계적 만족이 유전자보다도 더 정확하게 건강한 노화를 예측해 준다는 사실을 발견하고서 깜짝 놀랐다. 또한 그들은 '20대나 30대에 엉망진창이었지만 나중에 관계적으로 잘 연결된 사람들'이 '우월한 건강 체질이지만 갈수록 점점 고립된 사람들'보다 더 건강했다는 사실을 발견했다.

연결되기로 선택하라. 결혼했다면 재정적으로, 직업적으로 손해가 되더라도 부부 관계를 우선시하라. 교회에 나가라. 단순히 출석만 할 게 아니라 적극적으로 공동체에 들어가 참여하라. 관계적 연결의 유익을 온전히 거두려면 복을 주고받아야 한다.

우리 부부에게는 소그룹 활동이 크게 유익했다. 우리는 잘 맞는 친구들을 항상 찾는다. 나는 몇몇 친구들에게 주기적으로 안부 연락을 하는 습관을 길렀다. 이런 관계를 중시하고 의식적으로 관심을 갖지 않으면 그리스도 안에서 가장 가까운 여러 형제들과 서로 연락하지 않은 채 몇 달이 훌쩍 지나갈 수도 있다. 내 목표는 자녀든 친구든 동료든, 누군가와 최소한 하루에 한 번씩 의미 있는 대화를 나누는 것이다(물론 아내와는 매일 의미 있는 대화를 나누기를 바란다. 너무 당연해서 그건 굳이 따로 언급하지 않았다. 언제라도 우리 부부의 대화가 형식적으로 흘러가고 있다면, 나는 최대한 빨리 알아차리고 바로잡으려 한다).

더 풍성하고 만족스러운 삶을 경험하고 싶은가? 고립을 해체하라. 참여하고 연결되는 법을 배우라. 당신의 의자를 안쪽이 아닌 바깥쪽으로 돌려, 관계적 연결을 통해 하나님의 기쁨과 임재를 받아들이라.

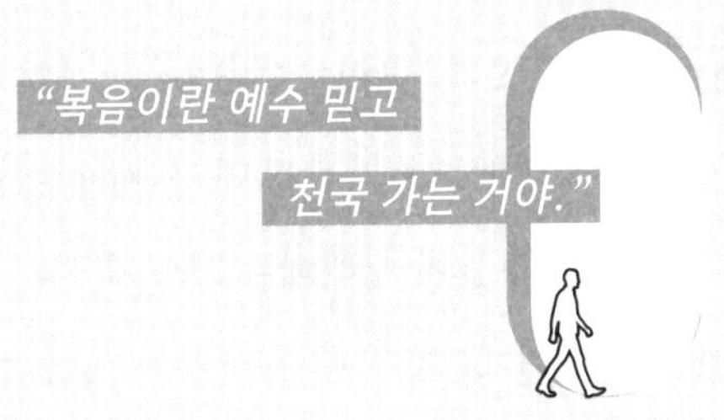

거듭남, 하나님 나라 사명을 위해 '선발'되는 영광

하나님 나라는 나머지 세상이 움직이는 방식과 철저히 정반대로 움직인다.
그러니 나는 그 나라가 어떤 모습이며 얼마나 좋은지를
끊임없이 다시 기억해야 한다.
브랜트 핸슨, *Unoffendable*(마음 상하지 않음)

✳

그리스도 안에서 신실한 삶을 살려면 무엇보다도 예수님의 죽음에 관한 '사실들'(facts)만이 아니라 그 죽음의 '요지'(point)를 이해해야 한다. 사건에 관한 사실과 요지 사이에는 차이가 있다.

소련 당시 국영 신문사인 〈프라우다〉(*Pravda*)는 사실이기는 하지만 진실을 호도하는 기사를 쓰기로 유명했다. 예를 들어, "소련 주자 2등, 미국 주자 꼴찌에서 세 번째"라는 헤드라인을 단 기사가 실린 적이 있었다. 경주에는 단 세 명만 참여했고, 미국인이 우승했다. 세 명이 출전한 경주에서 1등이 "꼴찌에서 세 번째"인 게 맞기는 하다. 헤드라인 내용은 분명 사실이지만, 미국인이 소련 주자와 다른 주자를 둘 다 이겼다는 요지를 완전히 비껴가고 있다.

저널리스트이자 작가이며 영화감독이었던 노라 에프론(Nora Ephron)*은 고등학교 시절, 한 이야기의 리드(lede; 기사에서 본문 맨 앞에 그

---

* 그는 〈유브 갓 메일〉(You've God Mail), 〈해리가 샐리를 만났을 때〉(When Harry Met Sally), 〈실크우드〉(Silkwood), 〈시애틀의 잠 못 이루는 밤〉(Sleepless in Seattle) 등의 영화를 찍었다.

를 쓰라는 과제를 받은 적이 있다. 선생님은 학생들이 '사실들'과 '요지'를 구분하도록 돕기 위해 그런 과제를 내주었다. 먼저 선생님은 이야기의 사실들을 나열했다.

> 오늘 비버리힐스고등학교 교장 케네스 I. 피터스는 모든 교사가 새로운 수업 기법을 위한 세미나에 참석하기 위해 다음 목요일에 새크라멘토로 출장을 갈 것이라고 공표했다. 강사진은 인류학자 마거릿 미드, 대학교 총장 로머트 메이너드 허친스 박사, 캘리포니아 주지사 에드먼드 "팻" 브라운이다.[1]

선생님은 이 같은 정보를 제공한 뒤 저널리즘을 배우는 학생들에게 리드를 써 보게 했다. 한 학생은 "마거릿 미드, 메이너드 허친스, 브라운 주지사가 교사들에게"라고 썼다. 하지만 이 리드는 틀렸다. 다른 학생은 "다음 목요일에 이 고등학교 교사들은"이라고 썼다. 역시 틀렸다.

이윽고 선생님은 진짜 리드를 공개했다.

"목요일에는 수업이 없다."

저널리스트에게 리드란 단순한 사실들이 아니라 사실들의 '요지'다. 모든 교사가 출장을 가면 학교는 수업을 진행할 수 없다. 학생들이 가장 알아야 하고 또한 알고 싶어 하는 것은 그날 학교에 올 필요가 없다는 것이다.

우리가 예수님의 십자가 죽음에 관한 사실들만 알고 요지를 놓친다면 C. S. 루이스(Lewis)의 말처럼 "홍수가 있을 때마다 소화기

를 들고 뛰어다니는" 실수를 저지를 수 있다.[2]

우리가 홍수 중에 소화기를 들고 뛰어다니는 이유 중 하나는 예수님의 죽음에 관한 리드를 이해하지 못해서다. 사실들은 제대로 알지만 요지를 잘못 알기 때문이다. 무엇이 진정으로 중요한지를 알기 위해 진짜 요지가 무엇인지 다시 생각해 봐야 한다.

이야기를 계속하기 전에 당신에게 한 가지 묻고 싶다. "예수님의 십자가 죽음에서 절정에 이른 성금요일 사건들의 적절한 리드는 무엇인가?"

잘못된 리드

골고다에 관한 잘못된 리드 중에서 가장 유명한 글을 소개한다. 다음 글의 내용은 모두 사실이지만 요지를 완전히 놓치고 있다.

예수님은 우리가 죄의 용서를 받고 그분과 함께 천국에 살 수

있도록 완벽한 삶을 살다가 십자가에서 돌아가신 뒤 죽음에서 다시

살아나셨다.

골고다를 더 가까이서 살펴보라. 예수님은 잔인한 조롱에 반응하기를 거부하심으로 우리를 위한 리드를 보여 주셨다. 인류 역사상 가장 아름답고 영광스럽고 장엄한 업적, 전무후무한 업적의 한복판에서 사람들은 십자가에 달리신 예수님께 조롱을 퍼부었다.

"네가 만일 하나님의 아들이어든 자기를 구원하고 십자가에서 내려오라"(마 27:40).

이 사람들에게 예수님은 그냥 속박된 사람일 뿐이었다. 그들은 예수님께 이렇게 말하고 있었다. "당신의 힘을 증명해 보이라. 얼마든지 내려올 수 있다면 왜 거기 그냥 매달려 있는가?" 그들이 볼 때 예수님이 극심한 고통에서 벗어나시지 않는 것은 그럴 능력이 없다는 증거일 뿐이었다.

하지만 진실은 따로 있었다. 예수님은 하나님의 아들이시기에 자신의 의지로 십자가에서 내려오시지 않았던 것이다. 맡은 사역을 완성하기 위해 십자가 위에 머무른 것은 그분의 신성에 대한 부정이 아니라 오히려 '증거'였다.

해체해야 할 낡은 생각은 이것이다. "왜 상처받는 일을 하는가? 말이 안 된다. '너 자신'에게 가장 좋은 일을 해서 네 우월성을 증명해 보이라."

하지만 예수님은 '그분 자신'이 아니라 '우리'에게 가장 좋은 일을 하심으로 그분의 우월성을 증명해 보이셨다. 이로써 그분은 삶과 순종을 우리와 전혀 다른 시각으로 보신다는 점을 보여 주셨다.

십자가 죽음을 지켜보는 사람들은 모두 그 사건에 관한 사실을 알았다. 예수님이 고문당하고 계시며, 육체적인 차원에서 그분의 삶이 급속도로 끝나 가는 중임을 누구나 알 수 있었다. 하지만 오직 예수님만이 요지를 이해하셨다. 예수님은 얼마든지 십자가에서 내려오실 수 있었다. 하지만 그분은 그러지 않으셨고, 십자가 위에 끝까지 머물러야 하는 이유를 알았던 유일한 분이셨다. 그분의 행동이야말로 골고다의 진짜 리드를 가리킨다.

개인적인 안위에 초점을 맞추지 않고 예수님이 십자가의 멸시와 수치, 고통을 감내하신 이유를 정확히 짚어 낸 리드는 다음과 같다.

예수님은 우리가 우리 자신을 위해서가 아니라 하나님 나라의 확장을 위해 그분처럼 살게 하시려고 십자가에서 돌아가셨다.

이 리드는 내가 만들어 낸 것이 아니다. 사실, 이 리드는 바울의 것이다. 나는 바울이 고린도후서 5장 15장에 쓴 글을 풀어냈을 뿐이다. "그가 모든 사람을 대신하여 죽으심은 살아 있는 자들로 하여금 다시는 그들 자신을 위하여 살지 않고 오직 그들을 대신하여 죽었다가 다시 살아나신 이를 위하여 살게 하려 함이라."

바로 이것이 예수님 죽음의 요지다. 우리가 더 이상 우리 자신을 위해 살지 않고 예수님을 위해 사는 것이다. 예수님의 희생과 부활 후 하나님은 우리에게 타락한 세상을 변화시키는 그분의 주권적인 역사에 참여할 능력을 주기 위해 성령을 보내셨다. 이제 우리는 그분과 함께 그분의 새로운 나라를 가져오기 위해 예배와 희생적인 섬김의 삶을 산다. 바로 이것이 '온전한' 복음이다.

예수님은 우리가 천국에 갈 뿐 아니라 천국을 이 땅으로 가져오도록 하기 위해 십자가에서 돌아가셨다. 우리 인생의 목적은 개인적으로 영원한 나라에서 누릴 개인적인 안위를 확보하는 것이 아니다. 이 땅에서 하나님이 주신 사명을 완성하는 것이 삶의 목적이다. 바로 이것이 골고다의 '요지'다.

헤드라인

예수님이 십자가에서 돌아가셨다가 죽음에서 다시 살아나셨다.

리드

예수님은 우리 모두가 그분처럼 살게 하시려고 돌아가셨다.

요지

하나님은 예수님의 희생과 부활을 통해 세상을 다시 짓고 계시며, 우리가 그분의 새로운 나라 건설에 참여하도록 능력을 주시려고 그분의 성령을 보내셨다.

복음을 "예수님은 우리가 죄를 용서받고 그분과 함께 천국에 살 수 있도록 완벽한 삶을 살다가 십자가에서 돌아가신 뒤 죽음에서 다시 살아나셨다"로 정리할 수 있다고 생각한다면 누가복음 9장 6절 말씀을 보라. "제자들이 나가 각 마을에 두루 다니며 곳곳에 복음을 전하며 병을 고치더라."

여기서 제자들이 복음을 전할 때는 예수님이 아직 살아 계실 때였다. 그렇다면 당연히 그들이 십자가나 예수님의 부활에 관해 전할 수는 없었을 것이다. 당시 제자들은 우리가 흔히 복음 전체로 여기는 이 사실들에 관해 이야기하지 않았다. 그렇다면 그들이 전한 "복음"이란 과연 무엇이었을까?

누가복음 9장 2절은 이렇게 말한다. "〔예수님이〕 하나님의 나라를 전파하며 앓는 자를 고치게 하려고 〔제자들을〕 내보내시며." 다시 말하지만 당시는 예수님이 돌아가시기 전이었다. 그렇다면 제자들은 무엇을 전했던 것일까? 바로 새로운 세상이 왔다는 소식이었다. 하나님이 우리를 반역과 미움의 삶으로부터 예배와 사랑의 삶으로 다시 부르고 계신다는 소식이었다. 이제 우리의 소명은 단순히 우리 자신만을 위해 사는 것이 아니라 하나님 나라(그분의 영향과 다스림)를 확장하는 것이라는 소식이었다. 우리의 일은 사람들이 자신만을 위해 사는 것이 아니라 하나님을 위해 살게 만드는 것이라는 소식이었다.

우리가 개인적인 구원("구원받기 위해 예수님을 믿으라")을 리드로 삼는다면 요지를 놓치는 셈이다. 이 진술 자체는 사실이지만 이는 온전한 복음이 아니다. 이것은 자신에게 초점을 맞춘 진술이다. 예수님은 우리가 하나님 나라를 중심으로 살게 하시려고 오셨다. 따라서 불완전한 복음으로 요지를 왜곡한 진술은 마치 우승자가 사실상 꼴찌에서 세 번째라고 선포하는 〈프라우다〉의 헤드라인과 같다.

우리가 해체해야 하는 것은 복음을 "하나님이 우리를 '구원하실' 것이다"로 정의하는 것이다. 우리는 "하나님이 우리를 '선발하실' 것이다"라는 보다 완전한 진술을 받아들여야 한다.

물론 두 진술 다 사실이다. 둘 다 중요하고 영광스럽다. 그리고 그리스도의 죽음은 두 진술의 필수 선행 조건이다. 분명 예수님은 우리를 위해 죽으셨다(그분을 영원히 찬양하자). 하지만 요지는 우리가 하나님을 위해 살도록 하시려고 그분이 죽으셨다는 것이다.

우리는 제자로 선발되었다

복음의 진짜 요지를 알면 하나님 나라의 일에서 내 자리를 겸손히 받아들일 수 있게 된다. 인정받지 못한 기분에 시달리며 다른 사람의 자리를 탐내는 무거운 삶에서 해방된다. 왜일까? 하나님 나라의 일이 나를 위한 것이 아니라 그분을 위한 것이라는 진리를 받아들이게 되기 때문이다. 이런 삶을 살면 심지어 남들이 나에 대해 어떤 생각을 하는지는 아예 생각조차 하지 않는다.

나는 평생 미식축구 팬으로 살아왔다. 처음에는 대학 미식축구 팬이었고, 그다음에는 프로 미식축구 팬으로 살고 있다. 심지어 프로 미식축구 신인 선발 과정까지 시청할 정도다. 젊은이들이 평생의 꿈을 이루는 모습을 보면 내 가슴도 덩달아 뛴다. 여기에서 우리에게 좋은 깨달음을 줄 만한 비유를 얻었다.

모든 선발에는 목적이 있다. 각 선수는 팀에 선발될(천국에 들어가는 것) 뿐 아니라 특정 포지션에 선발된다. 180센티미터 키에 80킬로그램에 달하는 선수를 보면 공격 라인맨으로 선발되지는 않을 것이라 예상할 수 있다. 십중팔구 그 선수는 펀터 혹은 키커로 선발될 것이다. 몸무게가 150킬로그램에 육박하는 선수라면 코너백 포지션은 맡지 않을 것이다.

하나님은 우리를 선발하실 때 단순히 영원토록 팀 유니폼을 입는 데 그치지 않고 특별한 역할을 염두에 두고 선발하신다. 하나님은 벤치에 앉아 연봉이나 축내라고 우리를 선발하시지 않는다. 하나님이 우리에게 맡기기 원하시는 포지션이 있다.

예수님은 단순히 우리의 영혼이 구원받게 하시려고 돌아가시지 않았다. 그분은 우리의 삶이 하나님 나라의 현장에서 가치 있게 쓰이게 하시려고 돌아가셨다. 우리의 영광은 금요일 밤 신인 선발에서 유니폼을 입는 것이 아니라 토요일이나 주일 오후에 현장으로 나가 자신이 맡은 일을 하는 것이다.

그리스도 안에서의 삶은 우리가 생각하는 것보다 훨씬 더 급진적이다. 오늘날 세상에서는 자신에 대해 죽고 섬김을 실천하라고 말하면 많은 사람이 눈살을 찌푸린다. 자신을 우선시하는 이 태도를 버려야 할 필요성을 이해하지 못하면 그렇잖아도 어려운 구절들이 더 이상하게 들릴 수 있다. 예를 들어 디도서 2장 9-10절을 보라. "종들은 자기 상전들에게 범사에 순종하여 기쁘게 하고 거슬러 말하지 말며 훔치지 말고 오히려 모든 참된 신실성을 나타내게 하라."

이 구절에서 헤드라인만 읽고 리드와 요지를 놓치면 화가 나고 불쾌해질 수밖에 없다. 바울이 어찌 노예 제도에 관해 이런 식으로 말할 수 있단 말인가. 배경을 함께 보지 않으면 그가 노예 제도를 인정하는 듯 들릴 수 있다. 왜 그는 노예들에게 반란을 일으키라고 말하지 않는가? 왜 그는 교회를 1세기의 노예 해방 조직으로 만들지 않았을까? 무엇보다도 당시 노예 제도를 지탱하는 사회 구조 아래서 이런 전략은 노예들에게 치명적이지 않았을까?

물론 빌레몬서에서 바울은 한 노예 주인에게 그의 노예가 종이 아닌 형제이니 풀어 줘야 한다고 말했다. 믿는 노예 주인에게 노예를 풀어 줘야 한다고 권면한 것을 보면 바울은 누군가를 소유하는 것이 그리스도를 따르는 삶과 어울리지 않는다고 믿었던 것이 분명하다.

하지만 이번 장의 주제와 관련해서 보면, 리드와 요지를 이해할 때 바울의 다음 말을 이해할 수 있다. 바울이 디도에게 이런 명령을 쓴 주된 목적은 10절 끝의 한 문장에서 나타난다. 특히 요지는 "하려 함이라"에서 드러난다. "이는 범사에 우리 구주 하나님의 교훈을 빛나게 하려 함이라."

바울의 주된 관심사는 독자들의 안위, 심지어 그들의 자유도 아니었다. 그의 주된 관심사는 바로 하나님 나라의 확장이었다. 물론 정의에 관한 우리의 개념으로 볼 때 이 명령은 황당하다. 하지만 부부 관계, 양육, 성 역할, 소송, 교회 질서에 관한 바울의 모든 글 이면에는 이 원칙이 있다. 어떻게 하는 것이 하나님 나라의 확장에 가장 좋은가? 바울에게는 산상수훈에서 예수님이 주신 "먼저 그 〔하나님〕의 나라와 그의 의를 구하라"(마 6:33)라는 명령을 따르는 것이 개인적인 안위와 권리, 특권보다 훨씬 더 중요했다.

구원의 중요성과 영광과 복된 소식을 경시할 마음은 추호도 없다. 다만 구원과 섬김을 결합하는 법을 배워야 한다. 그래야 구원의 요지를 놓치지 않는다. 바울 사상의 탁월함은 구원과 섬김을 결합한 데 있다. 우리는 구원을 '받기 위해' 섬기는 것(우리가 섬김을 덜 중시하는 주된 이유)이 아니라 구원을 '받았기 때문에' 섬기는 것이다.

깊은 믿음과 올바른 교회를 원한다면 구원과 섬김을 결합해야 한다. 어떤 교회와 교단은 전자에 초점을 맞추고, 또 다른 교회와 교단은 후자에 초점을 맞춘다. "복음의 핵심은 구원이다." "복음의 핵심은 섬김이다." 둘 다 맞는 말이지만 구원과 섬김은 서로 배타적이지 않다. 섬김이 우리를 구원해 주지는 않는다. 하지만 우리는 구원받자마자 사이드라인으로 나가서는 안 된다. 물론 우리가 섬겼기 때문에 구원을 받는 건 아니다. 하지만 자신의 일상에 섬김이 없다면 자신이 정말로 구원을 받은 것인지 의문을 가져 봐야 한다.

왜 자기중심적인 구원을 해체하고 타인 중심적인 섬김을 배우는 일이 그토록 중요할까?

당신이 하나님의 자녀라면 당신을 위한답시고 "그 십자가에서 내려오라!"라고 말하는 사람들을 만나게 될 것이다. 고통이나 곤경이 심할 때는 예수님의 일부 말씀들이 가혹하게 들릴 수 있다. 그 말씀들이 우리에게서 행복을 빼앗고 우리를 불편하게 하며, 심지어 죄책감으로 몰아넣는 것처럼 느껴질 수도 있다. 주님은 더없이 분명하게 말씀하셨다. "자기 십자가를 지고 나를 따르지 않는 자도 내게 합당하지 아니하니라"(마 10:38). 하지만 사람들은 당신에게 이렇게 말할 것이다. "하나님이 당신을 그토록 사랑하신다면 분명 당신이 십자가에서 내려오기를 바라실 것이다."

자기중심적인 구원은 개인적인 이익과 특권, 안위의 시각에서 하나님의 뜻을 보게 만든다. 예수님께는 십자가 위에서 얻으실 그 어떤 개인적인 이익이 없었다. 특권의 약속이 십자가 위에서 계속 버틸 힘이 되어 준 것이 결코 아니었다. 예수님이 그 십자가에서 피를 흘리며 돌아가신 상황은 안위와는 거리가 먼 상황이었다. 십자가는 예수님 자신의 구원과 아무런 상관이 없었다. 하지만 예수님은 섬기기로 결단하시고, 끝까지 한결같은 모습으로 감당하셨다.

한 의사에게서 요즘 의사로서 겪는 고충을 들은 적이 있다. 그는 때로는 환자를 치료하는 시간보다 보험사와 다투고 불충분한 저소득층 의료 보장 보상과 씨름하는 시간이 더 많은 것 같다고 했다. 비용을 충당하기 위해 그는 하루에 50명이 넘는 환자를 보는 경우가 많다. 그는 30대에 학자금 대출로 수십만 달러의 빚을 안고 의과대학교를 졸업했다. 하지만 의사라고 하니까 다들 막연히 그가 엄청난 부와 특권을 누린다고 생각한다. 사람들은 그가 현재 진료비의 절반만 받아야 하고, 심지어 무료로 진료해야 한다고 생각한다. 남의 질병을 이용해서 돈벌이하는 그리스도인이 어디 있느냐는 것이다.

이렇게 동기를 왜곡하는 사람들도 골치 아프지만, 이게 다가 아니다. 병원에 오기 전 이미 인터넷 검색으로 스스로 진단을 내리고는 그가 다른 의견을 내면 고개를 갸웃거리며 아는 체하는 환자들이 숱하다. 환자들은 의사의 실력을 의심하고, 그가 대형 제약사에 매수된 듯 말하고, 평점 테러를 하겠다고 위협한다. 진통제를 얻으려고 특정 증상을 꾸며 대는 마약 중독자들도 골칫거리다. 그들은 원하는 처방을 얻지 못하면 잡아먹을 듯 달려든다. 그래도 이 정도는 약과다. 한 번이라도 실수를 하거나 오진을 하면 수백만 달러짜리 소송을 당하고 의사 면허가 취소될 위험에 처할 수 있다.

내가 이 의사라면 "이렇게 살 필요가 없어!"라고 말하며 의사 노릇을 때려치우기 쉬울 것이다. 좋은 일을 하면서도 나쁜 동기를 품었다는 모함을 수시로 당한다. 온갖 종류의 병원균에 자신을 기꺼이 노출시키는데도 이기적이라는 비난을 받는다. 이 의사가 자기가 지고 있는 그 십자가에서 내려오고 싶다고 해서 그 누가 비난할 수 있으랴. 많은 교육을 받았으므로 마음만 먹으면 얼마든지 더 좋은 조건에서 일할 수 있을 것이다. 더 행복하고 덜 짜증스럽고 더 적은 시간 일할 수 있는 환경으로 옮길 수도 있을 것이다. 더군다나 이런 일을 하는 와중에 1년에 4주 정도를 해외로 의료 선교를 떠나는 것(심지어 이런 섬김을 보면서 그가 백인 구원자 콤플렉스에 빠져 있다고 비난하는 이들이 있지만)이 하나님이 부르심으로 느껴진다는 것이다.

하나님이 자신을 현재 하고 있는 일로 부르셨다고 믿는 그리스도의 제자라면 "그 십자가에서 내려오라"라고 꾀는 군중의 소리에 귀를 기울이지 않을 것이다. 대신 바울이 디모데에게 한 말에 귀를 기울일 것이다. "고난을 받으며 …… 네 직무를 다하라"(딤후 4:5).

교사, 코치, 경찰관, 아동 보호 상담원, 목회자 같은 소명 현장에 있는 이들이여, 주목하라. 박봉에 기대치는 높고, 당신이 섬기는 이들이 고마워하기는커녕 화를 내거나 사례비 대신 소송을 제기할지도 모른다. 하지만 그렇다고 해서 십자가에서 내려와서는 안 된다. 만일 골고다의 요지가 오직 '나의 영원한 운명'(구원)의 문제라면, 내가 지는 십자가는 아무 의미가 없다. 거기서 내려온다 해도 잃을 것이 없기 때문이다. 하지만 골고다의 진짜 리드가 무엇인지 이해한다면, "당신 말이 맞아. 이 십자가에서 내려가야겠어"라고 말하는 대신 이렇게 말하게 될 것이다. "아니, 그럴 수 없어. 나는 하나님께 속한 사람이며, 그것이 바로 내가 이 십자가를 지는 이유야."

골고다의 요지를 이해하지 못하면 이렇게 말할 수밖에 없다. "나만 손해야. 그만해야겠어. 인정받지 못한다면 다른 곳에 가면 그만이야. 계속해서 내 권리를 존중받지 못한다면 당장 옮기겠어."

당신이 주로 자신을 위해 살고 있다면 그리스도인의 삶을 사는 것이 아니다. 당신이 그리스도인이 아니라는 뜻은 아니다. 그 판단은 어디까지나 하나님의 몫이다. 다만 당신이 현재 예수님과 바울이 정의하는 그리스도인의 삶을 살고 있지 않는 것만큼은 분명하다.

우리는 단순히 자기 구원 안에서 쉬는 것, 특히 자신의 나라를 세우는 것보다 더 크고 더 영광스럽고 궁극적으로는 훨씬 더 만족스러운 무언가로 부름을 받았다. 나의 나라가 개인적인 부든 애인과의 관계든 안위든 가족이든 은퇴 후 삶이든, 주로 그 나라를 위해 산다면 요지를 놓치는 것이다. 우리는 그 나라 이상의 것을 위해 지음받았다. 우리 모두는 먼저 하나님 나라를 구하도록 부름받았다 (마 6:33).

우리를 통해 세상을 변화시키시는 분

진리를 '알지만' 그 진리에 따라 '살지' 않는 것은 세상에서 가장 큰 비극 중 하나다. 그리스도인들이 옳은 리드를 모르는 것이 비극인 이유가 여기에 있다. 윌리엄 로는 이렇게 경고했다. "그리스도인의 소명을 무시하는 것보다 더 두려운 일은 …… 없다. 우리의 소명은 짧은 인생의 작은 이익을 추구하는 것이 아니라 영혼들을 하나님께로 구속시키고, 천국을 성도로 채우고, 하나님께 영원한 영광이 되는 나라를 완성하는 것이다."[3]

예수님은 단순히 우리가 주일 아침 교회에 가서 헌금함에 몇

푼 넣게 하려고 골고다로 가시지 않았다. 그분은 우리의 '삶' 전부를 원하신다. 우리는 전혀 다른 삶을 살아야 한다. 댈러스 지역의 한 목사에게서 70대가 되어서도 열심히 일하는 한 나이 많은 여성의 이야기를 들었다. 그 성도가 그렇게 열심히 일한 것은 주택담보대출을 갚기 위해서가 아니었다(이미 다 갚았다). 유럽 여행을 하기 위해서도 아니었다(그녀는 텍사스주를 떠난 적이 없다). 바로 컴패션(Compassion)을 통해 열네 명의 아이를 돕기 위해서였다.

폴 부르스마(Paul Buursma)는 1983년 횡경막에 구멍이 난 채로 태어났다. 당시 병원에서는 그 아기가 유아기를 넘길 가능성이 겨우 2퍼센트밖에 되지 않는다고 진단했다. 하지만 폴은 서른두 살까지 살았다. 휠체어 없이는 움직일 수 없는 채로, 뇌성마비의 후유증과 불치의 제한성 폐 질환을 안고서도 32년간 더없이 아름다운 삶을 살았다. 폴은 굿윌(Goodwill)에서 자원봉사를 하고, 캘빈대학교(Calvin University)의 식당과 매점에서 일했으며, 한동안 한 유명 식당에서 손님을 맞이하는 일을 하기도 했다. 지역의 어린이 박물관과 세계적으로 유명한 프레더릭 마이어 정원 및 조각 공원(Frederik Meijer Gardens & Sculpture Park)에서도 방문객들을 맞이했다.

하지만 더 중요한 것은 폴의 가슴에 하나님을 향한 사랑이 넘쳐흘렀고, 얼굴에는 지나가는 모든 사람을 향한 함박웃음이 그득했다는 것이다. 그의 죽음 이후 그의 삶을 축하하는 자리는 진정한 축하의 장이었다. 그는 삶의 제약에서 오는 모든 역설적인 기회를 놓치지 않았고 하나님과 다른 사람들을 진정으로 섬기는 삶을 살았다.

나는 집착에 가까울 정도로 문제점만 바라보며 "나를 이 자리에서 꺼내 달라!"라고 소리치는 사람들을 많이 만났다. 하지만 폴의 간청은 전혀 달랐다. "아버지, 저를 아버지의 뜻 안에 거하게 해 주소서."

당신의 십자가가 무엇인지는 모르겠지만 당신의 소명이 무엇인지는 안다. 하나님을 섬기기 위해 '건강할' 필요는 없다. 특별히 재능이 뛰어날 필요도 없다. 부자이거나 머리가 좋거나 엄청나게 거룩할 필요도 없다. 그저 자신을 내놓기만 하면 된다. 복음은 단순히 우리로 천국에 가게 만드는 것이 아니라는 점을 알아야 한다. 복음은 하나님이 우리를 통해 이 땅에서 하늘의 권능을 펼치실 수 있도록 우리의 마음을 열게 만든다. 하나님은 그렇게 우리를 통해 세상을 변화시키신다.

이것이 내가 '복음'을 제대로 정의하는 것이 우리가 해야 할 가장 중요한 일 가운데 하나라고 믿는 이유다. 우리는 복음에 관한 이전의 생각을 해체하고 사도 바울과 폴 부르스마가 배운 것을 배워야 한다. 해마다 미국 전역에서 젊은 대학생들의 영혼 구원을 위해 수많은 여름 캠프가 진행된다. 참으로 좋은 일이다! 하지만 그들의 '선발'을 위해 노력하는 이들은 얼마나 되는가? 선발되는 것이야말로 제자가 된다는 것의 진정한 의미가 아닌가?

잠시 멈추라. 지금 이 순간, 당신의 삶에 십자가처럼 느껴지는 무언가가 있을 것이다. 그리고 필시 누군가가 "그 십자가에서 내려오라!"라고 말하고 있을 것이다. 혹시 당신 스스로 그렇게 말하고 있는가? 혹은 지금까지 당신의 기도 중 절반이 "하나님, 제발 저를 이 십자가에서 끌어 내려 주세요!"였는가?

이 새로운 리드로 무엇을 하려는가? 고통스럽다는 이유로 십자가에서 내려오려는가?

스스로에게 물으라. "나는 무엇을 위해 살고 있는가? 나의 나라를 위해 살고 있는가, 하나님 나라를 위해 살고 있는가?" 돈과 시간을 어떻게 쓰고 있는지 돌아보며 스스로에게 물어보라. "나는 무엇에 열정을 느끼는가?" 당신은 윌리엄 로가 "짧은 인생의 작은 이익"이라 부르는 것을 추구하고 있는가, 아니면 "하나님께 영원한 영광이 되는 나라를 완성"하기 위해 노력하고 있는가?

당신의 헤드라인은 무엇인가? 당신의 리드는 무엇인가? 당신의 요지는 무엇인가?

복음에 관한 자기중심적인 정의를 해체하고 하나님의 영감을 받은 성경 기자가 알려 준 복음의 요지를 배우라. "그[예수님]가 모든 사람을 대신하여 죽으심은 살아 있는 자들로 하여금 다시는 그들 자신을 위하여 살지 않고 오직 그들을 대신하여 죽었다가 다시 살아나신 이를 위하여 살게 하려 함이라"(고후 5:15).

애통의 골짜기에서
진짜 하나님을 경험하는 복

고통은 우리의 불순물을 태워서
우리의 미덕이 빛나게 만든다.
고통은 우리의 모든 영적 질병을 치유하는 치료제다.
토머스 브룩스,
Precious Remedies Against Satan's Devices (사탄의 계략에 맞서는 귀한 방책들)

고난당하기 전에는 내가 그릇 행하였더니
이제는 주의 말씀을 지키나이다.
시편 119편 67절

＊

어젯밤, 내 신학교 제자 한 명이 자신이 상담하고 있는 세 부부에 관한 조언을 내게 구했다. 성(性)과 관련한 중독과 씨름하는 문제였다.

오늘 아침, 마약과 술 중독에 오랫동안 시달리다가 이를 악물고 거기서 서서히 빠져나온 과정을 털어놓은 한 친구의 책을 읽었다.

그리고 지금 나는 2주도 넘게 하루도 쉬지 못한 채 일에 파묻혀 사는 중이다. 이러지 않으려고 애를 쓰지만 때로는 어쩔 수 없이 이런 상황이 된다. 이럴 때 나는 설탕 중독 증세를 보인다. 지나치게 스트레스를 받고 피곤할 때 혹은 긴 강연 내내 온몸에서 아드레날린이 치솟다가 무대에서 내려오면, 내 뇌는 설탕 같은 단 음식을 섭취할 때 충전되는 에너지를 갈망한다.

우리 모두는 저마다의 방식으로 고장 나 있다. 그런데 내가 (아내에게 중독 치료를 받고 있는) 설탕 중독보다 더 심하게 빠져 있는 것이 있으니, 바로 편안함(comfort; 안락함)이다. 나는 편안함을 갈망하고 추구하며, 편안하지 않은 상태를 끔찍이 싫어한다. 어디에서 편안함을 찾느냐고? 거의 모든 곳에서! 내 몸을 포근히 감싸며 발 받침대가 딱 알맞은 각도로 조절되는 의자, 찬바람과 추위를 완벽하게 막아 주는 겨울 외투, 신었는지도 모를 만큼 발에 착 붙는 신발, 아무런 방해 없이 진행되는 업무, 갈등 없는 관계, 정체 없는 도로, 지루할 틈 없는 기도, 일 잘하는 상담원의 서비스, 통증이 거의 없는 운동, 실패 없는 일까지.

솔직히 내 삶에 단 하나의 골칫거리도 없기를 바란다. 그래서 나는 하루 종일 나의 안전지대 안에 머무를 수 있는 쪽으로 삶의 모든 면을 통제하려고 한다. 하지만 하나님은 내가 세운 최상의 계획을 실행 불가능하게 만드신다. 나를 사랑하시기에.

그렇다. 나는 하나님이 나를 사랑하시기에 내가 완벽히 편안하게 지내는 것을 불가능하게 만드신다는 사실을 깨달아야만 했다. 완벽한 안락만이 하나님의 복이요 은혜라는 생각이야말로 내가 해체하고 제거해야 할 것이었다.

질병이나 노화, 개인적 공격, 재정적 어려움, 사랑하는 이들의 죽음, 핍박 같은 고통을 '억지로 참아 내는 것'과 그것이 내게 '필요하다고' 믿는 것의 차이는 크다. 나의 고통이 마음과 영혼의 성숙을 위해 꼭 '필요하다는' 사실을 깨닫기까지는 수십 년의 세월이 걸려야 했다. 우리는 이런 고통에 분노하기보다 오히려 감사해야 한다. 17세기 청교도인 윌리엄 거널(William Gurnall)의 말을 빌리자면 "하나님의 상처는 치유를 가져오지만 죄와의 입맞춤은 죽음을 가져온다."[1]

J. I. 패커(Packer)는 내 영적 질병을 정확히 진단했다. "하나님이 주시려는 선(善)이 완벽한 편안과 안락이라고 생각하는 것은 …… 착각이다. 하나님의 목표는 그것이 아니라 우리가 성화되고 그리스도를 닮아 가는 것이다. 우리가 진정으로 거룩해지는 것이다. 바로 이것이 행복으로 가는 고속 도로다."[2]

우리는 지독히 반항적이다. 이 말인즉 우리가 때때로 강한 징벌을 받아야 한다는 뜻이며, 이 징벌은 고통스럽다. 하지만 이 고통스러운 징벌은 결국 풍성함으로 이어진다. 하나님은 우리를 수치스럽게 하시려는 게 아니다. 오히려 하나님은 고통을 통해 우리에게 복을 주시고 우리가 부해지기를 원하신다. 이런 복은 아무도 원치 않는 것이라고 말하는 이들이 있을 수 있지만, 하나님은 우리를 지극히 사랑하시기에 우리가 싫어하더라도 필요한 것을 주신다. 하나님은 항상 우리를 위한 최선을 원하신다.

그렇다고 해서 모든 고통이 징벌이라는 말은 아니다(하지만 모든 고통이 징벌이라고 말하는 것만큼이나 어떤 고통도 징벌이 아니라고 말하는 것 또한 어리석다). 고통이 타락한 세상에서 살 때 필연적으로 따르는 결과일 수도 있지만, 우리는 여러 이유로 고통을 필요로 한다. 내가 해체해야 했던 거짓말 중 하나는 모든 고난이 하나님의 징벌이나 형벌이라는 그릇된 관념이었다. 최소한 내 경우에, 고통은 나를 새롭게 빚고,

나를 강하게 세우며, 내게 하나님이 어떤 분이신지 보여 준다. 또한 그분을 더 의지하게 만들어, 나라는 존재를 온전함으로 이끈다. "내 아버지는 농부라 …… 무릇 열매를 맺는 가지는 더 열매를 맺게 하려 하여 그것을 깨끗하게 하시느니라"(요 15:1, 2).

항상 안락만 원하는 바람을 해체하라. 자신을 농부이신 하나님이 심으신 식물로 보라. 하나님은 철저히 우리가 잘되기를 바라신다. 우리가 성장하고 해로운 잡초로부터 보호를 받고 열매를 맺기를 바라신다. 하나님의 관심은 온통 우리에게 쏠려 있다. 우리에게 찾아오는 일이나 시련 중에 하나님이 보시지 않고 반응하시지 않는 것은 단 하나도 없다. 이번 장의 진리를 받아들이기 위한 열쇠는 하나님을 우리의 삶에 적극적으로 참여하여 우리를 돌봐 주시는 사랑 많은 농부요, 목자로 보는 것이다. 꼭 농부나 목자가 아니더라도 각자 하나님의 마음과 진리를 가장 분명하게 상기시켜 주는 이미지를 떠올리면 된다.

윌리엄 거널은 "죄는 웃는 죄인을 죽이지만, 하나님은 그분의 말씀이 주는 상처 아래서 울며 피 흘리는 불쌍한 영혼들을 구원하신다"라고 말했다. 또한 하나님의 말씀을 읽고 마음에 새기는 "행복한 영혼", "당신을 죽게 만드는 정욕의 홀리는 팔"에서 탈출하여 "신실하신 하나님의 팔에 안기는" 이들에 대해 말한다. 하나님이 우리에게 고통을 허락하시는 것은 우리에게 해를 끼치시려는 의도가 아니며, 오직 "당신 영혼의 구원"을 위해서다.[3]

안락만을 찾고 역경에 저항할 때 나는 사탄의 온갖 궤계에 넘어갈 수밖에 없다. 하지만 하나님은 일단 경고부터 하신다. 그래도 내가 듣지 않으면 붙잡아서 대가를 치르게 하신다. 그러고 나서 나를 다시 일으켜 세워 새로운 길 위에 두신다. 하나님은 내가 장기적으로는 치유될 수 있도록 내게 메스를 대시는 최고의 의사이시다. 그분께 일찌감치 항복하면 나중에 더 많은 고통을 면할 수 있다. 물론 모든 사람이 다 그런 것은 아니다.

안락함에 대한 집착을 버리고 역경의 필요성을 배우지 않는다면, 우리는 여전히 역경을 마주하되 하나님을 향한 원망과 의심을 품은 채 마주하게 될 것이다. 그 결과, 10년 혹은 그 이상의 세월을 우리 삶을 짓누르는 어두운 영적 침체의 소용돌이에 빠질 수도 있다.

고난 속에서 항복을 배우다

영국의 청교도 설교자 토머스 브룩스(1608-1680)는 고난의 필요성을 누구보다도 분명하게 이해했던 탁월한 작가였다. 그의 역작 《고난 가운데 잠잠한 영혼》(*Mute Christian Under the Smarting Rod*)은 고난과 고난을 다루는 법에 관한 나의 해묵은 그릇된 생각을 해체하는 데 큰 도움이 되었다. 나는 고통으로 신음하는 수많은 영혼에게 이 책을 추천해 주었고, 항상 나중에 감사 인사를 크게 받았다.

브룩스의 명제는 두 가지다. 첫째, 고통은 필요하다. 둘째, 고통 앞에서 가장 좋은 자세, 영적으로 가장 유익한 자세는 항복하고 침묵하는 것이다. 브룩스는 다음과 같이 기록했다. "이 세상에서 맞닥뜨리는 극심한 고통과 지독히 슬픈 섭리 그리고 가장 가혹한 시련 앞에서도 입을 다물고 잠잠히 침묵하는 것, 이것이야말로 은혜 입은 영혼들의 위대한 의무이자 가장 중대한 책무다."[4]

여기서 "잠잠히"와 "침묵하는"이라는 단어보다 "항복"이라는 단어에 초점을 맞추자. 사우스웨스트침례대학교(Southwest Baptist University)의 부교수이자 상담사인 내 친구 빌 워크업(Bill Walkup)은 성경 속에 침묵하지 않은 인물이 수없이 많다는 사실을 지적해 주었다. 그 덕분에 나는 브룩스가 침묵을 강조한 것에 대해 좀 더 깊이 생각해 볼 수 있었다.

사실, 다수의 시편과 예레미야애가 전체에는 항의하는 말이 많다. 워크업은 하나님이 대체로 우리를 침묵이 아닌 교제(대화)로 부르신다는 사실도 지적했다. 그는 상담을 하면서 침묵을 강요하면 원망과 분노를 유발하는 경우가 많다는 사실을 발견했다. 부모나 어른이 자녀나 학생에게 입을 다물라고 하면 외적인 순종은 나타나되 내면에서는 분노가 들끓는 경우가 많다. 이외에도 브룩스의 조언이 내게 아주 많은 도움이 되었다. "고통은 우리의 불순물을 태워 우리의 미덕이 빛나게 만든다. 고통은 우리의 모든 영적 질병을 치유하는 치료제다."[5]

예전에 고통이 불필요하다고 생각했을 때는 고통 앞에서 하나님을 신뢰하거나 그분의 음성에 귀를 기울이지 못했다. 내 삶 속에서 고통은 대화로 이어지지 않았다. 그저 투덜거리는 독백에 머물렀을 뿐이다. 하나님의 독백이 아닌 나의 독백 말이다! 매번 나는 그 고통을 없애 달라는 기도만 드렸다. 지금 와서 보면 어리석고 교

Chapter 6

만하고 미성숙하고 그릇된 반응이지만 어쨌든 그때는 그랬다. 나아가, 내가 순종하면 고통에서 벗어날 수 있다는 생각도 했다. 물론 지금은 그것이 어리석은 생각이었음을 아주 잘 안다. 나는 고통의 원인과 이유뿐 아니라 올바른 반응에 관해 다시 배워야 했다.

살다 보면 누구에게나 고통이 찾아온다. 병이 걸린다. 배신을 당한다. 핍박을 당한다. 가장 사랑하는 이들이 우리의 마음을 가장 가혹하게 찢어 놓는다. 부당한 대우를 받고 조롱을 당한다. 불편을 겪는다. 이런 일이 반드시 찾아온다. 그럴 때 중요한 것은 이런 고통을 올바른 태도로 받아들여 거기서 최대한의 유익을 뽑아낼 수 있느냐다.

많은 고전 저자들이 결국 아름다움을 빚어내는 고통을 기꺼이 받아들였다. 장 칼뱅은 이렇게 썼다. "누구든 하나님이 입양하시고 그분의 친구가 될 가치가 있다고 여긴 자들은 힘들고 고생스럽고 요동치는 삶, 온갖 종류의 허다한 악이 가득한 삶을 각오해야 한다."[6] 우리 자신의 기대치를 철저히 바로잡아야 한다. 내 삶도 이러하리라 예상해야 한다. 당신도 마찬가지다. 이 현실을 받아들일 때 우리는 원망과 불안, 몸부림을 내려놓고 마침내 항복이 주는 평화로운 안식 속으로 들어갈 수 있다.

칼뱅은 성부 하나님이 성자를 대하신 것과 똑같은 방식으로 우리를 대하실 것이라고 말한다.

성자께서는 그 어떤 존재보다도 사랑을 받으셨고 성부의
마음이 그분으로 인해 매우 기뻤지만 사실을 말하자면 그분은

엄하지 않은 혹은 부드러운 대우를 받기는커녕 이 땅에
거하시는 동안 끊임없는 십자가에 시련을 당하셨을 뿐 아니라
그분의 삶 전체가 일종의 끊임없는 십자가였다. 사도 바울은
그 이유에 대해 그분이 "고난으로 순종함을 배워"야 하셨다고
설명한다(히 5:8).[7]

죄 없는 예수님도 고난을 통해 순종을 배우셨다. 그렇다면 태어날 때부터 죄로 얼룩진 우리는 순종을 배우기 위해 얼마나 더 많은 고난을 겪어야 하겠는가.

하지만 우리의 자연적 성향은 순종보다 편안을 선택하는 것이다. 적어도 나는 그랬다. 인정하기 창피하지만 내가 순종하는 동기 중 하나는 더 편안해질 것이라는 그릇된 관념이었다. 나는 바로 이 관념을 해체해야 했다. 순종하면 고통에서 벗어날 수 있다고 생각했지만, 실상은 순종하는 법을 배우기 위해 고난받아야 한다는 사실을 배워야 했다! 올바른 시각을 배운다고 해서 덜 고통스러워지는 것은 아니지만 괴로움은 줄어든다. 장 칼뱅은 이렇게 썼다. "우리가 역경으로 고통을 당할수록 그리스도와의 교제가 더욱 확증된다는 사실은 십자가의 괴로움을 얼마나 덜어 주는지 모른다."[8]

바울은 부활의 능력을 아는 것과 그리스도의 고난에 동참하는 것은 하나의 패키지라고 말한다(빌 3:10-11). 후자 없이 전자를 원하는 것은 차가운 느낌이 없는 아이스크림을 원하는 것과도 같다.

능력을 원하는가? 그렇다면 고난이 닥칠 때 항복하는 법을 배우라. 고난에서 벗어나는 것보다 더 중요한 것은 고난 속에서 항복

의 자세를 유지하는 것이다. 고난으로 인해 하나님에게서 마음이 멀어져서는 안 된다. 토머스 브룩스는 이렇게 썼다. "고난당하는 영혼은 의로우신 하나님이 의로운 일밖에 하실 수 없다는 것을 안다. 그리고 그 영혼은 하나님을 통제할 수 없다는 것을 안다. 그래서 고난당하는 사람은 …… 그분 앞에서 침묵을 유지한다."[9]

내가 평생 사랑했던 무언가를 빼앗긴 듯 느껴졌을 때 브룩스의 책을 읽은 것은 크나큰 복이었다. 나는 열여섯 살 때부터 마라톤 동호회에서 활동했다. 마라톤은 몸과 마음의 건강에 큰 도움이 된다. 물론 달리기의 쾌감도 있다. 그런데 스트레스를 많이 받던 시절, 족저근막염이 재발했다. 한 발 내딛을 때마다 다리와 뒤꿈치에 극심한 고통이 밀려왔다. 내 경우에는 이 증상을 극복하기까지 1년쯤 걸렸다. 그런데 그 시간이 지나가자마자 이번에는 무릎이 아프기 시작했다. 5킬로미터만 뛰어도 슬개골 아래에 뜨거운 숯불이 닿은 것 같은 느낌이 종일 지속되었다.

브룩스의 조언에 따라 나는 뛰는 것보다 항복하는 것이 필요하다는 사실을 깨달았다. 하나님이 나를 치료해 주시지 않는다고 원망하는 대신 하나님이 주신 모든 복에 감사하는 마음을 가져야 했다. 육체적 손상이 영적 손상으로 이어지는 것은 원치 않았다. 아니, 육체적 약함을 통해 영적으로 더 강해지기를 원했다.

하나님의 은혜로 그런 일이 일어났다. 아름다운 산을 배경으로 덴버의 워싱턴 공원(Washington Park)을 한 바퀴(약 4킬로미터)만이라도 돌 수 있게 된 날, 하나님께 감사의 찬양을 드렸다. 반 바퀴도 돌기 전에 무릎이 비명을 질러서 걷기로 전환해야 했을 때도 감사를 드렸다. 이 시기가 닥쳐서 평생 써먹던 대응 기제를 잃기 전에 브룩스의 친절한 조언을 만나게 되어 얼마나 감사한지 모른다. 언젠가는 마라톤을 다시 하고 싶다. 하지만 매일 하나님의 얼굴을 보고 싶은 마음이 더 간절하다.

하나님에 대한 우리의 믿음은 매우 관계적이어서 하나님의 손이 우리에게 적대적인 것처럼 보인다고 그분의 '마음'이 그런 것은 아님을 절대 잊지 말아야 한다. 하나님의 마음은 절대 우리에게 적대적이지 않다. 아니, 하나님은 우리가 잘되기를 우리 자신보다도 더 원하신다.[10]

하나님의 최종 목표는 우리를 그분께로 더 가까이 이끄시는 것이다. 반면에 사탄의 최종 목표는 고난을 이용해 우리를 하나님에게서 떼어 놓는 것이다. 브룩스는 또 이렇게 말한다. "사탄이 욥에게 온갖 고통을 가하며 노렸던 것은 욥을 거지로 만드는 것이 아니라, 하나님을 모독하는 자로 만드는 것이었다."[11]

이는 실로 무서운 유혹이므로 불평하지 않고 하나님을 신뢰하는 법을 배워야 한다. 물론 아픔을 표현하는 것은 좋다. 심지어 건강한 반응이라고 말할 수도 있다. 하지만 어디까지나 교만이 아닌 겸손의 자세에서 그래야 한다. 브룩스는 이렇게 썼다. "하나님은 지혜로운 의사이시다. 충분히 약한 약으로 치료할 수 있으신데 강한 약을 주시는 법은 절대 없다."[12]

불평하는 것(경외가 아닌 경멸, 겸손이 아닌 교만, 항복이 아닌 요구를 선택하는 것)은 영적 흡연과 폭식, 폭주를 다 합친 것이나 마찬가지다. 불평은 우리의 영적 건강을 서서히 갉아먹는다. 불평은 사실상 하나님을 정죄하고 그분의 마음을 바꾸려고 시도하는 것이다. 반면, 신뢰는 하나님의 생각을 귀담아듣고 받아들여 그에 따라 '내' 생각을 바꾸는 것이다. 하나님의 생각을 바꾸려는 것과 내 시각을 바꾸는 것, 둘 중 무엇이 영적 건강으로 이어질까?

끊임없는 안락과 편안함을 요구하는 마음을 해체했다면, 이제는 고통의 가치를 배울 차례다. 이것은 이 고통 속에서 하나님이 우리의 선을 위해 역사하신다는 믿음에서 시작된다. 실제로 성경은 우리에게 그렇게 말하고 있다(롬 8:28-29).

토머스 브룩스는 고통의 여러 유익을 소개한다.[13]

- 고통을 당하면 눈이 열려 나의 죄와 나를 더 분명히 보고 나의 하나님을 더 온전히 보게 된다(욥 33:27-28; 40:4-5; 13:1-7).
- 고통은 "내 죄를 죽이고 내 마음을 부드럽게" 하는 데 도움이 될 수 있다.
- 고통을 통해 "주님은 내 마음을 세상에 대하여 더욱더 십자가에 못 박으시고, 내 마음에 대하여 세상 또한 십자가에 못 박히게 하실 것이다"(갈 6:14; 시 131:1-3).
- 고통은 겸손을 키워 주고 "교만이 내 영혼에 들어오지 못하게 해 준다(욥 33:14-21). 이런 고통은 바로 주님의

가지치기용 칼이다. 주님은 이 칼로 내 죄를 도려내고 내 마음을 가지치기하여 더 비옥하고 더 많은 열매를 맺게 하신다. 고통은 주님의 약이다. 주님은 이 약으로 나를 깨끗하게 하시고, 내 영혼에서 치명적이고 위험한 영적 질병을 제거해 주신다. 고통은 영혼의 모든 질병을 그 어떤 치료제보다도 효과적으로 제거하는 약이다"(슥 13:8-9).

고통은 "영적 경험"을 더 즐겁게 만들 뿐 아니라 "〔하나님의〕 거룩하심에 참여"(히 12:10)할 수 있게 해 준다. "검은 비누는 옷을 희게 한다. 마찬가지로 얼얼한 고통은 마음을 거룩하게 만든다."

하나님은 내 고통 중에서 내게 자신을 드러내시고 "내 마음을 영원한 세상의 큰〔중요한 〕 것에 더욱 고정시킨다"(요 14:1-3; 롬 8:17-18; 고후 4:16-18).

고통은 더 효과적인 목사가 되도록 나를 훈련시킨다. "주님은 고통을 통해 내 안에 고통받는 자들을 향한 민감함과 긍휼함을 더 키워 주신다"(히 10:34; 13:3).

나는 20대에 원추각막이라는 퇴행성 안과 질환에 걸렸다. 당시 치료법은 각막 이식이었고 나는 이식 대상이 되지 못했기에 이 병을 치료하지 않았다. 안과 의사는 내 뇌가 한쪽 눈으로만 보는 법을 배워서 큰 문제가 없다고 말했다(자전거를 탈 때와 어깨 너머로 볼 때 조금 힘들기는 하다). 그런데 우리 딸 중 한 아이도 20대에 같은 증상을 보이기 시작한 것이다. 곧바로 치료를 시작했고, 다행히도 새로운 치료법으로 질병의 진행이 중단되었을 뿐 아니라 딸은 증세가 호전되는 복받은 20퍼센트 안에 들어갔다.

딸이 증세를 곧바로 알고 치료에 들어간 것은 그 아이의 아버지인 내가 같은 고통을 겪어 봤기 때문이다. 내가 실제로 겪은 고통은 딸이 평생 똑같은 고통에 시달릴 것을 막아 주었다. 내가 질병에 걸린 것이 내 딸이 조기에 치료를 받아 고통을 면하기 위한 대가였다면 모든 부모가 그렇듯 다시 그런 상황이 와도 나는 기꺼이 그 대가를 치를 것이다. 우리의 고통도 이와 비슷한 효과를 가진다면? 우리의 고통으로 다른 사람들이 경고나 도움, 깨달음을 얻는다면? 이런 측면에서 브룩스는 한 걸음 더 나아가 고통이 필요한 것을 넘어 "하나님의 사랑의 징표"라고 말한다.[14]

자, 이 해체 과정을 간단하게 정리해 보자. 고통이 유익하고 필요하다는 사실을 확신하고 마음에 새기는 데 도움이 될 것이다.

고통은 다음과 같은 효과가 있다.

- 죄, 우리 자신, 우리 하나님을 더 분명히 보게 해 준다.
- 죄를 죽인다.
- 우리의 마음을 부드럽게 한다.
- 우리 안에 있는 세상의 영향을 제거한다.
- 교만을 공격하고 겸손을 낳는다.
- '영적 경험'을 더 즐겁게 만든다.
- 더 거룩해지게 한다.
- 우리에게 하나님을 드러낸다.

▲ 우리의 생각을 영원에 고정시켜 준다.

▲ 고통받는 다른 사람들을 잘 도울 수 있게 해 준다.

이 유익 중에서 우리에게 필요하지 않은 것이 하나라도 있는가? 이 중에서 어느 정도의 고통을 겪지 않고서 얻을 수 있는 것이 있는가?

정말 "하나님의 사랑의 징표"가 아닐 수 없다! 고통이 얼마나 유익한지 알면 그것에 더 기꺼이 항복할 수 있다. 브룩스의 말을 한 번 더 들어 보자. **"하나님의 뜻으로 이루어지는 일이 가장 좋다**(히 12:10). 병이 하나님의 뜻이라면 병이 건강보다 낫다. 약함이 하나님의 뜻이라면 약함이 강함보다 낫다. 부족함이 하나님의 뜻이라면 부족함이 부함보다 낫다. 치욕이 하나님의 뜻이라면 치욕이 명예보다 낫다. 죽음이 하나님의 뜻이라면 죽음이 삶보다 낫다."[15]

다시 말하지만 관건은 하나님을 '우리의 행복을 위하시는 사랑 많은 부모'로 보는 것이다.

십자가가 하는 일

장 칼뱅은 브룩스의 목록에 몇 가지 목록을 더한다.*

---

* 물론 칼뱅은 브룩스보다 한 세기 전에 태어났다. 따라서 칼뱅이 브룩스의 통찰을 확장하고 있다는 말이 아니라 다만 여기서 우리의 논의에 추가적인 통찰을 제공해 준다는 뜻이다.

"십자가는 하나님의 능력에 대한 전적인 믿음으로 이어진다."[16]
고통이 없으면 우리는 겸손히 하나님을 의지하며 살지
않고 "육신에 대한 어리석고 공허한 믿음"을 부여잡기
마련이다. 교만이 자라기 시작하면 하나님은 "치욕이나
가난, 사별 같은 불행으로 우리를 고통스럽게 하신다."
정확히 자신의 교만을 모르고 교만의 영적 폐해를 이해하지
못한 만큼 고통에 분개하게 되어 있다. 우리는 자신이
참을성이 많다고 생각한다. 하지만 하나님이 우리의
참을성을 시험하는 상황을 허락하시면 그 생각이 무참히
깨진다. 우리는 얼마든지 용서할 수 있다고 생각한다.
하지만 지독히 가증스러운 행위를 용서하라고 하면 우리
자신의 힘으로는 그럴 수 없음을 깨닫는다. 우리는 스스로
강하다고 생각한다. 하지만 우리를 압도하는 시험을 만나면
그 생각이 착각이었음을 깨닫는다. 어떤가? 계속 나열할
필요가 있는가? 우리는 '생각하지만' 하나님은 '아시며'
그분이 이미 아시고 우리는 모르는 것을 고통을 통해
우리에게 '드러내신다.'

"십자가는 하나님의 신실하심을 경험하게 해 주고 미래를 위한
소망을 준다."[17]　하나님이 실제로 그분을 필요로 하는
상황을 허락하시기 전까지 그분이 우리에게 필요한 것을
공급해 주실지 어떻게 진정으로 알 수 있는가?

"십자가는 약"[18] 역할을 한다.　우리가 "우리의 방종으로
부패하는" 경향이 있어서 회복되기 위해 고통을 필요로

하는 것은 인생의 슬픈 현실이다. 이는 폭식을 한 뒤에 산책을 하는 것이 건강에 좋은 것과 비슷하다. 하나님은 최고의 의사이시기 때문에 각 신자에게 어떤 종류의 고통을 처방할지 아신다. 복에 복을 받으면 영적으로 과식 상태가 되기 쉽다. 고통은 건강을 유지하기 위해 꼭 필요한 운동이다.

"십자가는 아버지의 체벌"[19] 역할을 한다. 징계는 '자비'다. "매우 가혹한 고난 중에 우리는 우리를 향한 아버지의 자비하심과 너그러우심을 깨닫는다. 그 순간에도 그분이 우리의 구원을 진전시키기를 멈추지 않으시기 때문이다. 그분은 우리를 망가뜨리거나 파멸시키기 위해서가 아니라 세상의 심판으로부터 해방시키기 위해 우리에게 고통을 허락하신다."

"십자가를 지는 것은 …… 의를 위한 고난이다."[20] 불의한 세상 속에서 의로운 삶을 살면 핍박을 받지 않을 수 없다. 예수님은 세상이 우리를 '미워할' 것이라고 말씀하셨다(요 15:19). 심지어 우리가 사랑으로 사람들을 섬겨도 사람들은 미움으로 인해 우리에게 해를 가한다. 따라서 십자가는 고통스럽지만 하나님을 거부하는 세상 속에서 피할 수 없는 것이다.

장 칼뱅과 토머스 브룩스는 고통의 필요성을 받아들인다고 해서 아픈데 괜찮은 척하는 금욕주의자일 필요는 없다고 입을 모아 말한다. 고통의 필요성을 받아들여도 여전히 아프다. 울어도 된다. 하나님께 우리의 슬픔을 쏟아 내도 된다. 슬퍼하고 신음해도 된다. 고통에서 구해 달라고 기도해도 된다. "저를 저 편안한 의자에 다시 앉혀 주세요! 저 편안한 신발을 다시 신겨 주세요!"라고 소리쳐도 된다.

하지 말 것은 고통의 필요성을 망각하는 것이다. 하지 말 것은 항복하지 않는 것이다. 금욕주의자일 필요는 없지만 하나님 나라에서 자신의 자리를 이해하는 종으로, 하나님의 가족 안에서 자신의 자리를 받아들이는 자녀가 되도록 노력해야 한다.

나는 고통이 싫다. 하지만 고통이 가져다주는 것은 좋다. 그래서 나는 고통에 관한 잘못된 생각을 해체하고 나서 고통의 가치를 배우고 있다.

정직하게 애통하며 그분의 함께하심을 믿는 것

이번 장을 읽으면서 혹여 편안이나 부, 명예를 죄악시하는 그리스도인이 없기를 바란다. 하나님은 우리에게 복과 고통 모두를 허락하시며, 항복은 그분이 둘 중 무엇을 주시든 받아들이는 것을 의미한다.

토머스 브룩스는 성숙한 신자가 되려면 번영과 역경의 시기가 모두 필요하다고 가르쳤다. "그리스도인의 삶은 병과 건강, 약함과 강함, 결핍과 부, 치욕과 명예, 십자가와 안위, 비극과 자비, 기쁨과 슬픔, 환희와 비탄의 교차로 가득하다. 꿀만 먹으면 해롭다. 약쑥만 먹으면 건강을 망친다. 이 둘을 혼합하는 것이 세상에서 영혼의 건강한 상태를 유지하기 위한 최선책이다."[21]

하나님께 복과 명예를 받아도 죄책감을 느끼지 않아도 된다. 감사와 기쁨으로 받으면 된다. 아울러 하나님이 우리가 무너지고 넘어지게 허락하실 때 원망하지 말아야 한다. 우리는 두 상황 모두에 항복해야 하며, 두 상황 모두에서 하나님을 찬양해야 한다. 두 상황 모두에서 흔들림 없는 믿음을 유지해야 한다. 정한 때가 지나면 복은 고통에 자리를 내주고 고통은 복에 자리를 내주기 마련이다.

고통의 한복판에서 항복하는 자세를 유지한다면 고통에서 구해 달라고 기도하는 것은 전혀 잘못도 미성숙한 것도 아니다. 예수님은 고통의 잔을 거두어 달라고 기도하셨다. 그 요청이 거절당하자 예수님은 다시 구하셨다. 그리고 또다시 구하셨다(마 26:39-44). 세 번째 요청이 거절당한 뒤 예수님은 그 잔을 드셨다. 이것이 우리가 따라야 할 본보기다.

앞서 소개했던 빌 워크업은 상담을 하다 보면 고난에 대한 세 가지 유형의 반응을 보게 된다고 했다. 첫 번째 유형은 골짜기에 드러누워 "내 팔자야!"라며 푸념하고 불평하는 사람이다. 심지어 "하나님은 남들이 밟고 지나갈 무언가가 필요해서 나를 지으셨어!"라고 말하는 것이다. 워크업이 "좋은" 그리스도인이라고 부르는 두 번째 유형은 "모든 것을 하나님께 맡겼으니" 전혀 힘들지 않다고 말하며 힘차게 골짜기를 통과하는 사람이다. 세 번째 유형은 힘들다는 사실을 인정하는 동시에 자신과 함께 고통의 골짜기를 통과해 주시는 하나님이 계시다는 사실을 고백하는 사람이다. 애통하고, 믿는 것이다. 몹시 힘들다는 사실을 인정하는 것과 하나님이 여전히 우리를 사랑하시고 우리와 함께하신다고 고백하는 것은 상호 배타적이지 않다.

나는 아파하는 동시에 믿음을 표현하는 세 번째 유형이 가장 건강한 반응이라는 워크업의 말에 동의한다. 애통에서 자칫 불평으로 넘어가지 않기가 쉽지 않고, 우리 대부분은 탁구공처럼 둘 사이를 오락가락한다. 하지만 자비로우신 하나님이 우리를 도와주신다.

이 땅에서의 고통이 하늘에서의 영광을 준비하는 것임을 기억하면 믿음이 흔들리지 않는다. 브룩스는 이렇게 썼다. "우리가 이 세상에서 만나는 시련과 수고, 재난과 불행, 십자가와 상실이 우리가 겪어야 할 지옥의 전부라는 점을 생각해 보라. 이 세상에서 우리는 우리 몫의 지옥을 겪는다. 하지만 내세에는 천국을 얻을 것이다. 이 고통이 우리가 겪어야 할 최악의 고통이며, 장차 최고의 날이 올 것이다."[22] 그리스도인에게는 이 땅에서의 고통이 전부이지만, 회개하지 않는 불신자에게 이 땅에서의 삶은 그나마 좋은 시절이다.

마지막으로, 고난이 하나님이 우리를 버리셨거나 우리를 미워하신다는 증거라는 거짓말을 해체하라. 성장과 성숙, 하나님 안에서의 만족으로 가는 길은 쉽지만은 않은 여정임을 배우라. 그럴 때 영적 자유를 얻을 수 있다.

이번 장은 토머스 브룩스의 통찰에 크게 의존했으니 그의 말로 갈무리하는 것이 적절할 듯하다.

그리스도인이 큰 고난과 깊은 고통과 더없이 치명적인 위험 속에서 고통을 없애 달라는 기도보다 성화를 위한 기도를 더 한다면, 사슬을 벗겨 달라는 기도보다 죄를 벗겨 달라는 기도를 더 한다면, 회초리에서 해방시켜 달라는 기도보다 회초리를 통해 유익을 거두게 해 달라는 기도를 더 한다면, 고통이 소멸시키는 불이 아니라 정련하는 불이 되게 해 달라는 기도를 한다면, 자신의 마음은 낮아지고 그분의 은혜는 높아지게 해 달라고, 모든 고난으로 이 세상에서 멀어지고 저 위 세상의 영광에 어울리도록 여물게 해 달라고 기도한다면, 이는 모든 고난과 깊은 고통 속에서 하나님의 특별한 임재가 그와 함께한다는 큰 증거다.[23]

죄와 치열하게 씨름함으로써
구주께 더 밀착되는 신비

내가 행하는 것을 내가 알지 못하노니
곧 내가 원하는 것은 행하지 아니하고
도리어 미워하는 것을 행함이라.
로마서 7장 15절

✳

'끈적끈적한 죄'(sticky sin)라는 말은 우리 삶에서 좀처럼 떨쳐 내기 힘든 끈질긴 도덕적 문제들을 지칭한다. 우리는 넘어지고 또 넘어진다. 마침내 승리를 거둔 것 같다가도 그 승리로 인해 교만 속으로 곤두박질한다. 하나의 죄(교만)를 사용하여 다른 죄(폭식)와 맞서 싸우다가, 문득 우리가 죄를 이기고 있는 것이 아니라 죄들을 서로 교환만 하고 있을 뿐임을 깨닫는다.

내가 해체해야 했던 모든 것 중에서 가장 큰 것 중 하나는 시험(temptation; 유혹)에 대한 그릇된 이해였다. 인간이라면 시험을 받는 것이 당연하다는 사실을 특히 젊은 그리스도인들이 알기를 바란다. 토머스 브룩스는 다음과 같은 통찰력 깊은 글을 썼다.

> 독수리는 자신의 날개에 대해 불평하지 않는다. 공작도
> 자신의 꼬리 깃털에 대해, 나이팅게일도 자신의 목소리에
> 대해 불평하지 않는다. 이것들이 그들에게 자연스럽기
> 때문이다. 성도도 자신에게 찾아오는 시험에 대해 〔불평하지〕

말아야 한다. 시험이 그들에게 자연스럽기 때문이다.

아우구스티누스(Augustinus)는 우리의 삶 전체가 곧 시험이라고 말했다. 최고의 인간들은 최악의 시험을 거친 자들이다. 그러니 주님 앞에서 침묵하라.[1]

당신이 시험을 받지 않을 만큼 거룩해지고 훈련되고 성화될 수 있다고 생각한다면 이는 지독한 착각이다. 명심하라. 예수님도 시험을 받으셨다. 우리가 죽을 때 시험도 죽겠지만 우리가 죽기 1초 전에도 시험은 죽지 않는다.

내가 내 마음을 정하게 하였다 내 죄를 깨끗하게 하였다 할 자가 누구냐. ○ 잠언 20장 9절

선을 행하고 전혀 죄를 범하지 아니하는 의인은 세상에 없기 때문이로다. ○ 전도서 7장 20절

물론 예수님이 받으신 시험과 우리의 시험 사이에는 커다란 한 가지 차이점이 있다. 바로 우리가 때로 유혹에 넘어간다는 것이다. 우리가 자주 시험을 받고 때로 넘어진다면 이는 우리가 살아 있다는 뜻이다. 바로 인간이라는 뜻이다.

해체의 기술을 깊이 터득하면 시험과 싸울 때 찾아오는 유익이 보이기 시작한다. 죄와의 씨름조차도 그리스도 안에서의 삶에서 꼭 필요하고 중요한 일부라는 점이 눈에 들어오기 시작한다. 우

리는 죄와의 씨름을 끝내야 한다는 생각을 버리고, 이 싸움의 가치
를 배워야 한다.

죄 없는, 심지어 아무런 유혹도 없는 삶을 살아야 한다는 생각
을 버리지 않으면 시험과 실패를 경험할 때 낙심할 수밖에 없다. 하
나님과의 친밀함이 흔들리게 된다. 그리고 자기 의라는 감옥에 갇
히게 된다. 또한 교만해지고 영적으로 눈멀게 된다. 시험과 죄는 우
리가 인정하든 인정하지 않든 우리 삶의 일부다. 따라서 이것들을
의식하지 않거나 자신이 이것들에서 자유롭다고 생각하면 영적으
로 눈이 멀고 영적 부인에 빠진다. 이는 정죄하는 태도를 비롯해 온
갖 불행한 결과로 이어진다.

청교도 목사인 존 오웬(John Owen)은 우리에게 죄에 관한 특별한
통찰을 나누었다. 그는 죄를 죽이는 것에 관한 책에서 하나님이 죄
를 미워하시기 때문에 우리도 죄를 미워하는 것이 아니라 단순히
죄에 따르는 대가가 싫어서 죄에서 자유로워지려는 우리의 이기적
인 욕구를 지적했다(가정을 잃을 수 있으니 자신의 성질머리를 미워하는 남자, 혹은 직
장을 잃을 수 있으니 자신의 게으름을 미워하는 여성).[2] 그런 경우 우리가 진정으
로 미워하는 것은 죄 자체가 아니라 죄가 가져올 불행이다.

우리의 마음이 이 상태에 머물러 있으면 하나님이 우리의 자
기애를 깨닫게 하시려고 특정한 죄를 허락하실 수 있다. "당신은 그
런 정욕이나 죄를 죽이려고 부단히, 또 열심히 노력한다. 그런데 그
러는 이유가 뭘까? 그것이 당신을 불안하게 만들기 때문이다. 그것
이 당신의 평안을 앗아 가기 때문이다. 그것이 당신의 마음에 슬픔
과 괴로움, 두려움을 가득 채우기 때문이다. 그것으로 인해 쉼을 누

리지 못하기 때문이다."[3] 하지만 이런 것은 그릇된 동기다.

따라서 하나님이 다른 죄들을 깨닫게 하시려고 우리를 당혹스럽게 하고 불안하게 하는 죄를 허락하신다면? 하나님이 이 죄만큼이나 우리가 무시하고 있는 그 죄들을 미워하신다면? 하나님은 죄와 시험을 사용하여 우리가 깨닫지 못하는 (또한 익숙해진) 죄와 싸우게 하실 수 있다.

한 경험 많은 상담사에게서 주기적으로 재발하는 포르노 중독과 싸우는 한 중년 남성을 상담했던 이야기를 들은 적이 있다. 그는 잠시 승리를 거두었다가도 이내 다시 중독에 빠져 극심한 수치심에 시달리곤 했다. 그럴 때마다 무엇이 문제인지 알아내려고 상담 예약을 했다. 상담사는 내게 이렇게 말했다. "그는 그리스도께 순종하기를 간절히 원하고 있어요. 사실, 다른 모든 영역에서는 내가 상담했던 그 어떤 사람보다도 더 순종하는 삶을 살고 있답니다. 하지만 6개월에 한 번씩 이 시험에 넘어지고 만답니다. 뭐, 조금 더 오래 버티는 경우도 있지만 대체로 그래요."

상담사는 이 남자가 포르노를 보지 않은 지 얼마나 오래되었는지로 자신의 거룩함을 판단하고 있다는 사실을 발견했다. 그는 오랫동안 포르노를 보지 않을 때는 자신이 하나님의 은혜 가운데 살고 있다고 판단했다. 하지만 최근에는 극심한 수치심에 시달리고 있었다.

상담사는 이렇게 설명했다. "이 상황의 원인은 바로 신학적 오류예요. 그 사람은 그리스도 안에서 의인이에요. 그리스도 안에서 완전하죠. 그가 의인인 것은 오랫동안 포르노를 보지 않았기 때문이 아니에요. 그가 다시 넘어졌다고 해서 하나님의 은혜가 떠나간 것도 아니고요. 하나님은 그가 얼마나 오랫동안 포르노를 보지 않았는지 일일이 달력을 확인하면서 그에게 은혜를 베푸실지 징계를 내리실지 결정하시지 않죠. 하지만 이런 잘못된 관념을 좀처럼 버리지 못해요. 그가 하나님과 자신, 거룩함, 자신의 구원을 보는 방식을 바로잡아 주시고자 하나님이 이 시험을 계속 허락하시는 게 아닌가 싶어요. 그는 오랫동안 열심히 신앙생활을 했지만 여전히 자신의 공로로 얻는 의를 힘입어 살고 있는 것 같아요.”

이 영역은 목사로서 약한 내 영역 중 하나이기도 하다. 나는 이 영역에서 여전히 거짓말들을 해체해 나가는 중이다. 아마 내가 그 남자를 상담했다면 깊은 신학적 의미를 찾기보다는 그를 치료하는 데만 초점을 맞추었을 것이다.

우리 모두는 문제점을 안고 살아가며, 어떤 영역에서든 승리를 갈망하는 것은 잘못된 것이 아니다. 하지만 우리가 충분히 성숙해지면 유혹에서 완전히 벗어날 수 있다거나 자신을 향한 하나님의 은혜가 ‘금주 기간’에 달려 있다는 관념은 버려야 한다. 물론 그런 기간을 세는 것이 회복에 도움이 될 수도 있지만 그 기간이 하나님의 은혜와 복을 결정하지는 않는다. 시험, 심지어 가끔의 실패를 하나님과 더 친밀해지고, 스스로 성장하고, 다른 사람들과 연결되기 위한 통로로 사용하는 법을 배우라.

Precious Remedies Against Satan's Device (사탄의 계략에 맞서는 귀한 방책들)라는 책에서 토머스 브룩스는 우리가 죄와의 끝없는 전쟁에서 얻을 수 있는 몇 가지 유익을 규명했다.*

죄와의 싸움, 나를 겸손하게 한다

우리의 최대 적이 교만이라는 옛사람들(무엇보다도 성경)의 경종은 들을 때마다 지혜롭게 다가온다. 여기서 몇몇 성경 구절을 인용할 것이다. 이 점에 관해 여전히 확신하지 못하겠다면 각주에 성경 구절을 추가로 소개했으니 꼭 읽어 보길 바란다.**

눈이 높고 마음이 교만한 자를 내가 용납하지 아니하리로다.
○ 시편 101편 5절

나는 교만과 거만 …… 을 미워하느니라. ○ 잠언 8장 13절

---

* 이 부분은 그 책 3부 '은혜의 보석들'(Grace Gems)의 내용을 정리한 것이다. www.gracegems.org/Brooks/precious_remedies_against_satan7.htm. 2025년 4월 2일 확인. 이 책에서 브룩스는 "성도를 슬픔, 의심, 의문이 밀려드는 힘든 상황 속에 붙잡아 두기 위한 사탄의 궤계"를 파헤친다.

** 레 26:19; 욥 33:17; 시 101:5; 잠 8:13; 16:5; 사 2:17; 겔 7:24; 단 4:37; 습 3:11; 눅 1:51; 롬 12:16; 약 4:6; 벧전 5:5.

무릇 마음이 교만한 자를 여호와께서 미워하시나니 피차 손을
잡을지라도 벌을 면하지 못하리라. ○ 잠언 16장 5절

하나님이 교만한 자를 물리치시고 겸손한 자에게 은혜를
주신다 하였느니라. ○ 야고보서 4장 6절

교만이 우리의 최대 적이 아니라고 생각한다면 그거야말로 교
만의 가장 확실한 증상이다. 우리가 해체해야 할 첫 번째 문제는 교
만이 우리의 최대 문제임을 부인하는 것이다. 우리가 씨름하는 죄
가 무엇이든 그 뿌리에는 교만이 있다. 그런데 죄와의 씨름은 우리
의 교만을 깨뜨릴 수 있다. 물론 그렇다고 해서 교만이라는 더 큰
죄에 빠지지 않도록 다른 죄들에 대해 해이해져도 된다는 말은 절
대 아니다. 다만, 하나님이 하나의 죄를 사용하여 다른 죄를 다루실
수 있고 실제로 다루신다는 점을 알아야 한다. 하나님은 완벽히 주
권적이고, 강하고, 탁월하시기에 우리를 죄에서 자유로워지게 하시
려 심지어 죄를 사용하실 수도 있다.

늘 하나님과 그분의 능력에 의지하게 한다

유혹과의 싸움은 우리 스스로는 그리스도 안에서의 삶을 살
능력이 없다는 사실을 계속해서 일깨운다. 그리스도인의 세상에
슈퍼맨이나 슈퍼 우먼 같은 건 없다. 오직 슈퍼 구주만 계실 뿐이
다. 아무도 시험에서 완전히 자유로울 수 없다. 이는 계속해서 하나
님을 의지하며 살아야 한다는 뜻이다. 그리스도 안에서의 삶은 독

립적인 삶이 아니다. 늘 하나님의 은혜에 의지하는 삶이다. 우리가 아무리 성장한다고 해도 하나님이 필요하다. 가끔 겪는 패배는 굴욕적이기는 하지만 우리가 하나님께 철저히 의지한다는 사실을 상기시켜 주는 좋은 도구가 될 수 있다. 죄와의 싸움은 인간의 안타까운 현실이지만, 우리가 하나님 없이 혼자 할 수 있다고 생각하면 분명 그러려 들 것이다. 하나님의 도우심이 필요하다는 사실을 깨닫지 못하면 결국 우리는 실질적인 무신론에 빠져들 것이다.

날 위한 사면을 확보해 주신

그리스도의 은혜와 자비를 늘 의식하게 한다

그리스도가 치르신 그 끔찍한 희생이 우리에게 얼마나 필요한 것인지를 늘 깊이 인식하게 된다. 또한 예수님이 자신을 내어 주심으로, 예나 지금이나 우리가 절박하게 필요로 하는 것을 주셨다는 사실이 얼마나 놀라운지도 깨닫게 된다. 내가 자유를 얻기 위해 싸울수록 그 자유를 위해 돌아가신 그리스도를 더욱 찬양하게 된다. 나는 승리보다 패배를 경험할 때가 더 많다. 그럴 때마다 로버트 머리 맥체인(Robert Murray M'Cheyne)의 조언에 더없이 감사하게 된다. "당신 자신을 한 번 볼 때마다 그리스도를 열 번 보라."[4]

그리스도 안에서 우리의 영원한 의가 확정되었기에 이 땅에서 우리 자신의 일시적인 의가 깨져도 소망을 잃지 않아도 된다. 우리는 구원이나 하나님의 인정을 위해 싸우고 있지 않다. 우리는 자유를 위해 싸우고 있으며, 그리스도께서 십자가 위에서 승리를 거두고 우리에게 성령을 약속해 주신 덕분에 우리의 상처를 싸매고

폐허 위에서 일어나 다시 한 번 자유를 위한 싸움에 뛰어들기 위한 소망과 용기, 인내, 은혜를 얻을 수 있다.

세상을 과도하게 사랑하지 않게 한다

이 창조된 세상은 좋은 곳이다. 건강하게 즐길 수 있는 것들이 천지에 가득하다. 그럼에도 이 세상은 어디까지나 타락한 곳이다. 서서히 우리를 망가뜨리고 필연적으로 실망감만 안겨 주는 위험한 것들로 가득하다. 그러니 세상을 즐기되 세상을 사랑하지는 말라. 죄는 우리로 하여금 계속해서 내세를 갈망하게 만든다. 칼로리 없는 아이스크림, 조롱 없는 웃음, 배신 없는 관계, 위험 없는 아드레날린……. 죄는 지금의 세상이 우리의 최종 거처가 아니라는 사실, 지금 그리스도 안에서의 삶이 놀랍기는 하지만 내세는 더 좋을 것이라는 사실을 상기시켜 준다.

언젠가 하나님과 온전히 함께할 날을 고대하게 한다

죄를 현실로 받아들인다고 해서 죄에 더 쉽게 굴복해도 된다는 뜻은 아니다. 죄와 계속해서 싸우면 영적으로 막대한 유익이 있다. 바로 천국을 바라보게 된다는 것이다. 우리는 지치고 낙심하여, 더는 상처 주거나 상처받지 않는 날이 오기를 갈망한다. 하나님이 우리를 더없이 선대하셨고 풍성한 삶으로 가는 길을 밝혀 주셨는데도 우리가 여전히 하찮은 쾌락과 이기적인 목적의 유혹에 너무도 쉽게 넘어간다는 사실에 답답해진다. 비열하고 잔인한 사람들이 일시적으로나마 번영한다는 사실에 넌더리가 난다.

오직 온 세상이 그리스도를 주요, 왕으로 인정하고 우리가 부활한 몸으로 살게 될 때에야 비로소 우리는 영원히 풍성한 삶을 온전히 발견하게 될 것이다. 순종은 그리스도를 주요, 왕으로 인정하는 데서 비롯한다. 불순종은 그분을 왕좌에서 끌어내리려는 헛된 시도다.

유혹에 흔들리고 넘어지는 이들을
긍휼 어린 시선으로 바라보게 한다

약함과 죄가 보편적이라는 사실을 깨닫고 우리 모두가 그리스도와 그분 영의 은혜와 능력 주심, 치유, 온전하게 하심을 절실히 필요로 한다는 사실을 겸손히 인정하게 된다. 성경과 기독교 신앙에서 영웅은 오직 한 분뿐이다. 그 영웅은 결코 우리가 아니며, 앞으로도 영원히 우리는 아닐 것이다. 토머스 브룩스는 한 걸음 더 나아가 심지어 신자들이 "자신의 죄로 낙심하는 것에 대해 회개해야" 한다고 촉구했다. 그의 글을 보자.

〔그들의 낙심은〕 하나님의 사랑이 얼마나 풍성하고 거저 주시는 것이며, 온전하고 영원한지를 알지 못하는 데서 비롯된다. 또한 주 예수 그리스도의 죽음과 고난이 지닌 능력과 영광, 충분함, 효험을 알지 못하는 데서 비롯된다. 그리고 예수 그리스도의 의의 영광과 부요함, 그 광대함과 완전함을 알지 못하는 데서 기인한다. 더 나아가 그리스도와 그분의 보배로운 영혼 사이에 존재하는 실질적이고 친밀하며 영적이고 영광스럽고 결코

분리될 수 없는 연합을 알지 못하는 데서 비롯되는 것이다.[5]

이런 면에서 죄와의 싸움은 전반적으로 풍성하고, 부요하며, 형통하고, 영광스러운 삶의 작은 일부일 뿐이다. 그러한 삶 속에서는 심지어 최악처럼 보이는 부분들조차 결국 선한 결과를 맺는다.

죄와의 씨름은 세월이 흐르면서 개선될 수는 있어도 끝나지는 않는다. 우리는 나 자신이나 나라는 본보기를 기독교 신앙의 중심에 두려는 유혹을 해체해야 한다. 기독교 신앙의 중심은 철저히 예수님의 충분하심과 의로우심이다.

'죄 없는 삶'에 대한 집착을 해체하려고 노력한 덕분에 최근 나는 내 인생에서 가장 큰 변화 중 하나를 경험하고 있다. 수십 년 동안 나는 사람들에게 잘 보이고 싶어 애를 썼다(미안하다. 나도 안다. 창피하다). 나는 바울이 고린도 교인들에게 말했던 것처럼 "내가 그리스도를 본받는 자가 된 것같이 너희는 나를 본받는 자가 되라"(고전 11:1)라고 자신 있게 말할 수 있는 본보기가 되고 싶었다. 불완전한 모습을 보였다가는 내 사역이 흔들리고 사람들이 혼란에 빠질까 두려웠다. 그러다 내가 세상에 태어나지 않았다 해도 혹은 내가 당장 내일 죽는다 해도 하나님의 일은 조금도 차질 없이 진행된다는 사실을 깨닫고서 자유를 찾았다.

하나님의 사역은 반드시 내가 있어야만 돌아가는 것이 아니다. 나 하나가 어떻게 된다고 해서 하나님의 일이 중단되지 않는다. 따라서 나는 전적으로 그리스도를 높이고, 사람들이 그리스도의 아름다움에 매혹되도록 창의적인 방법을 찾고, 모든 사람을 그리스도께 발견되는 기쁨으로 초대하는 것에 집중해야 마땅하다.

하나님이 그분의 일을 완성하시도록 내가 그리스도 안에서 '항상' 충성스럽게 사는 완벽한 본보기이기를 얼마나 바랐는지 모른다. 그리고 하나님이 부족한 내게 맡겨 주신 지혜가 나의 부족함 때문에 퇴색될까 얼마나 걱정했는지 모른다. 하지만 그런 두려움 자체가 내가 얼마나 나 중심적이었는지를 보여 주는 증거였다. 그리고 분명 이것이 나의 가장 큰 죄일 것이다. 하나님이 우리 삶 속의 승리를 통해 역사하실지, 아니면 약하고 넘어지기 쉬운 사람들을 놀랍게 사용하시는 모습을 통해 역사하실지는 전적으로 그분이 결정하실 일이다.

자기 목숨을 부지하기 위해 두 번이나(참으로 끈적끈적한 죄) 각기 다른 왕에게 아내를 바친 일이 성경에 쓰여 모든 이에게 읽히고 있다는 사실을 알면 분명 아브라함은 창피함에 얼굴이 빨개질 것이다. 다윗은 셀 수 없이 많은 독자가 자신의 간음과 살인에 관해 안다는 사실이 영 반갑지 않을 것이다. 베드로는 자신의 비겁함이 영 자랑스럽지 않을 것이다. 바울은 그릇된 열정으로 저질렀던 살인을 두고두고 후회했다. 하지만 교회는 그들의 실패 위에 세워졌다. 심지어 하나님은 우리의 실패를 통해 현대 교회에 복을 주기로 선택하실지도 모른다.

연말이 되면 나는 내가 운영하는 블로그(www.garythomasbooks. substack.com)에 그해에 읽은 추천 도서 목록을 소개한다. 그런데 어느 해에 그중 두 권의 저자들이 스스로의 잘못을 인정하면서 목회에서 물러났다. 나는 설령 내가 그런 책을 추천해서 비판받을까 살짝 걱정되었다. 그러다 문득 이런 생각이 들었다. "그 책들이 그 소명에 걸맞지 않은 사람들이 썼다 해도 그 책의 메시지 자체는 큰 도움이 되는 내용인데, 그렇지 않다고 말해야 할까?"

나는 다윗의 시편을 계속 읽을 것이며, 오늘날 불완전한 사람들이 쓴 도전적인 글에서도 여전히 영감을 얻을 수 있다. 그 책이 나를 예수님께로 향하게 하고, 그분을 의지하게 하며, 그분을 예배하도록 이끈다면 그 책은 제 소임을 다한 것이기에 저자가 누구인지는 뒤로 제쳐 두어도 무방하다. 내가 깨달아야 했던 사실은, 책을 매장하는 행위가 도리어 셀럽 문화, 즉 인물 우상화를 부추긴다는 점이다. 그런 행위는 인간 존재를 성경과 일치하지 않는 방식으로 바라보게 만든다.

매장 문화(cancel culture)는 단순히 은혜와 거리가 먼 정도가 아니라, 죄의 보편성에 대한 성경의 가르침을 완전히 무시함으로써 은혜를 대적하는 원수로 작용한다. 만약 어떤 유명 인사가 죄를 짓고도 회개하지 않는다면 나는 그의 사역에서 손을 떼겠지만, 이전에 가졌던 정죄의 태도와는 전혀 다른 마음가짐으로 그렇게 할 것이다. 하나님의 인도하심에 따라 나는 그들을 위해 기도할 것이다. 개인적으로 나는, 그들의 삶에 닥친 이 시기를 하나님이 마침내 그들의 영적 눈을 뜨게 하셔서 어쩌면 이전보다 더 열매 맺는 사역으로 인도하시기 위한 필연적인 전주곡으로 본다.*

---

* 분명히 짚고 넘어가고 싶다. 만약 사역자가 여성을 성적으로 착취하거나 돈을 목적으로 하나님의 백성을 이용하고 있다면, 잠재적 피해자들을 보호하고 그들에게 경고하는 조치가 반드시 필요하며, 이는 정당한 일이다.

디모데전서 3장 2절에 따르면 선생이나 목사가 '책망할 것이 없어야' 한다는 기준은 결코 낮은 문턱이 아니다. 하지만 리더들을 향해 '우리가 다 실수가 많다'고 말하는 야고보서 3장 2절은 그 기준이 완벽함을 의미하는 것도 아님을 보여 준다. 그 기준은 천국과 지옥 사이 그 어디쯤에 있다. 물론 어떤 행동들은 평생은 아닐지라도 아주 오랜 기간 사역 자격을 박탈당하는 사유가 되기도 하지만, 만일 우리가 그리스도의 죄 없으심과 완벽하심의 영광이 아닌 인간 리더들의 죄 없음에 의존한다면, 우리는 지도자들을 파멸시키고 복음에 대한 우리 자신의 이해도 심각한 신학적 손상을 입게 될 것이다.

내가 죄 없는 상태를 향해 열심히 애쓰고 있지만 마침내 그 상태에 도달했다고 생각하는 순간, 나는 망가질 수 있다. 사실, 내가 죄 없는 상태에 가까이 갔다는 생각조차도 심각한 자기기만이다. 죄와의 끝없는 싸움이 없다면 우리 모두는 남들에게 매력적으로 보이려고 하게 될 수 있다. 오직 그리스도만이 예배와 찬양을 받으시기보다 남들이 우리를 숭상하거나 본보기로 삼기를 원하게 될 수 있다. 따라서 나는 나의 참을성 없음과 나의 설탕 사랑을, 비판이라면 질색하는 성향과 용서가 부족한 것과 교만을 사람들 앞에 겸손하고도 솔직하게 드러내야 한다.

우리가 언제든 위험하고 공격적인 교만과 야망에 빠질 수 있는 존재임을 결코 잊지 않기를 바란다. 오직 그리스도만이 유일한 해답임을 알면서도, 그리스도를 발견해야 할 곳으로 '우리 자신'을 가리키기가 얼마나 쉬운지 모른다. 토머스 브룩스의 말을 들어 보자.

> 시험은 죄가 얼마나 악한지, 피조 세계가 얼마나 허무한지,
> 그리스도와 값없는 은혜가 얼마나 필요한지를 그분의 백성에게
> 가르치기 위한 하나님의 학교다. 이 학교에서 하나님은 모든
> 시험이 금세공인이라는 사실을 가르치신다. 즉 하나님은
> 시험을 통해 그분의 백성을 시험하고 정련하여 더 밝고
> 영광스럽게 만드신다.[6]

교사들보다 진리가 먼저다! '누가' 말하느냐가 아니라 '무엇'을 말하느냐가 중요하다. 이 진술은 약간 이상하게 들릴 수 있지만 사실 예수님의 말씀에 근거한 것이다. "내가 곧 길이요 진리요 생명이니"(요 14:6). 설령 불완전하여 음이 맞지 않는 악기로 예수님의 말씀을 듣는다 해도 진리를 추구한다면 곧 예수님을 추구하는 것이다.

우리에게는 시험이 필요하다. 죄를 미워하고 두려워하여 우리의 모든 죄가 사라지기를 간절히 바라지만, 우리에게는 죄와의 싸움이 필요하다. 시험이 줄어들기를 바라는 대신, 그리스도 안에서 피난처를 찾고 그리스도의 은혜와 용서의 아름다움을 묵상하며, 그리스도를 겸손히 의지하는 법을 배우라. 자신의 죄를 더욱더 분명히 인식하고 죄와 더 열심히 싸우라. 나는 죄와 싸우는 일을 멈추라고 말하는 것이 아니다. 오히려 우리 자신이 아니라 그리스도를 높이기 위해 죄와의 씨름을 활용하라는 것이다. 그야말로 위대한

역전이 아닐 수 없다.

우리가 신경 쓰는 죄들

나는 내향적이다 보니 많은 사람 앞에 서면 식은땀을 흘린다. 외모 콤플렉스도 있다. 많은 사람 앞에 설 생각을 하면 부끄러움이 밀려오고, 설교하는 내내 배에 힘을 꽉 주고 있어야 한다.

그런데도 하나님은 내 설교를 사용하신다. 나는 그것을 분명히 안다. 그리고 내 외모에 관한 열등감 때문에 아름다운 영적 진리를 전하는 일을 포기하고 싶지는 않다. 그래서 나는 이것저것 따지지 않고 그냥 설교단으로 올라가는 법을 배워야 했다. 중요한 것은 내 외양이 아니라 예수님의 구원인 것을 배워야 했다.

나는 설교하기 위해 설교단에 오를 때 나에 관한 생각을 하고 '싶지' 않다. 하지만 나 역시 타락한 인간인지라 뜻대로 되지 않는다. 시험이 꼭 필요하다는 것을 알아도 현재 받고 있는 시험은 싫을 수 있다. 그래서 우리는 어떤 시험을 받을지조차 스스로 고르려고 한다. 하지만 타락한 우리에게 이는 불가능하다.

또 나는 기독교 고전들을 읽으면서 내가 가장 신경 쓰는 죄들이 오히려 하나님이 가장 덜 신경 쓰시는 죄일 수 있음을 배웠다. 죄에 관한 세상 문화의 시각에 사로잡혀 있으면 죄의 뿌리에 관한 더 깊은 이해를 놓칠 수 있다. 나는 목회 자리에서 쫓겨나게 만드는 죄들을 다룰 수 있다. 그래서 대개 그런 죄에 초점을 맞춘다. 돈과 섹스와 권력이 기독교 사역자들을 무너뜨리는 '빅3 죄'처럼 보인다. 하지만 청교도 목사 리처드 백스터는 더 깊이 들어가라고 말한다.

> 죄의 뿌리를 뽑는 일에 가장 먼저, 또 최고의 노력을 기울이라. 샘의 근원인 마음을 깨끗이 하라. …… 무엇이 주된 뿌리인지 파악하고, 그것을 죽여 없애는 데 온 마음과 정성을 쏟으라. 특히 경계해야 할 뿌리는 다음과 같다. 1. 무지. 2. 불신. 3. 무례함. 4. 이기심과 교만. 5. 육욕(짐승 같은 욕구를 충족시키며 정욕과 공상에 빠지는 것). 6. 무정함, 죄 속에서 잠드는 것.[7]

무지. 백스터가 첫 번째로 주목하라고 말한 죄는 하나님의 뜻과 명령을 전혀 모를 뿐만 아니라, 이를 알아내려는 노력조차 하지 않는 영적 무딤이다. 이는 오늘날 교회 안에서 점점 심각해지는 문제다. 하나님은 우리 삶의 전부를 요구하시며, 예수님은 주님 안에서의 삶을 "자기 십자가를 지는 것"이라 정의하셨다. 말씀을 연구하고, 기도로 기다리며, 조언을 구하고, 책을 읽거나 설교를 듣는 등의 노력을 통해 하나님의 뜻을 구하지 않는 것은 그분의 주권을 진지하게 인정하지 않는다는 증거다. "법을 몰랐다는 사실이 변명이 될 수 없다"라는 세상의 격언은 여기서도 그대로 적용된다.

불신. 두 번째 주된 죄는 가장 심각한 죄(하나님을 전혀 인정하지 않는 것)를 저지르는 불신자 혹은 하나님을 믿지 않거나 그분께 소망을 두지 않아 믿음을 고백하면서도 사실상 무신론자로 살고 있는 신자의 죄다. 성경 속 이 강력한 대화를 기억하라. "그들〔유대인들〕이 묻되 우리가 어떻게 하여야 하나님의 일을 하오리이까 예수께서 대답하여 이르시되 하나님께서 보내신 이를 믿는 것이 하나님의 일이니라 하시니"(요 6:28-29).

무례함. 이 세 번째 죄는 뜻밖이다. 오늘날 무례함을 이 목록에서 다섯 번째인 육욕보다 더 큰 죄로 여길 그리스도인이 얼마나 되겠는가? 하지만 "분함과 노여움과 악의와 비방"(골 3:8)을 꾸짖고, 사랑은 오래 참는 것이라 권면하고(고전 13:4), "아무도 비방하지 말며 다투지 말며 관용하며 범사에 온유함을 모든 사람에게 나타낼 것"(딛 3:2)을 촉구하는 성경 구절이 얼마나 많은지 생각해 보라. 온라인상의 그리스도인들은 때로 이 세상 그 누구보다 무례해질 수 있다. 자신이 자기 의에 빠져 타인을 비난하는 행위가 상대에게 얼마나 상처를 주는지 인식조차 못 하면서 말이다(이것이 바로 목록의 첫 번째인 '무지'다).

이기심과 교만. 이 죄들은 네 번째 죄에 해당한다. 역시 뜻밖이다. 수많은 고전이 백스터의 생각과 달리 교만을 첫 번째 죄로 꼽기 때문이다. 이기심은 기본적으로 교만이라는 뿌리에서 맺히는 열매라 할 수 있다.

육욕(짐승 같은 욕구를 충족시키며 정욕과 공상에 빠지는 것). 다섯 번째 순위에 이르러서야 정욕, 술 취함, 폭식처럼 오늘날 교회가 집착하는 육체적인 죄들이 등장한다. 우리는 죄에 대해 왜곡된 시각을 갖고 있으며, 그로 인해 거룩함에 대한 관점 또한 일그러져 있다. 우리는 '경건'을 긍휼, 친절, 은혜, 인내, 온유, 겸손 같은 성품을 '드러내는 것’으로 보기보다, 단지 성적인 죄 같은 ‘무언가를 저지르지 않은 상태’로 정의하곤 한다.

무정함, 죄 속에서 잠드는 것. 이런 말은 양심이 굳어서 무감각한 신자들을 가리킨다. 그들은 하나님에 대해 너무 냉담한 나머지 자신이 얼마나 냉담한지조차 모를 정도다. 그들은 긍휼을 전혀 모르며, 좀처럼 친절을 보여 주지 않고(자신을 사랑하지 않는 사람들에게는 더욱 그렇다) 모든 사람을 참아 주지 못한다. 그들은 온유함과는 거리가 멀다. 그들은 거듭나지 못한 상태에 머물러 있으면서도, 다른 이들의 죄만 바라보기에 자신이 그런 상태인 줄 전혀 모른다.

백스터의 이 죄 목록은 350년도 더 전에 작성되었다. 하지만 이 목록을 읽다 보면 오늘날 내가 얼마나 죄로 가득한 존재인지 뼈아프게 깨닫게 된다. 우리는 이 세대가 유독 민감하게 반응하는 죄들(육체적인 죄들)을 보며 “나는 저 정도는 아니지”라며 가볍게 넘길지도 모른다. 하지만 무례함, 영적 졸음과 무감각함, 교만과 이기심 같은 ‘태도적인 죄’들이 그보다 훨씬 더 심각한 ‘뿌리 죄’라는 사실을 기억할 때, 나는 결코 죄와의 싸움을 끝낼 수 없음을 절감한다. 이 싸움을 끝낼 수 있다고 믿는 그 생각 자체가 바로 죄이기 때문이다!

하나님과 친밀한 만큼 커지는 시험의 파도

한때 내가 완벽하게 거룩해져서 시험에서 완전히 자유로워지길 바랐지만 착각도 그런 착각이 없었다. 하나님과 더 친밀한 삶을 살고 예수님 안에서 더 깊은 삶으로 가는 여행은 더 큰 시험들을 '통과한다.' 토머스 브룩스의 말을 들어 보자.

> 하나님께 부패하지 않은 아들은 단 한 명뿐이었다(히 2:17).
> 하지만 시험을 겪지 않은 아들은 단 한 명도 없었다. 해적들은
> 금은보화를 가득 실은 배들을 가장 맹렬하게 공격한다. 사탄도
> 은혜의 보화와 영광의 부를 더 많이 간직한 영혼일수록 가장
> 맹렬하게 공격한다. 해적들은 빈 배는 공격하지 않고 그냥
> 지나가게 놔둔다. 사탄도 하나님, 그리스도, 성령, 은혜가 없는
> 영혼들은 시험도 공격도 안 하고 그냥 내버려둔다.[8]

오직 시험을 통해서만 우리는 온전한 그리스도인의 삶을 경험할 수 있다. "시험의 학교에서 하나님은 자녀들이 그분의 가장 위대한 손길을 경험하게 하신다. 그곳에서 우리를 붙드시는 능력과 위로하시는 말씀, 따뜻하게 품어 주시는 자비와 인도하시는 지혜, 기쁨을 주시는 신실하심과 강하게 하시는 은혜를 가장 풍성하게 누리게 하신다(고후 12:9)."[9]

시험이 우리로 하여금 하나님을 더욱 사랑하게 해 줄까?

그렇다!

물론 우리가 시험을 두려워하는 이유는 결국 그 앞에서 무너지는 것 때문이다. 성도라 해도 사탄이 던지는 변화구를 백이면 백 모조리 받아칠 수는 없다. 그리고 그런 자신의 모습에 괴로워하는

것은 지극히 당연하다. 하지만 이 타락한 세상에서 만약 시험조차 없었다면, 우리의 상태는 지금보다 훨씬 더 나빠졌을 것이다. "시험을 겪을 때 우리의 모습은 형편없고 추하다. 하지만 하나님이 만일 그 시험을 당신을 위한 치료제로 쓰시지 않으셨다면, 당신은 분명 지금보다 훨씬 더 형편없는 상태였을 것이다."[10] 커브볼에 연속 삼진 아웃을 당하다 보면 마침내 안타 치는 법을 배우게 된다. 마치 우리는 피곤한 게 답답하고 힘들어서 피곤한 증상을 완화시키려고 병원에 갔다가 치명적이기는 해도 치료 가능한 질병을 발견하는 환자와도 같다. 피곤이 우리의 생명을 구했다!

예전에는 시험이 무참하게 맹렬할 때 하나님에게서, 그분의 은혜에서 떨어져 나갈까 두려웠다. 어린 시절 내게 가장 큰 영향을 미친 찬양 중 하나는 키스 그린(Keith Green)의 〈당신에게서 떨어져 나가고 싶지 않아요〉(I Don't Wanna Fall Away from You)였다. 진지하게 믿음을 갈망하는 어린아이에게 이 찬양은 너무도 소중했다. 이 찬양을 부르며 얼마나 울었는지 모른다. 하지만 성숙한 자라면 이와 다른 노래를 부를 수 있다. "그리스도인이 가장 큰 시험을 당할 때보다 은혜가 더 강하게 역사할 때도 없다."[11] 우리는 시험을 받을 때 은혜에서 떨어져 나가지 않는다. 그것은 불가능하다. 우리는 우리 자신의 슬픈 상태보다 예수님의 영광을 더 생각함으로써 은혜 안으로 들어가는 법을 배워야 한다.

하나님이 우리를 어떤 종류의 사역으로 부르시든 시험이 반드시 필요하다는 사실을 받아들여야 한다. 시험을 대체할 수 있는 것은 결코 없다. 하나님의 종이 단순히 죄의 공격을 받고 있다는 사실만으로 그를 사역자의 자리에서 끌어내리려는 성난 사람들이 너무도 많다. 하지만 하나님의 종이 공격을 받는 것은 "우리가 다 실수가 많으니"(약 3:2)라는 성경의 진리를 증명해 보이는 일일 따름이다. 게다가 이 구절은 특히 '교사들'에 관해 말하는 구절이다. 우리가 죄와 시험에서 완전히 자유로울 수 있다는 생각을 버리기 전까지는 죄에 대한 올바른 태도를 유지할 수 없다.

누구나 시험을 겪고 누구나 시험에 굴복할 수 있다는 현실을 늘 기억하지 않으면 목회를 제대로 하기 힘들다. 시험 속에서 우리는 시험을 당한 자들을 돕기 위한 훈련을 받는다. "시험당한 영혼들을 안심시키고, 그들에게 공감해 주고, 조언해 주며, 그들을 불쌍히 여기고, 지원해 주고, 참아 주며, 위로하는 데 시험의 학교를 거친 사람들만큼 적합하고 유능한 이들도 없다."[12]

자신의 삶에 해결해야 할 문제들이 있음을 깨닫고, 대중의 관심을 받는 자리에서 조용히 물러난 한 전직 목사와 이야기를 나눈 적이 있다(그의 경우, 사역을 중단하는 것이 분명히 필요했다). "지난날을 돌아볼 때, 목사님이 새로운 교회를 개척하게 된다면 어떤 사람들을 초대하시겠습니까?" 내 말에 그는 지체 없이 답했다. "적극적으로 회복 중인 중독자들을 찾겠습니다."

그는 가장 순결한 과거를 지닌 이들을 찾을 생각이 없었다. '매일의 은혜'의 필요성을 가장 절실히 깨달은 이들을 찾았다. 흠 있는 과거가 사역자로서 결격 사유가 아니라 오히려 플러스 요인이라는 사실을 그는 깨달았다. 여기서 한 가지 주목할 점이 있다. 이 남자는 죄를 들키고도 진정으로 회개하지 않은 자들, 몰락을 가져온 영적 부패를 다루지 않고 슬그머니 스포트라이트 아래로 돌아가려는 자들이 아니라 "적극적으로 회복 중인" 사람들이라고 말했다.

또한 나이가 들어가는 이들에게 소망의 말을 전하고 싶다. 이전의 시험들에 대해 승리할 수 있다. 모든 시험에서 항상 승리할 수는 없겠지만, 이전보다 더 강하고, 더 지혜롭고, 더 주의력이 깊어져 죄의 거짓말과 기만에 덜 넘어가게 될 수 있다. 머릿속에 유혹이 떠오르면 "이 황당한 주장을 또 꺼내는 거냐? 어림도 없다! 썩 물러가라!"라고 말하며 웃음을 터뜨리는 경우가 더 많아질 수 있다.

안타깝게도 새로운 시험들이 재빨리 나타나 빈자리를 차지한다. 그럼에도 이전에 경험한 유혹을 두려워하지 않고 웃을 수 있는 것은 즐거운 일이다. 다만 이 경지에 이르기까지 적잖은 시간과 실패가 필요하다는 점을 잊지 말라.

예수님을 더 깊이 사랑하기 위하여

내 죄를 미워할수록 예수님을 더욱 사랑하게 된다. 시험 중에 내 약함을 깨달을수록 예수님의 강하심을 더욱 찬양하게 된다. 시험은 훨씬 더 깊고 풍성한 예배의 삶으로 이어질 수 있다. 시험을 거치면서 우리는 예수님이 그 시험에서 승리할 수 있도록 우리를 위해 해 주신 일을 다시금 기억할 수 있다. 밀턴 빈센트(Milton Vncent)의 놀라운 말을 들어 보라. 좋은 시절에나 안 좋은 시절에나 크게 도움이 되는 말이다. "복음은 내가 살고 이동하는 하나의 크고 영구적인 환경이다."[13]

상실이나 수치, 이익 등 내 삶 속에서 어떤 일이 일어나든 "내가 살고 이동하는 하나의 크고 영구적인 환경", 즉 내게 정체성을 주고 나를 지탱해 주며 나를 보호하고 절망에 빠지지 않고 붙잡아 주는 역사적 사건들은 바로 예수 그리스도의 삶과 죽음, 부활, 승천이다. 이 사건들로 인해 나는 하늘 아버지의 은혜와 성령의 능력을 얻었다. 이 땅의 그 어떤 사건이나 상황도 내게서 이 은혜와 능력을 빼앗아 갈 수 없다.

무엇이든 예수님을 더 사랑하고, 그분께 더 감사하고, 그분에 관해 더 생각하고, 그분을 더 높이고, 그분을 더 의지하게 만들어 주는 것은 혐오해야 할 대상이 아니다. 물론 우리가 용서받았다는 사실을 알아야 한다. 하지만 우리는 지속적인 은혜가 필요한 상태에서 살아가고 있다. 그 은혜로 살아가는 삶이야말로 우리가 부름받은 삶이다.

예수님. 언제나 예수님.

그분을 생각나게 하고, 그분을 가리키며, 그분을 더 간절히 예배하게 해 주는 것을 왜 버리려 하는가?

시험에서 완전히 자유로워지려는 집착을 해체하라. 구주를 사랑하기 위해 시험마저 선용하는 법을 배우라.

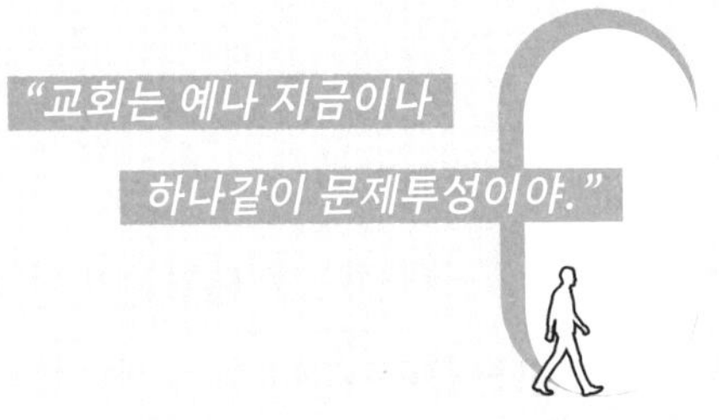

교회의 빈틈, 다름 아닌
내가 채워야 할 섬김의 자리

나는 이제 너희를 위하여 받는 괴로움을 기뻐하고
그리스도의 남은 고난을 그의 몸된 교회를 위하여 내 육체에 채우노라.
골로새서 1장 24절

내가 너희 영혼을 위하여 크게 기뻐하므로
재물을 사용하고 또 내 자신까지도 내어 주리니
너희를 더욱 사랑할수록 나는 사랑을 덜 받겠느냐.
고린도후서 12장 15절

⁎

1942년 5월, 체코슬로바키아의 저항군 대원들이 아돌프 히틀러(Adolf Hitler)와 하인리히 힘믈러(Heinrich Himmler)에 이어 제3제국(Thirch Reich)의 3인자이자 "최종 해결책"*의 핵심 설계자였던 독일 SS 장군 라인하르트 하이드리히(Reihard Heydrich)를 암살하기 위해 프라하로 낙하했다. 기독교 서적에서 암살을 예화로 드는 것이 조심스럽기는 하지만, 하이드리히가 자행한 악행은 세계 역사상 그 어떤 살인자의 악에도 비견될 만큼 참혹했다.

체코슬로바키아 저항군들은 자국이 점령당했지만 수동적으로 침묵하지 않는 시민들이 많다는 사실을 온 세상에 알리고 싶었다. 저항군들은 임무를 위해 떠나기 전 각자 이런 설명이 적힌 독극물

---

* "최종 해결책"(Final Solution)은 유럽의 유대인들을 체계적으로 살해하여 완전히 절멸시키고자 했던 나치의 계획을 일컫는다. 나치가 명명한 공식 명칭은 "유대인 문제에 대한 최종 해결책"(Endlösung der Judenfrage)이었다.

을 받았다. "우리의 임무는 그자를 죽이는 것이지 무사히 현장을 빠져나오는 것이 아니다." 우리의 임무는 무사히 현장을 빠져나오는 것이 아니다. 임무 완수가 생존보다 더 중요하다.

나치는 집단적 책임을 신봉했기 때문에 실제로 공격에 가담한 대원들만이 아니라 어떤 식으로든 그들을 도운 사람들도 죽일 것이 분명했다. 사로잡히면 고문을 당해야 했고, 고문을 당하면 다른 사람들의 이름을 말할 위험이 있었다. 이 대원들은 전우들의 생명을 지키기 위해 죽음을 맞아야 할 수도 있다는 사실을 알았다. 그래서 전사들 모두가 독극물을 받았다.

하이드리히에게 치명타를 입히는 데 성공한(하이드리히는 부상으로 며칠 뒤에 사망했다) 두 대원은 현장을 빠져나왔지만, 예상대로 집요한 추격을 당했다. 최후의 항전은 어느 한 교회에서 벌어졌다. 그곳에서 그들과 전우들은 적의 압도적인 화력에 밀려 고립되었다. 교회로 몸을 피했던 대원들은 모두 적의 총탄에 전사하거나, 더는 버틸 수 없음을 깨달았을 때 독극물로 목숨을 끊었다.

희생적인 행보는 여기서 그치지 않았다. 그 교회 책임자였던 고르자드 주교(Biship Gorazd)는 저항군들을 숨겨 준 책임을 스스로 짊어지겠노라는 편지를 나치 당국에 보냈다. 자기 양 떼(교인들)에게 닥칠 보복을 어떻게든 막아 보고자 하는 간절한 마음에서였다. 그러나 그의 노력은 절반의 성공에 그쳤고, 결국 그는 총살형이라는 가혹한 대가를 치러야 했다. 이후 고르자드 주교는 동방 정교회에서 성인으로 추대되었다.[1]

나는 전쟁을 혐오한다. 하지만 때로 전쟁은 불가피하다. 어떤 식으로든 전쟁을 찬양하려는 것은 결코 아니다. 다만 당신에게 이런 질문을 던지고 싶다. 우리는 오늘날 우리가 싸우는 영적 전쟁이 제2차 세계대전 당시 나치를 상대로 한 체코슬로바키아의 군사적 전쟁만큼이나 심각하고 희생을 치를 만한 가치가 있다고 생각하는가? 체코슬로바키아 저항군들이 자유를 위해 싸웠던 것처럼 우리도 우리의 믿음을 위해 용감하게 싸울 것이다. 물론 우리는 총과 수류탄을 사용하지는 않을 것이다. 하지만 그 저항군이 조국을 위해 희생했던 것처럼 우리도 우리의 하늘 왕을 위해 안위와 시간과 자원을 희생할 것인가?

사도 바울은 (영적 차원에서) 자신이 전쟁 중에 있는 것처럼 살았다.* 그는 한 가지 크고 영광스러운 목적을 위해 자신의 전부를 기꺼이 희생할 수 있을 만큼 열정적인 신앙의 소유자였다. 그는 교회에 자신을 쏟아부었다. 물론 오늘날 교회가 너무 형편없어서 이런 교회를 위해 희생할 가치가 없다고 주장하며 이런 자세를 반대하는 이들도 적지 않다. 하지만 이런 논리를 받아들이기 전에 바울이 교회들에 편지를 쓰면서 죄가 가득한 그 교회들을 어떻게 묘사했는지 읽어 봐야 한다. 바울은 불완전한 교회를 위해 궁극적인 희생을 치를 가치가 '분명히' 있다고 믿었다. 사실, 죄를 짓는 교회를 보면 그곳에서 도망치기보다 그곳을 정화시키겠다는 열정이 바울 안에서 솟아났다.

오늘날 교회는 공격받고 있다. 그리고 교회가 공격을 받을 때

---

* 고후 10:3; 엡 6: 10-20; 딤전 1:18; 딤후 4:7 참조.

바로 예수님이 공격을 받고 계신다. 바울은 예수님을 더없이 열정적으로 사랑했기에 교회의 생존과 번영을 위해 기꺼이 자신을 희생했다.

우리는 교회를 떠나 독단적으로 하나님을 추구하려는 태도를 해체하고, 하나님의 몸이요 그리스도의 신부인 교회에 우리 자신을 온전히, 열정적으로, 희생적으로 내주는 법을 배워야 한다. 교회는 하나님의 계획의 핵심이다. "이는 이제 교회로 말미암아 하늘에 있는 통치자들과 권세들에게 하나님의 각종 지혜를 알게 하려 하심이니 곧 영원부터 우리 주 그리스도 예수 안에서 예정하신 뜻대로 하신 것이라"(엡 3:10-11).

우리 자신의 영성에만 초점을 맞추면 하나님이 오늘날 세상에서 행하고 계시는 가장 큰 역사를 놓치게 된다. 우리의 신앙이 축소된다. 따라서 이 접근법을 해체해야 한다. 나는 교회를 위해 나를 쏟아붓는 법을 배울수록 하나님을 더 깊이 이해하게 되었다.

예수님 사랑과 함께 가는 교회 사랑

교회가 충격적인 속도로 인심을 잃어 가고 있기에 교회를 향한 냉담을 해체하는 것이 점점 더 중요해지고 있다. 현대 교회는 기껏해야 불필요한 곳이요, 심하면 해로운 곳 취급을 받는다.

한번은 알래스카 낚시 여행에 초대받은 적이 있다. 솔직히 나랑은 전혀 어울리지 않는 모임이었다. 주최 측에서 나를 초대해 준

것은 순전히 은혜의 행위였다. 참석자들은 비즈니스계의 거물들이었다. 할리우드의 거물도 한 명 있었다. 하나같이 명문대를 나왔고, 큰돈을 주물렀다. 그들은 은혜롭고 지적이고 사려 깊은 사람들이었다. 상위 1퍼센트 하면 막연히 떠오르는 자기중심적 인물들이 결코 아니었다. 하지만 분명 출세를 위한 인맥 쌓기에 몰두하는 것처럼 보이는 사람도 한 명 있었다. 그는 누가 자신의 출세에 도움이 되는지 직관적으로 파악했다. 그가 10여 명의 사람들과 어울린 뒤 마침내 내 앞으로 다가왔다.

"저, 선생님은 혹시 무슨 일을 하시는지요?"

내가 직업을 말하자 그는 화들짝 놀란 표정이었다. 길고 어색한 침묵이 흐른 뒤 그가 마침내 중얼거렸다. "딱히 여쭐 말이 생각나지 않네요."

비즈니스와 엔터테인먼트로 가득한 세상에서 우리는 어째서 교회에 삶을 바치는가? 일단, 예수님을 사랑한다면 그분의 교회를 사랑할 수밖에 없다. 모세는 이렇게 말했다. "여호와의 분깃은 자기 백성이라"(신 32:9). 예수님은 바울에게 교회를 핍박하는 것이 곧 그분을 핍박하는 것이라고 말씀하셨다(행 9:4-5). 이 시대의 영은 개인적인 구원에 몰두하는 경향이 있다. 그리고 일단 예수님의 주 되심에 항복한 뒤에는 개인적인 경건을 위한 싸움 말고 더 이상 싸울 싸움이 없는 것처럼 군다. 나아가서 '개인적인 경건을 위한 싸움에서 저도 용서를 받을 테니까 결국 그 싸움도 전혀 중요하지 않은 것 같아'라고 생각한다. 목적 없는 교회는 열정이 없다.

2,000년 전에 살았던 한 열정적인 사람의 말을 들어 보라. "내

가 교회의 일꾼 된 것은 하나님이 너희를 위하여 내게 주신 직분을 따라 하나님의 말씀을 이루려 함이니라"(골 1:25). 또한 바울은 이렇게 덧붙였다. "내가 너희와 라오디게아에 있는 자들과 무릇 내 육신의 얼굴을 보지 못한 자들을 위하여 얼마나 힘쓰는지를 너희가 알기를 원하노니"(골 2:1). 그는 심지어 만나 본 적도 없는 이들을 위해 얼마나 힘썼는지 모른다.

바울의 정체성은 두 문장으로 표현할 수 있다. 이 문장이 그의 정체성을 설명하는 완전한 진술은 아니지만 그의 정체성과 믿음의 핵심적인 측면을 잘 정리해 준다.

나는 교회를 섬긴다.
나는 교회를 위해 열심히 일한다.

우리는 단지 교회의 종에 불과한 존재는 아니지만, 그렇다고 종의 본분조차 지키지 못하는 존재가 되어서는 결코 안 된다. 예수님의 참된 제자가 되려면 바울처럼 고백할 수 있어야 한다. "나는 교회를 섬긴다." "나는 교회를 위해 열심히 일한다."

우리는 그리스도께서 그분을 섬기도록 교회를 부르셨다는 사실보다 교회의 잘못들만 볼 때 나타나는 냉담을 해체해야 한다. 교회의 상태가 나빠질수록 우리는 교회로부터 도망치고 교회를 외면하기보다 교회를 개혁하기 위해 더 열심을 내야 한다.

'당신의' 정체성은 무엇인가? 사람들이 당신의 스케줄, 주로 하는 기도, 돈을 쓰는 모습을 보면 당신을 하나님 교회의 종으로 부를까? 당신이 하나님의 교회를 위해 열심히 일하는 사람이라고 말할까, 아니면 그저 교회의 단점을 지적하며 험담하길 좋아하는 사람으로 볼까? 당신의 신앙생활은 주로 당신의 발전과 영적 성장을 위한 것인가, 아니면 그리스도의 몸을 섬기기 위한 것인가?

교회란 무엇인가

나는 하나님의 은혜로, 지금까지 500여 개 교회에서 말씀을 전했다. 거의 모든 주요 교단과 지역(미국 50개 주 전체와 여러 나라)의 다양한 계층 사람들을 두루 만났다. 이 교회들은 천차만별이지만 모두 '교회'로 불린다. 물론 스스로 교회라 부르는 모든 조직이 실제로 교회인 것은 아니다. 그래서 여기서 교회를 정의해 보고자 한다. 나는 성경학자가 아니며, 여기서 신학교 교수 수준의 정의를 기대해서는 안 될 것이다. 단지 이번 장의 목적을 위해 내가 생각하는 '교회'의 요건 몇 가지를 나누고자 한다. '교회'는 다음과 같이 하는 사람들의 교제다.

주기적으로 모이고, 그리스도 안에서 형제자매로 서로에게 헌신하고, 예수님을 주권적인 주요, 구원자로 선포한다.
주기적인 모임을 가지면서 서로에 대한 소속감과 헌신을 다진다.
구약과 신약에서 드러난 하나님의 말씀을 듣고 순종하고

논하는 일에 헌신한다.

그리스도 교회의 역사적 교리들, 최소한 니케아 신경과 사도신경에 나타난 가장 광범위한 형태의 교리들을 받아들인다. 즉 '삼위일체'와 '예수님이 구원으로 가는 유일한 길'이라는 것을 비롯한 핵심 교리들을 받아들인다.

예수님을 구주로 예배하고 선포하는 것에 초점을 맞춘다.

빈부를 막론한 모든 세대와 모든 민족을 초대하고 예수님을 이 교제의 유일한 중심으로 모신다.

세례와 성찬이라는 성사에 관한 성경의 지시를 따른다.

또한 선교(전도/아웃리치)와 가난한 사람들에 대한 나눔을 강조한다. 이것들이 성경에서 강조되고 있기 때문이다.

신자들을 격려하고 그들의 믿음과 성경 지식, 그리스도를 닮은 성품이 자라도록 돕는 제자 훈련과 영적 성장에 헌신한다. 여기에는 소그룹 공부, 멘토 프로그램, 섬김과 리더십 개발을 위한 기회 등이 포함될 수 있다.*

교회의 중심 주제는 창조주 하나님을 예배하는 것, 그리고 아들을 선물로 주시고 이어 성령을 보내심으로 세상을 새롭게 하시는 하나님의 사역에 참여하는 것이다. 성령은 우리가 그리스도의 일을 계속 수행할 수 있도록 능력을 부여하신다. 우리는 그리스도

* 이 점을 특별히 강조하며 보완해 준 내 서브스택 칼럼 구독자 제이슨 클라크(Jason Clark)에게 감사의 마음을 전한다.

의 명령에 기꺼이 순종하는 제자를 세우려는 목적으로 모인다(마 28:19-20).

교회를 구하는 것이 곧 아이들을 구하는 일

나는 젊은 신자들을 포섭하려는 경솔한 시도로, 사실상 기성 교회의 적이나 다름없는 행동을 하는 이들을 수없이 봤다. 그들은 교회 내 타락한 인물들 때문에 젊은이들이 실망해 교회를 떠날 수 있다는 점을 이용해, 자신들이 '옳은' 편이라는 것을 증명해 보이려 교회를 개혁하기보다 정죄하는 대열에 합류하는 전략을 취한다.

하지만 교회에 맞선 싸움에 합류하는 것보다 아이들에게 교회의 종이 되라는 비전을 던지는 것이 훨씬 더 좋다. 당시 교계 안에서 일어나던 어떤 일로 단단히 화가 나 있던 한 젊은 여성과의 대화를 평생 잊을 수 없을 것 같다. 정확히 어떤 일이었는지는 기억나지 않지만 그 뒤로도 오만 문제가 추가로 발생한 것은 확실히 기억한다. 나는 그 일을 옹호하는 대신(도저히 옹호할 수 없는 일이었다) 그 여성에게 간곡히 부탁했다. "그렇다면 그 일을 바로잡도록 도와주세요." 그 당시 나는 내 세대를 옹호하는 대신, 그녀의 소명을 옹호했다. 그녀의 세대가 그리스도를 섬기도록 이끌어 달라고 요청했다. 그래야 그녀의 다음 세대가 똑같은 문제를 겪지 않을 것이라고 호소했다.

모든 그리스도인 부모는 자녀가 예수님을 따르기를 원한다.

이를 위한 최선의 방법 중 하나는 단순히 한 차례의 구원이 아니라 평생 섬김으로의 부름을 강조하는 것이다. 이 섬김은 아주 어린 나이에 시작될 수 있다. 아이들은 미래의 교회가 아니라 오늘의 교회다. 기독교 역사는 자신을 위해 살고 하찮은 것들에 시간과 노력을 쏟는 대신 그리스도와 그분의 교회를 희생적으로 섬기기로 결단한 10대 청소년들 이야기로 가득하다. 아시시의 프란체스코(Francis of Assisi)와 페르페투아(Perpetua)가 그 사례다. 성경에도 10대 시절에 골리앗을 무찌른 다윗이 있다. 사무엘은 소년일 때 하나님의 음성을 들었으며, 요시야는 채 10대가 되지도 않은 어린 왕일 때 이스라엘의 부흥을 위한 하나님의 도구로 쓰임받았다.

나는 중고등학교, 대학교 시절에 후회되는 일이 많다. 그 시절을 떠올려 보면 개인적인 신앙생활에서 실패한 일이 수두룩하다. 하지만 예수님을 섬기고 그분의 교회를 세우기 위해 애쓴 시간들에는 조금도 후회가 없다. 캘리스중학교(Kalles Junior High)에 다닐 때 하나님은 내게 '그리스도를 위한 캘리스 아이들'(Kalles Kids for Christ)이라는 모임을 시작하라는 마음을 주셨다. 고등학교에 가서는 몇몇 친구들과 함께 기도 모임을 시작했다. 내가 다닐 대학을 선택한 기준은 거의 전적으로, 당시 그 학교에 있던 대학 사역 단체에서 봉사하고 싶다는 마음 하나였다(진학할 곳을 정할 때 이런 식의 기준을 반드시 권하고 싶지는 않지만, 내게는 결과적으로 탁월한 선택이었다).

나는 내가 교회를 섬기고 있다고 생각했으나, 실은 교회가 나를 섬겨 주고 있었다. 교회는 내가 그 귀한 시절을 이기적인 욕망을 쫓으며 허비하지 않도록 붙들어 주었으니 말이다. 오해하지는 말

라. 나도 많은 시간을 허비했다. 하지만 교회를 섬기지 않았다면 훨씬 더 많은 시간을 낭비했을 것이다. 그리스도인이 될 수 있는 나이라면 하나님의 종이 되기에 충분하다. '구원을 받을' 수 있는 나이라면 섬김을 시작하기에 충분하다. 교회가 젊은이들을 필요로 하는 것보다 젊은이들이 교회를 더 필요로 한다.

아우구스티누스는 도발적인 언어를 동원해, 교회를 세상의 거친 바다 한가운데 있는 배에 비유한다.

이제 바로 이 여정에서 우리는 파도와 폭풍우에 노출된다.
하지만 우리는 적어도 배 안에 있어야 한다. 배 안에 위험이
있다 해도 배 밖에는 확실한 파멸이 있기 때문이다. 아무리
망망대해에서 헤엄칠 강한 팔이 있다 해도 시간이 지나면 결국
거대한 파도에 압도되어 휩쓸려 가라앉고 만다. ……
한편 제자들을 태운 배, 즉 교회는 시험〔유혹〕의 폭풍우에
이리저리 흔들리고 요동친다. 역풍, 즉 교회의 대적인 마귀는
배가 쉴 곳에 도착하지 못하도록 쉬지 않고 방해한다. ……
배는 위험에 처해 있어도 여전히 배다. 오직 배만이 제자들을
태우고 그리스도를 모신다. 물론 바다에는 위험이 있다. 하지만
배 밖에는 오직 죽음이 기다릴 뿐이다. 그러므로 배 안에
머물라. 그리고 하나님께 기도하라.[2]

우리는 계속해서 교회를 세워야 한다. 교회를 세우는 것이 곧 우리의 구조선을 짓는 것이기 때문이다. 배 안에서의 삶은 완벽과

는 거리가 멀다. 하지만 그곳보다 더 나쁜 유일한 곳은 거친 풍랑이 휘몰아치는 배 '밖'이다.

'고난받는 종'으로의 부르심

유명한 전도자 D. L. 무디(Moody)와 영국의 푸줏간 주인이자 평신도 설교자였던 헨리 발리(Henry Varley) 사이의 일화를 소개한다. 한 기도 모임이 끝날 무렵 발리가 무디에게 이렇게 말했다. "하나님께 온전히 헌신한 사람을 통해 그분이 어떤 일을 하실지, 세상은 아직 본 적이 없습니다." 무디의 전기 작가 중 한 명에 따르면, 무디는 이 말에 완전히 사로잡혀 그런 사람이 되겠다고 결심했다고 한다.[3]

발리의 취지는 훌륭하게 들리지만, 나로서는 의아할 뿐이다. 사도 바울보다 더 "온전히 헌신한" 사람이 나올 수 있다고는 생각지 않기 때문이다. 바울은 이런 유명한 말을 남겼다. "나는 이제 너희를 위하여 받는 괴로움을 기뻐하고 그리스도의 남은 고난을 그의 몸 된 교회를 위하여 내 육체에 채우노라"(골 1:24).

우리의 구원을 확보하기 위해 그리스도께서 받아야 할 고난이 남아 있다는 뜻은 아니다. 단지 다음과 같은 의미에서 예수님의 고난이 아직 끝나지 않았다는 뜻이다. 즉 예수님은 교회와 더없이 친밀하게 연결되어 있어서 교회가 고난을 받으면 그분도 고난을 받으신다. 예수님은 교회를 그분의 신부로 부르신다. 예수님과 그분의 교회 사이의 연결은 인간이 맺은 관계 중 가장 친밀한 관계와도 같다.

또 다른 비유로, 교회는 그리스도의 몸의 연장이다(고전 12:21-32). 이것이 교회가 고난을 받으면 예수님도 고난을 받으시는 이유다. 사울이 초대 교회를 핍박했을 때 예수님은 그에게 물으셨다. "네가 어찌하여 나를 박해하느냐"(행 9:4). 교회가 그리스도의 신부요 몸이라면 우리는 이렇게 확신할 수 있다. 즉 우리가 교회를 세우기 위해 노력한다면 그거야말로 매우 특별한 방법으로 예수님을 기쁘시게 하는 것이다.

교회는 역동적이다. 즉 성장하고 발전하고 계속해서 세워진다. 따라서 교회를 위한 새로운 희생과 고난이 계속해서 필요하다. J. B. 라이트풋(Lightfoot)은 이렇게 설명한다. "모든 성도와 순교자의 고난이 그리스도의 고난을 보충한다는 것은 명백한 사실이다. **교회는 개인에게서 개인으로, 세대에서 세대로 이어지는 반복된 자기 부인의 행위로 세워진다.**"[4]

교회는 세워져야 한다. 이것이 하나님의 유일한 계획이다. 그렇다면 교회는 어떻게 세워질까? 고난받는 신실한 신자들의 등 위에 세워진다.

가정 세미나를 인도할 때, 배우자의 죽음이라는 상황 속에서 드러난 영웅적 사랑 이야기를 사례로 들 때마다 나는 조심스럽다.

우리 대부분은 배우자가 불치병에 직면한다면 기꺼이 발 벗고 나설 것이라고 생각한다. 그러나 대개의 경우, 결혼 생활은 우리에게 영웅적 고난보다 매일의 일상적인 섬김을 요구하며, 이는 교회 역시 마찬가지다.

교회를 위한 매일의 일상적인 섬김에는 다음과 같은 것들이 있다.

툭하면 실족하는 신자들과 함께 부대끼며 살아가는 고충

반지성주의적인 사람들, 죄만큼이나 수치스러운 사과를 내놓으며 공개적으로 타락한 위선자들, 혹은 어리석은 질문과 참견으로 성경 공부 모임과 소그룹 모임을 사유화하는 자기중심적인 사람들과 한데 묶이는 것은 답답하고 화가 나는 일이다. 내가 교회를 사랑하는 것은 교회가 사랑스러워서가 아니다. 내가 교회를 사랑하는 것은 내가 예수님을 예배하고 교회가 그분의 신부이기 때문이다. 놀라운 헌신으로 내게 감동을 주고, 탁월한 지성으로 나를 가르쳐 주고, 신실한 사랑으로 나를 겸허하게 만드는 교인도 많다. 하지만 가족 모임에 참석할 권리는 있지만 가족이 아니라면 초대받을 일이 없는 창피한 친척처럼 느껴지는 교인도 많다.

시간과 재능

교회는 성경 공부 교사, 교회 학교 교사, 집사, 장로, 찬양 리더, 시설 관리인이 필요하다. 누가 이런 역할을 위한 시간을 낼까? 바로 고난받는 종이다. 콜로라도에 있는 우리 교회의 시설 관리 팀은 폭설이 내리는 날이면 새벽 4시 30분에 교회에 와서 주차 공간을 만들어 낸다. 찬양 팀은 1년 내내 주일 새벽 6시마다 교회에 나타난다. 만나 팀은 수많은 가난한 가정들을 섬기기 위해 월요일마다 로비에 멋진 매점을 설치하고 수요일에 철거한다. 나로서는 생각만 해도 피곤한 일이다. 중요한 질문은 "내게 시간이 있는가?"가 아니라 "내가 부름을 받았고, 그 부름을 위해 어떻게든 시간을 낼 것인가?"다.

재정적 헌신

재정적 헌신에는 최소한 약간의 고통이 따라야 한다. 연말에 세금을 정산하며 내가 낸 헌금과 기부금 액수를 확인하고는 마음이 조금이라도 쓰리지 않는다면 우리는 아마 열정적으로, 그리고 분명 희생적으로 드린 것은 아닐 것이다. 스물다섯 번째 결혼기념일에 배우자에게 마트 기프트 카드와 거기서 구입한 꽃 한 다발만 툭 던져 주는 사람이어서는 안 된다. 이는 마치 이렇게 말하는 것과도 같다. "뭐라도 줘야겠기에 일단 가져왔어. 자, 여기 있으니 받아."

교회를 위한 기도

하나님이 교회의 '에바브라'들에게 복 주시기를 바란다. 바울은 골로새 교인들에게 보내는 편지에서 에바브라를 이렇게 칭찬했다. "그리스도 예수의 종인 너희에게서 온 에바브라가 너희에게 문안하느니라 그가 항상 너희를 위하여 애써 기도하여 너희로 하나님의 모든 뜻 가운데서 완전하고 확신 있게 서기를 구하나니"(골

4:12). 바울 자신도 교회를 위해 늘 기도하는 종이었다. "내가 너희를 생각할 때마다 나의 하나님께 감사하며 간구할 때마다 너희 무리를 위하여 기쁨으로 항상 간구함은"(빌 1:3-4).

당신은 교회를 섬길 젊은이들을 일으켜 달라고 하나님께 기도하는가? 전국적인 사역 기관들과 당신이 속한 지역 교회의 신실함을 위해 기도하는가? 전 세계에 존재하는 다른 교단들을 위해, 하나님이 그들을 정련하고 복 주시기를 간구하며 하나님께 그들을 올려드리는가? 기도는 변화를 가져올 뿐 아니라, 우리의 마음에도 영향을 미쳐 그분의 몸인 교회를 통해 이루어지는 그분의 사역에 더 큰 열정이 불타오르게 한다.

캘리포니아주 몬터레이(Monterey)에 있는 쇼라인커뮤니티교회(Shoreline Community Church)에 초청 강사로 갈 때마다 감사하는 마음이 샘솟고 든든하다. 그 교회는 모든 예배 시간에 다른 지역 교회를 위해 소리 높여 기도한다. 이는 정확히 올바른 영성을 보여 주는 모델이다. 사랑하는 교회, 즉 믿는 자들의 몸 전체를 통해 일하고자 하시는 그리스도의 마음을 그대로 드러낸다.

주일 예배 출석

특히 어린 자녀들이 있으면 주일에 교회에 가는 것이 쉽지 않다. 참고로, 텍사스주에는 힐 컨트리(Hill Country) 지역의 농장 마을 체험이 있고, 콜로라도주에는 산속의 스키 리조트가 있고, 시카고에는 베어스(Bears) 시즌 티켓이 있다. 길고 고된 한 주가 끝나고 또 다른 한 주를 시작하기 전이면 가족들이 "너무 피곤해" 혹은 "그냥 온라인 예배로 드리자"라고 말하는 것이 전혀 이상하지 않다.

참고로 말하자면, 초대 교회 당시 주일(일요일)은 지금 같은 휴일이 아니라 일주일의 일과가 시작되는 평일이었다. 이것이 왜 중요할까? 신자들은 그리스도의 부활을 기념하기 위해, 남들이 일터로 나갈 준비를 하기도 전인 아주 이른 새벽부터 모여 예배드렸다. 당시 교회는 주말 휴일에 한가롭게 모인 것이 아니었다. 오늘날로 치면 다들 출근하는 월요일 아침 6~7시에 모인 셈이다. 그리스도인들이 예배를 위해 이 날을 휴일로 보장받기까지는 수 세기가 걸렸다. 바로 이런 헌신 위에 교회가 세워졌으며, 교회가 계속해서 성장하기 위해 필요한 것 또한 바로 이런 헌신이다.

나는 여러 교회에서 사역자로 섬겼다. 사역자에게는 유익한 설교와 의미 있는 예배를 제공하고, 교제를 통해 강한 소속감을 길러 주며, 모두에게 그냥 듣기만 하는 것이 아니라 섬길 기회를 줌으로써 교인들의 시간을 가치 있게 써야 할 책임이 있다. 하지만 명심할 것이 있다. 주일 예배 출석은 단지 사역자들의 능력을 보여 주는 증거가 아니다. 주일 예배 출석은 무엇보다도 부활하사 승천하신 예수님을 예배하기 위한 당신의 열정을 보여 주는 증거다.

혹시 오해하는 사람이 있을지 몰라 말하기가 조심스럽지만, 어떤 면에서 꽉 찬 교회 주차장은 지나가는 모든 사람, 특히 교회에 절대 발을 들이지 않는 사람들에게 가장 강력한 설교가 될 수 있다. 토요일 밤 또는 일요일 아침에 많은 이들이 모여서 예수님을 예배하면 지나가던 사람도 그분께 관심을 가질 수밖에 없다.

교회를 향한 바울의 희생적인 태도는 그리스도인들에게 새로운 태도를 요구한다. 우리가 교회를 가는 목적은 개인적으로 신앙의 성장을 이루거나 용기를 얻으려는 것이 아니다. 부활하신 왕으로서 예수님을 선포하는 공동체의 일원이 되는 것이야말로 더 중요한 목적이다.

오래전, 홍콩의 한 교회에서 일주일간 메시지를 전한 적이 있다. 그 교회 목사는 그곳에서 목회하면서 가장 힘든 점 중 하나가 홍콩에 오는 많은 이들의 마음가짐이라고 말했다. '여기에서 최대한 돈을 많이 벌어서 갑부가 되어 고향에 돌아가리라!' 그 지역을 위하는 마음이나 사역을 위해 홍콩에 온 사람은 없었다. 오로지 돈에 눈이 먼 장사꾼의 태도가 전부였다. 그저 종교를 '이용하려는' 사람이 대부분일 때 목사가 자신의 지역을 복음화하겠다는 비전을 품기란 여간 어려운 게 아니다.

나는 탐욕적인 태도로 교회를 바라보는 신자를 심심찮게 보았다. 그들은 교회가 무엇을 했어야 한다거나 할 수 있었다는 식으로 지적만 한다. 그래서 교회를 세우기 위해 정작 그들은 무엇을 하고 있는지 물으면 꿀 먹은 벙어리가 된다. 그들은 그저 불평만 늘어놓을 뿐이다.

당신은 교회의 등골을 빼먹으려 하는 사람인가, 아니면 교회의 건강을 위해 자신의 골수까지도 내어 줄 수 있는 사람인가? 우리에게 다음과 같이 고백할 수 있는 고난받는 종의 마음이 있는가?

"다른 교회가 내가 원하는 것이나 필요를 더 잘 채워 줄 수 있을 것 같다. 하지만 하나님이 말씀하신다. '그래, 네가 다른 교회에 가면 대위나, 심지어 장군도 될 수 있겠지. 하지만 지금 내가 필요로 하는 것은 네가 이 교회의 빈틈을 메우는 일에 힘을 보태는 것이란다.'" 우리의 신앙에 진정 이러한 마음이 들어설 자리가 있는가?

'빈틈 메우기'(Plugging a gap)는 남북전쟁 당시 게티즈버그 전투에서 북군 전선이 무너지기 직전의 상황을 일컫는 말이다. 윈필드 핸콕(Winfield Hancock) 장군은 지원군이 도착할 때까지 방어선의 틈을 메워야 한다는 사실을 발견했다. 그래서 10여 명의 병사를 보내 북군이 재정비하여 승리를 거둘(결국 승리를 거두었다) 시간을 벌 수 있도록 압도적인 숫자의 남군을 저지하게 했다. 이는 십중팔구 죽을 수밖에 없는 임무였다. 병사들은 살아서 돌아오지 못할 것을 알면서도(실제로 누구 한 사람 돌아오지 못했다) 앞으로 나섰다. 그들은 자신의 목숨보다 대의가 더 중요하다고 믿었다.[5]

명심하라. 예수님은 고난받는 종이시기에 우리가 그분의 사역을 이어 간다면 우리 역시 고난받을 것을 각오해야 한다. '하나님과 씨름하다'라는 뜻을 가진 "이스라엘"이라는 이름의 어원은 이들이 '절뚝거리는 백성'임을 암시한다. 이 이름은 하나님과 씨름하다 엉덩이뼈가 다쳤던 야곱에게서 유래했다(창 32:22-32). '절뚝거리는 백성'은 교회에 아주 잘 어울리는 별명이다. 사도행전은 매 맞고, 죽임당하고, 박해받은 수많은 성도의 기록이다. 하지만 그리스도인들의 고난은 도리어 더 많고 더 위대한 승리로 이어졌을 뿐이다.

사도 바울은 고난에 대해 어떤 태도를 가져야 마땅한지 우리에게 보여 준다. 그는 자신에게 얼마나 손해가 돌아올지가 아니라 교회에 얼마나 유익할지의 관점에서 고난을 바라보았다. 그는 난파와 매질, 끝없는 전도 여행과 투옥, 늘 곁에 있는 죽음의 위협을 기꺼이 마주했다. 그가 전도자 빌립의 집이 있는 가이사랴에 머물 때 아가보라는 선지자는 그가 예루살렘에 가면 결박당할 것이라고 경고했다(행 21:10-14). 이때 바울은 어떻게 반응했을까? 그는 예루살렘으로 갔다. 그는 자신에게 자유가 필요한 것보다 그곳 교회가 자신을 필요로 한다는 사실이 더 중요하다고 생각했다.

나는 교회를 섬긴다.
나는 교회를 위해 열심히 일한다.

내게는 이 진리가 절실하다! 미국 문화의 사고방식에 젖어 들기가 너무도 쉽기에 나는 바울의 이 태도를 소중히 여긴다. 어느새 나 역시 또래의 많은 이들이 은퇴를 논하는 나이가 되었다. 하지만 내 할 일은 그 어느 때보다 많고, 책임은 오히려 더 무거워졌다. 일주일에 단 하루를 쉬기도 힘들 지경이다. 은퇴해서 이제 다시는 일터로 출근하지 않아도 된다고 말하는 사람들과 대화하다 보면, 자연스럽게 스스로에게 묻게 된다. '해변에 앉아 유유자적 시간을 보내는 삶은 어떤 기분일까? 나는 왜 여전히 이토록 바쁘게 살고 있지?'

지금부터 내가 하려는 말은 누군가를 정죄하기 위함이 아니다. 심지어 누군가의 믿음에 의문을 제기하기 위함도 아니다. 내 경우에는 교회의 사역이 계속되는 한 은퇴는 없다. 물론 교회가 내가 하는 일이나 말에 더는 관심을 보이지 않을 때가 올지도 모른다. 그날이 내가 원하는 것보다 더 빨리 올지도 모른다. 하지만 그날이 와도 교회의 건강을 위해 기도하고 교회의 사명을 위해 내 자원을 드리는 일은 멈출 수 없다. 교회가 은퇴하지 않는 한 나 역시 은퇴할 수 없다.

나의 형은 몸담았던 회사(마이크로소프트)에서는 은퇴했지만 교회에서는 은퇴하지 않았다. 형은 '더 많은' 시간을 교회에서 섬기고자 평생 몸담았던 회사를 떠났다. 바로 이것이 내가 갖고 싶은 태도다. 그리고 바로 이것이 내게 늘 영감을 주는 친구 셰리 하니(Sherry Harney)의 태도다.

천국에서 쉴 수 있다

셰리 하니는 세 자녀를 길렀고, 여러 교회에서 지칠 줄 모르는 열정으로 섬겨 왔으며, 수많은 성경 공부 교재를 공동 집필했고, 여러 권의 훌륭한 책을 썼다. 또 전 세계 신자들을 위해 밤낮없이 기도하는 사람이다.* 셰리는 교회를 위해 열심히 일하는 교회의 종에 관해 내가 생각하는 모든 요건을 갖춘 사람이다. 한번은 교회 소

---

* 셰리의 책은 전부 시간을 내 읽을 가치가 있지만 그중에서도 *Organic Prayer* (Zondervan, 2024)는 기도하는 법을 배우고 싶은 사람들에게 자신 있게 추천하는 책이다.

그룹 식구들이 셰리의 집에서 모이는 날이 때마침 그녀의 생일과 겹쳤다. 하지만 셰리는 소그룹 모임을 취소할 생각조차 하지 않았다. 그녀는 손발을 걷어붙이고 화장실 바닥과 변기를 닦기 시작했다. 교회 식구들이 이용할 곳이기에 더 깨끗하게 청소했다. 그렇게 셰리는 자기 생일에 사람들을 섬기는 일을 하기 시작했다.

하나님의 음성에 민감한 셰리는 때로 자신이 무리하게 봉사하는 경향이 있음을 누구보다 잘 알았다. 이번이 그런 경우일까? 셰리는 내게 이렇게 말했다. "하나님께 확인해 보고 싶었어요. 섬김도 좋지만 너무 과하게 하고 싶지는 않았거든요."

그래서 그녀는 기도했다. "하나님, 너무 피곤해요. 게다가 오늘은 제 생일인데 이렇게 화장실을 닦고 있네요. 혹시 제가 제 마음대로, 잘못된 동기로 무리하게 일하고 있는 건 아닌지 알려 주세요."

그때 마음속에서 나지막한 성령의 속삭임이 느껴졌다. "천국에서 실컷 쉬게 되리라."

셰리가 이 말을 할 때 그녀의 남편과 나는 서로를 보며 다행이라는 표정을 지었다. 아내의 건강을 늘 걱정하고 챙기는 남편으로서 아내가 즐길 때는 즐겼으면 하는 게 남편의 바람이다. 그러하기에 아내가 무리하게 일한다 싶으면 그럴 때마다 꼭 일러 준다. 물론 우리가 교회를 위해 헌신적으로 섬겨야 할 때가 있다. 하지만 우리는 하나님의 교회를 위한 고난에 끝이 있다는 사실을 기억할 때 셰리처럼 안도의 한숨을 내쉴 수 있다. 천국에서 쉼이 있으리라.

물론 "무리하지 말고 쉬어. 안식일을 잊지 마"라는 조언을 따라야 할 때가 있다. 이 조언에 이의를 제기하고 싶지는 않다. 단, 셰리 하니의 사례를 통해 쉼이 인생의 전부가 아니라는 점도 강조하고 싶다. 고난받는 종의 제자들은 때로 스스로 고난받는 종이 되어야 한다.

자, 다음과 같이 말할 수 있는가?

나는 교회를 섬긴다.
나는 교회를 위해 열심히 일한다.

가장 영광스러운 비문 중 하나는 "하나님을 사랑하는 자, 교회의 종"이다.

바울처럼 인생을 영적 전쟁으로 본다면 지금 예수님은 압도적으로 많은 적들에 맞서 소수의 충성스러운 신자들을 이끌고 계신다. 이 전쟁에 참여하려는가? 별로 중요하지 않은 관심사들을 한쪽으로 치워 놓고 예수님의 주된 관심사에 집중하려는가? 그분의 주된 관심사는 사랑하는 신부인 교회를 성장시키고 바로잡는 것이다. 기도할 때 가끔 나는 내가 전쟁 중에 있는 하나님께 기도하고 있다는 사실을 기억하려고 노력한다. 우리는 공세를 펼치기 직전이나 방어 작전을 위한 병사를 필요로 하는 장군에게 찾아가 "장군님, 제가 달라고 기도한 새 차는 언제 배달되나요?" 혹은 "제 승진 시기를 좀 앞당길 수는 없을까요?"라고 말하지 않는다.

교회에 대한 냉담을 해체하자. 우리의 신앙이 우리 자신을 중심으로 이루어지면 그런 하찮고 자기중심적인 삶은 금세 질리기 마련이다. 교회를 위한 부단한 노력의 필요성과 영광을 배우자. 우리 모두가 다음과 같이 말할 수 있도록 말이다.

나는 교회를 섬긴다.

나는 교회를 위해 열심히 일한다.

나를 지키기 위해
내 일상에 틈입하는 하늘의 군대

✳

텍사스주 휴스턴에 있는 세컨드침례교회(Second Baptist Church) 우드웨이(Woodway) 캠퍼스에서 처음 설교를 했을 때, 나는 초청 설교자였다. 워싱턴주에서 온 나로서는 눈이 휘둥그레질 수밖에 없었다. 워싱턴에는 이렇게 으리으리한(발코니가 두 개나 있는) 건물을 가진 교회가 없었기 때문이다. 게다가 내게 무장 경호원까지 붙여 주었는데, 이 또한 내 생애 처음 경험하는 일이었다.

예배가 시작되고 다 같이 찬양을 부르는데 갑자기 화장실에 가고 싶어졌다. 아마도 실제로 화장실이 급하지는 않았을 텐데, 왜, 긴장하면 그럴 때가 있지 않은가. 찬양 중에 모두가 서 있을 때 슬쩍 일어나서 몰래 빠져나가면 되겠다 싶었지만, 안타깝게도 세컨드침례교회에 강사로 가면 어디를 가나 무장 경호원이 따라붙는다는 것을 몸소 경험하게 되었다. 경호원이 나를 밖으로 안내했고 그는 내가 나올 때까지 남자 화장실 밖에 서서 기다렸다.

예배가 끝난 뒤 경호원이 나를 내 차가 있는 곳까지 무사히 안내했다. 그런데 주차장에서 나오고 나자 묘한 상실감이 찾아왔다. 경호원이 눈앞에서 사라지자 이상하게 아쉬웠다! 누군가가 내 목숨을 노릴 가능성은 0.00001퍼센트도 되지 않지만 경호를 받는 동안 어쩐지 기분이 좋았다.

수년이 흘러 나는 새들백교회(Saddleback Church)를 방문했고, 예배 후에 목양실에서 릭 워렌(Rick Warren)·케이 워렌 목사 부부와 시간을 보냈다. 그런데 릭의 컨디션이 안 좋아 보였다. 케이는 다음 날 아침을 위해(그날은 토요일 밤이었다) 남편에게 집에 가서 쉬라고 권했고, 그리하여 케이와 우리 부부만 목양실에 남게 되었다. 그리고 한 명 더, 경호원도 있었다. 순간 그가 경계심 가득한 눈으로 나를 살피는 걸 보았다. 하지만 케이가 '나는 안전하니 이제 가셔도 됩니다'라는 뜻으로 고개를 끄덕이자 경호원은 몸을 돌려 나갔다.

기분이 살짝 언짢기도 하고 우습기도 했다. 왜냐하면 휴스턴에서는 '내'가 보호를 받는 입장이었는데 새들백에서는 나를 잠재적인 위협으로 보고 감시하는 경호원이 붙었으니 말이다. 미국의 대형 교회 세계가 이러하다. 물론 이런 이야기를 들으면 많은 사람이 혀를 끌끌 찰 것이다. 하지만 이런 수준의 보호가 과도하다고 생각한다면 이런 교회에서 받는 이메일이나 익명의 휴대폰 메시지를 한 번도 보지 못한 탓이다.

이런 경호가 옳고 그른지를 떠나서, 한번 생각해 보라. 우리 모두가 대형 교회 강사들 혹은 CEO나 정치인, 유명 인사처럼 이런 밀착 경호를 받을 수 있다면?

그런데 당신이 그리스도 안에 있다면 바로 이런 경호를 받는다. 성경은 이런 경호원을 천사라 부른다. "모든 천사들은 섬기는 영으로서 구원받을 상속자들을 위하여 섬기라고 보내심이 아니냐"(히 1:14).

솔직히 고백하면, 초자연적인 존재에 대한 이야기를 하는 것이 좀 꺼려진다. 우리 문화에 가득한 물질주의적 세계관으로 인해 괜한 소리를 하는 게 아닌가 싶기도 하다. 하지만 성경은 초자연적인 존재가 있다고 분명히 말하고, 내 경험으로도 마찬가지다. 그뿐만 아니라 내가 신뢰하는 많은 이들의 증언을 듣고 나자 물질주의적 세계관을 해체해야 한다고 확신하게 되었다.

우리는 눈으로 보고 손으로 만질 수 있는 것만 진짜라는 세계관을 해체하고 그리스도 안에서의 삶의 초자연적인 요소들을 받아들여야만 한다. 우리가 섬기는 하나님은 그분의 목적을 이루고 그분의 백성을 지키기 위해 초자연적인 수단을 사용하는 하나님이시다.

이성으로는 설명할 수 없는 일들

존 비사그노(John Bisagno)는 수십 년간 휴스턴에서 성도에게 사랑받는 목사로 섬겨 왔다. 그의 교회에 다니는 한 성도에게 텍사스 주에 있는 한 대학교에 다니는 딸이 있었다. 그 학생이 공부하는 도서관 옆에는 숲이 있었는데, 그 숲을 통과하면 기숙사까지 지름길로 갈 수 있었다. 하지만 그 길에는 가로등이 없던 터라 학교 측에서는 학생들에게 밤에는 그 길로 다니지 말고 반드시 가로등이 켜져 있는 인도로 다니라고 경고했다.

그런데 어느 늦은 밤, 몹시 피곤했던 그 학생은 기숙사에 빨리 가서 쉬고 싶은 마음에 캄캄한 숲길로 가는 모험을 감행하기로 했다. 숲을 절반쯤 지났을까, 이내 후회가 뼛속 깊이 밀려왔다. 딱 봐도 악해 보이는, 온몸의 구멍이란 구멍에서 악의 기운이 뿜어져 나오는 듯한 사람을 만나 본 적 있는가? 그 학생은 바로 이런 기운의 사람 옆을 지나갔다. 그 순간 사악한 기운의 그 남자가 조롱하는 눈빛으로 그 학생을 쳐다보았다. 온몸이 얼어붙는 듯 소름이 끼쳤다. 느릿느릿 걸음을 떼던 남자는 계속해서 그 학생 쪽을 힐끔거렸지만, 이상하게도 가까이 다가오거나 달려들지는 않았다. 그 틈을 타 그 학생은 걸음을 재촉했다. 금방이라도 달려들 것 같던 남자는 다행히도 끝까지 학생을 덮치지는 않았다.

그 학생이 기숙사 방까지 무사히 도착했음에도 놀란 가슴이 쉬이 진정되기까지는 꽤 오랜 시간이 걸렸다. 심장 박동이 겨우 정상으로 돌아오자 룸메이트에게 좀 전에 자신에게 일어났던 일을 전부 털어놓았다. "다시는 밤에 그 길로 다니지 않을 거야."

이튿날 아침, 학교 측은 전날 밤 바로 그 숲에서 한 여학생이 공격당했다는 소식을 알렸다. 그리고 누구든 뭐라도 목격한 내용이 있다면 알려 달라고 했다. 용기를 내 경찰서에 간 이 학생은 용의자들 중 그 남자를 단번에 알아보았다. 분명 그 남자였다. 절대 잊지 못할 그 얼굴……. 그 즉시 학생은 경찰관에게 그 남자를 범인으로 지목했다.

그 학생이 어쩌다 그 범인과 이야기를 나누게 되었는지는 모르겠지만, 어쨌든 기회가 생겼고, 그에게 물었다. "이상해요. 지난밤에 분명 아저씨를 봤어요. 그런데 왜 저는 공격하지 않은 거죠?"

이 말에 남자가 비웃으며 말했다. "그 덩치 큰 녀석이 너랑 같이 나란히 걷는데 너를 공격하라고? 말도 안 되는 소리!"

그 말에 그 학생은 기절하는 줄 알았다. 그 밤에 그 학생 옆에 덩치 큰 남자는 없었다. 아니…… 있었나?

오늘날까지 그 가족은 하나님이 딸을 보호하시려 이 흉악범에 게만 보이는 천사를 보내셨다고 믿는다. 나는 이와 유사한 놀라우면서도 믿음이 갈 만한 이야기를 여러 차례 들었고, 이 사례에 대한 비사그노 목사의 검증을 신뢰한다.

메리 케이 스미스(Mary Kay Smith)는 나의 두 번째 책인《영성에도 색깔이 있다》(Sacred Pathways) 이후 내가 쓴 모든 책을 먼저 읽고 조언해 준 귀한 친구다. 그녀의 아버지는 해외의 한 선교 병원에서 일했는데, 선교 자금으로 비용을 치러야 일이 있었다. 병원 측은 액수가 얼마가 될지 몰라 그에게 백지 수표를 건넸다. 그와 아내가 더반(Durban) 시내를 걷고 있을 때 한 남자가 다가와 말을 걸었다. "선생님, 손 한 번만 잡아 봐도 되겠습니까?"

"왜 그러신지요?"

"사실 제가 소매치기를 하려고 선생님 뒤를 몇 블록이나 따라왔습니다. 그런데 도저히 가까이 다가갈 수가 없더라고요. 매번 손을 뻗을 때마다 무언가가 제 손을 막아 세웠거든요."

그 남자는 자신이 입은 코트를 열어젖혀 벨트 사이에 빼곡히 꽂혀 있는 돈뭉치들을 보여 주었다. 메리 케이의 아버지는 그에게 천사가 도둑질을 막은 것이라고 말해 주었고, 이를 계기로 그 남자에게 복음을 전할 기회를 얻었다.

성경적 세계관을 품으면 이런 이야기에 마음이 열린다. 우리는 물질주의적 세계관을 해체하고, 하나님이 천사들의 도움을 통해서도 그분의 백성을 보호하신다는 초자연적인 세계관을 받아들여야 한다.

우리에게는 영적인 '적들'이 있다

일본으로 초대를 받아 선교사 대상으로 강연했던 경험을 평생 잊지 못할 것이다. 강연 후 그곳에서 짧게 사역하는 시간을 가졌다. 일본에서의 그 시간이 정말 좋았다. 일본은 평화롭고 아름다운 나라다. 그런데 일본에 간 지 일주일쯤 지났을까, 내가 머물던 숙소의 주인이 한 신사(神社)를 둘러싼 멋진 삼림 지대로 나를 데려갔다.

원래 그런 곳에 가면 내 마음은 한없는 평강과 기쁨, 찬양으로 금세 부풀어 오른다. 게다가 그곳은 사시사철 관광객들이 몰려와 열심히 사진을 찍고 흥분한 목소리로 떠드는 곳이다. 하지만 그 땅을 밟는 순간, 내가 그곳에서 환영받지 않고 있다는 영적인 느낌에 휩싸였다.

전에는 이런 느낌을 받아 본 적이 없었다. 아름다운 수목, 온통 푸르른 땅, 잔잔히 흐르는 시내까지, 원래 이런 땅을 밟으면 영적으로 충만해졌기에 너무도 이상했다. 이런 환경은 내가 기도처로서 매우 선호하는 곳이기도 하다. 하지만 그 땅은 그렇지 않았다. 나는 서구인이다 보니 영적인 존재들이 특정 지역에서 영향력을 발휘한다는 생각은 잘 하지 않는다. 하지만 서구인으로서 편견이 있는데도 이 느낌을 무시할 수 없었다. 그곳에 뭔가가 있었고, 그것은 나나 예수님을 좋아하는 존재가 아니었다.

특정 지역의 사악한 기운에 대한 이야기가 너무 이상하고 불편하게 느껴지는가? 하지만 다니엘서를 보면 한 천사는 "바사 왕국의 군주"로 인해 다니엘을 도우러 오는 길이 지체되었다고 말했다(단 10:13). 이는 혈과 육으로 된 왕을 말하는 것이 아니다. 이 천사의 임무는 한 지역과 명백하게 연결된 악한 힘을 무찌르기 위해 대천사 미가엘과 힘을 합치는 것이었다. 이어서 20절에서 이 천사는 자신의 다음 전투가 비슷하게 악한 힘인 "헬라의 군주"를 상대로 한 전투가 될 것이라고 말했다.

구약학자 이언 두기드(Iain Duguid)는 다음과 같이 말한다. "바사와 헬라가 옛 역사이기 때문에 이 천사들이 지금은 승리를 자축하며 쉬고 있으리라 생각해서는 안 된다. 교회에 반대하는 악한 힘들은 계속해서 이 세상의 힘과 제도를 사용하여 하나님의 백성을 상대로 싸움을 벌이고 있다."[1]

에베소서 6장 12절에서 바울은 하늘에 있는 통치자들과 권세들에 대해 이야기했다. "우리의 씨름은 혈과 육을 상대하는 것이 아니요 통치자들과 권세들과 이 어둠의 세상 주관자들과 하늘에 있는 악의 영들을 상대함이라." 보다시피 복수다. "통치자들과 권세들…… 악의 영들." 바울은 예수님의 손에 그들이 패했다는 점을 지적했다. "통치자들과 권세들을 무력화하여 드러내어 구경거리로 삼으시고 십자가로 그들을 이기셨느니라"(골 2:15).

예수님이 이미 악한 영들을 무찌르셨기에 우리가 그들에게 과도하게 신경 쓸 필요까지는 없다. 하지만 그자들을 완전히 무시하면 그자들 손에 놀아날 수 있다. 두기드의 말을 다시 들어 보자. "마귀의 존재와 현실, 그의 궤계를 깨닫지 못하면 거추장스럽게 하나님의 전신갑주를 입을 필요성을 느끼지 못한다. 그러면 마귀는 우리가 준비되지 않은 상태인 것을 알고 쉽게 우리를 무너뜨린다."[2]

솔직히 말해, 믿지 않는 친구들에게 내가 "하늘에 있는 악의 영들"을 조심한다고 말하기가 약간은 꺼려진다. 하지만 이언 두기드 같은 학자들의 말이 옳다.

> 마귀의 실재와 그가 가진 매우 실제적인 힘을 분명히 알아
> 두라. 우리가 치르는 싸움에 하늘의 차원이 있음을 인지하라.
> 하지만 당신이 혼자 싸우는 것이 아님을 또한 기억하라.
> 미가엘을 비롯한 하늘의 존재들이 다리오왕 원년(BC 538년)부터
> 하나님의 백성을 대신하여 이 싸움에 함께 참여해 왔다. ……
> 날마다 그리고 해마다, 대적의 편뿐 아니라 우리 편에 서서
> 싸우는 강력한 하늘의 힘들이 있다.[3]

이것이 사실이고 성경에서도 분명하게 증언하고 있다면 최소한 무슨 일이 벌어지고 있는지는 알아야 하지 않을까? 그리고 우리 편에 있는 존재들을 더 정확히 알아야 하지 않을까? 우리는 서구인의 편견을 버리고 지나치게 물질주의적인 세계관을 해체한 뒤에 우리 편에 서 있는 강력한 영적 힘들에 대해 새롭게 알아야 한다.

존 마크 코머(John Mark Comer)는 활발히 활동하고 있는 악한 힘들

의 실재를 부인하는 것이 하나님을 부인하는 가장 큰 원인으로 이어졌다는 사실을 설득력 있게 설명한다. 그 원인은 바로 악을 철학적인 문제로 보는 것이다.[4] 악한 힘들의 존재를 배제하면 악은 하나님의 '적'이 아닌 하나님의 '문제'가 되어 버린다. 악한 힘들은 그들과 협력하는 물질주의적인 사람들을 통하지 않고서는 악한 목적을 이룰 수 없다. 예수님은 이 권세들을 무찔러 무장 해제를 시켰지만 미움과 폭력, 정욕을 불어넣어 큰 악을 저지르게 만들려는 놈들의 계획에 사람들이 협력할 때 놈들은 재무장한다.

세상에 왜 악이 존재하는가? 사람들이 분함과 노여움, 악의, 비방, 입으로 내뱉는 부끄러운 말, 거짓말 대신 긍휼과 자비, 온유, 오래 참음, 사랑을 불어넣는 성령의 능력에 항복하지 않고 악과 협력하기 때문이다(골 3:1-17 참조). 코머의 설명은 "하나님이 선하시다면 세상에 왜 여전히 악이 존재하는가?"라는 질문에 대해 내가 본 최고의 설명이다.

세상에 우리를 반대하고 자신의 사악한 계획에 우리를 동참시키려는 악과 영적 적들이 존재하기에 우리를 보호하고 돕는 존재들에 대해 아는 것이 매우 중요하다. 그 존재들은 바로 하나님의 종, 천사들이다.

천사 이야기를 하기가 꺼려지는 이유 중 하나는 예술에서 천사들을 성경 속 모습과 완전히 다르게 그려 왔기 때문이다. 그래서 요즘에는 천사의 존재를 믿는다는 말이 이빨 요정이나 부활절 토끼를 믿는다는 말처럼 어리석게 들린다. 하지만 천사들에 대한 대중문화의 그릇된 묘사 앞에서 우리가 보여야 할 옳은 반응은 천사들의 실재를 부인하는 것이 아니라 더 정확한 묘사로 그릇된 묘사를 대체하는 것이다.

그리스도인들이 천사보다 악령에 대해 더 많이 이야기하는 것은 더더욱 슬픈 현실이다. 사람들은 항상 귀신에 대한 이야기를 한다. 하지만 천사에 대한 이야기는 좀처럼 듣기 힘들다.

천사보다 귀신을 강조하는 것은 성경과 정반대다. NIV 성경 용어 사전을 보면 성경은 "demon"(악령, 악한 영, 귀신)이나 "demon-possession"(악한 영에 사로잡힘, 귀신 들림)이라는 단어를 82번 언급한다. 결코 적은 숫자가 아니다. 따라서 신자들이 가끔 귀신에 대해 이야기하는 것은 전혀 부적절하지 않다.

반면, 성경은 천사를 300번 이상이나 언급한다. 귀신에 관한 언급과 비교하면 약 4대 1의 비율이다. 성경에서 무언가를 300번 언급하고 있다면 관심을 기울여야 마땅하다. 우리는 지나치게 자연주의적인 세계관을 해체하고, 초자연적인 방법으로 우리를 지키시는 초자연적인 하나님을 예배하는 법을 배워야 한다.* 이런 이유

---

* 나는 천사들에 대한 책을 많이 읽었는데, 그중에서 데이비드 제러마이어(David Jeremiash)의 책 *Angels: Who They Are and How They Help ...What the Bible Teaches* (Multnomah, 2006)가 가장 큰 도움이 되었다. 내가 이 책의 내용을 차용하는 것을 보게 될 것이다. 천사들에 대해 더 자세히 알고 싶다면 이 책부터 시작할 것을 추천한다.

로 이번 장에서 악령보다 주로 천사 이야기를 할 것이다.

예전에 나는 천사에 대해 설교할 일이 생길 때만 천사에 대해 생각하고 조사하기 시작했다. 그런데 천사에 대한 책을 여러 권 읽고 나서는 내가 천사를 얼마나 오랫동안 무시해 왔는지 알고서 크게 반성했다. 성경을 읽고서 천사를 믿지 않는 것은 불가능하다. 성경에서 한번 천사를 찾기 시작하면 계속해서 눈에 들어온다.

아담과 하와가 에덴동산에서 쫓겨날 때 생명나무로 가는 길을 누가 지켰는가? 바로 천사다.

아브라함은 여든이 넘었는데도 아들을 낳을 것이라는 말을 들었다. 누가 그 말을 했을까? 세 명의 방문자였다. 그중 둘은 천사였고, 나머지 한 명은 하나님이셨다(창 18:1-15).

롯의 가족은 소돔과 고모라가 멸망하기 직전 탈출했다. 이 이야기를 기억한다면 롯이 머뭇거렸다는 걸 알 것이다. 결국 '천사들'이 롯과 그의 아내, 딸들의 손을 잡고 재촉해서 성을 빠져나가야 했다(창 19:16).

애굽인들은 이스라엘 백성을 다시 노예로 붙잡아 두려고 추격했다. 이스라엘은 도망칠 시간이 필요했지만 무섭게 돌진해 오는 수많은 전차와 기마병, 보병의 속도를 대체 어떻게 늦춘단 말인가? 그때 "이스라엘 진 앞에 가던 하나님의 사자(천사)가 그들의 뒤로 옮겨 가매"(출 14:19).

다니엘은 사자 굴에 던져졌다. 그런데 이튿날 아침 다리오왕이 다니엘의 생사를 확인하기 위해 굴 앞에 가 보니 그는 멀쩡히 살아 있었다. 어떻게 이런 일이 일어날 수 있었을까? 다니엘은 왕에게 이렇게 말했다. "나의 하나님이 이미 그의 천사를 보내어 사자들의 입을 봉하셨으므로"(단 6:22).

엘리야는 복수심에 불타서 자신을 죽이려는 이세벨을 피해 필사적으로 도망치다가 지칠 대로 지쳤다. 하루 종일 광야를 걷던 그는 결국 한 나무 아래에 쓰러져 하나님께 이제 그만 목숨을 거둬 달라고 기도했다. 그때 누가 그를 위로해 주었는가? 누가 그에게 음식을 제공하고 그를 보호해 주었는가? 바로 하나님의 천사였다(왕상 19장).

혹시 이런 생각을 하고 있는가? '그건 원시적인 세계관을 가진 구약의 이야기일 뿐이야.'

좋다. 그렇다면 이제 신약을 보자.

엘리사벳의 남편 사가랴는 성전에 들어갔다가 천사를 만났다. 천사는 그가 우리가 세례 요한이라 부르는 선지자를 낳을 것이라고 말했다(눅 1:11-17).

마리아라 불리는 어린 여성은 천사의 방문을 받아 메시아를 낳을 것이라는 말을 들었다. 당연히 그녀의 약혼자 요셉은 충격을 받았다. 약혼녀가 임신했으니 그럴 수밖에! 그는 파혼을 하는 편이 낫겠다고 생각했다. 그런데 누가 그렇게 하지 말라고 말렸을까? 바로 천사였다(마 1:18-25).

예수님은 베들레헴에서 태어나셨다. 하나님은 목동들에서 시작해 온 세상이 이 소식을 알기를 원하셨다. 그런데 그거 아는가? 이 목동들이 아기를 보려면 자신들의 양 떼를 놔두고 와야 했다. 하지만 과연 어떤 인간이 그들로 하여금 생계를 내팽개치고 한가롭게 아기나 보러 오라고 설득할 수 있을까? 어림도 없다. 하지만 하늘의 존재들이 전하는 강력한 프레젠테이션이라면? 그렇다면 충분히 가능하다! 천사들은 이 목동들이 생계를 잠시 접고 메시아의 오심을 축하하도록 설득했다(눅 2:8-15).

헤롯의 위협에 아기 예수님은 베들레헴을 떠나셔야 했다. 하지만 요셉과 마리아는 그 일에 대해 전혀 몰랐다. 당시에는 이 젊은 부부에게 왕의 진노와 그 이유에 대해 알려 주는 신문이나 뉴스 방송이 없었다. 그렇다면 누가 요셉에게 예수님과 함께 다른 나라로 피신하라고 알려 주었을까? 바로 천사였다(마 2:13-15).

예수님은 자라서 광야에서 마귀에게 시험을 받으셨다. 시험 후에 누가 그분을 위로했을까? 천사들이었다(마 4:11).

십자가에서 돌아가시기 전의 어느 날, 예수님은 제자들과 함께 겟세마네 동산에 오르셨다. 위로와 확신이 필요했던 예수님은 곧 닥칠 사건들을 이겨 낼 수 있도록 제자들에게 곁에서 함께 기도해 달라고 부탁하셨다. 하지만 스승이 자신들을 위해 생명을 쏟아 낼 참인데도 제자라는 자들은 한 명도 빠짐없이 그분을 실망시켰다. 모두가 곤한 잠에 빠져들었다. 성육신하신 우리 주님은 격려가 필요했지만 인간에게서는 그것을 얻을 수 없으셨다. 그래서 하나님이 누구를 보내셨는가? "천사가 하늘로부터 예수께 나타나 힘을 더하더라"(눅 22:43).

예수님은 십자가에 못 박혀 돌아가셨다가 죽음에서 부활하셨다. 그 어떤 인간도 이 일을 기대하지 않았고 이해할 수도 없었다. 하지만 누군가는 무덤 앞의 여성들에게 제자들을 강하게 만들고 교회를 탄생시킬 복된 소식을 선포해야 했다. 이 일을 위해 하나님은 누구를 선택하셨는가? 바로 천사들이다(마 28:1-10; 눅 24:1-12; 요 20:1-10).

사도행전의 첫머리에서 예수님은 제자들을 모아 놓고 성령을 기다리라고 지시하신 뒤 구름 속으로 승천하셨다. 이것이 마지막이었다. 예수님은 지난 40일간 제자들에게 자주 나타나셨지만 이후로 더 이상 모습을 보이지 않으셨다. 제자들은 승천하시는 예수님을 올려다보며 방금 무슨 일이 일어난 것인지 혼란스러워했다. 하나님은 승천의 의미를 설명하고 그리스도의 재림에 대한 약속을 전해 주기 위해 누구를 보내셨는가? 두 천사들이다(행 1:6-11).

교회는 성장하기 시작했다. 신나지만 동시에 위험한 시대였다. 세베대의 아들 야고보는 이미 죽임을 당한 상태였다(행 12:1-2). 베드로는 투옥되어 열여섯 명이나 되는 병사들에게 감시를 당하고 있었다(3-5절). 상황이 안 좋아 보였다. 예수님은 베드로가 그분의 교회를 세울 반석이라고 하셨는데 그가 죽어 버린다면 교회는 대체 어떻게 되는가?

베드로는 죽지 않고 감옥을 탈출했다. 어떻게 된 것일까? 그는 이런 결론을 내렸다. "주께서 그의 천사를 보내어 나를 …… 벗어나게 하신 줄 알겠노라"(11절). 천사 하나가 열여섯 명의 훈련된 로마 병사들을 압도했다.

바울이 가이사 앞에서 재판을 받으러 가기 위해 오른 배가 지중해의 사나운 풍랑 속에서 곧 산산조각이 날 판이었다. 모두가 공포에 휩싸여 희망을 잃었다. 바다에서 잔뼈가 굵은 선원들도 벌벌

떨었지만 바울은 초자연적인 침착함을 보였다. 이유가 뭐였을까? 짐작했겠지만 천사의 방문을 받았기 때문이다. "내가 속한 바 곧 내가 섬기는 하나님의 사자가 어젯밤에 내 곁에 서서 말하되 바울아 두려워하지 말라"(행 27:23-24).

혹시 이렇게 생각하는가? '이 모든 일은 성경에서 매우 중요한 인물들인 선지자들과 사도들에게만 일어났다. 천사들이 평범한 사람들과 무슨 상관인가?'

"손님 대접하기를 잊지 말라 이로써 부지중에 천사들을 대접한 이들이 있었느니라"(히 13:2).

성경은 천사들을 희귀한 존재로 그리지도 않고 하찮은 존재로 그리지도 않는다. 그들은 창조의 순간부터 그 옛날 교회가 탄생하고 오늘날 교회가 세워지는 일까지 하나님이 행하시는 모든 일의 중심에 있다. 우리는 천사에 대해 말할 때 느끼는 거리낌을 떨쳐 내고, 하나님이 이생에서 우리에게 어떤 존재를 보내 지키고 도와주시는지 자주 떠올려야 한다. 그럴 때 확신과 평강을 얻는다.

천사에 대한 진실과 오해

역사와 대중문화는 천사들을 잘못 그려 왔다. 나는 악마가 사실 뿔과 쇠스랑을 갖고 있지 않다고 교인들에게 설명하는 목사들을 정말 많이 보았다. 아무도 그렇게 생각하지 않는데 목사들은 열심히 설명한다. 그런데 천사들에 대한 오해를 바로잡아 주는 말은 별로 들어 본 적이 없다. 오늘날의 교회는 특히 이 부분을 너무나 무심하게 넘긴다.

아마도 대중문화로 인해 생긴 천사들에 대한 가장 큰 오해는 그들이 인간에서 진보하거나 진화하거나 영화로워진 존재라는 관념일 것이다. 지미 스튜어트(Jimmy Stewart)의 영화 〈멋진 인생〉(It's a Wonderful Life)이 큰 원흉 중 하나다. 천사들은 전혀 그런 존재가 아니다. 천사들은 인간이 아니며, 인간은 절대 천사가 될 수 없다. 천사들은 우리와 완전히 별개의 피조물이다. 인간들은 천사가 되지 않을 뿐 아니라, 최소한 일부 그리스도인들은 어떤 식으로든 천사들을 심판하는 데 동참할 것이다(고전 6:3).

천사들은 사자이자 전사들이다. 성경은 그들을 경건하게 그리지도 않고 여성으로 그리지도 않는다. 오늘날 여성들이 전사가 될 수 없다는 말은 전혀 아니다. 나는 단지 성경이 천사들을 어떻게 그리고 있는지를 말하고 있을 뿐이다. 정확한 이름이 소개된 유일한 두 천사는 남성의 이름을 갖고 있다. 미가엘과 가브리엘. 오늘날의 오해는 '천사 같은'과 '선한'을 동의어로 만들었다. 하지만 '천사 같은'과 '무시무시한'을 짝짓는 것이 사실상 더 진실에 가까울 것이다.

성경에서 천사들은 가냘픈 아기나 도덕적 본보기가 아니다. 그들은 몹시 사납고 강력하며, 만나는 모든 사람의 마음속에 두려움을 일으킨다. 바울은 하늘의 베일을 벗겨, "주 예수께서 자기의 능력의 천사들과 함께 하늘로부터 불꽃 가운데에 나타나실 때"가 올 것이라고 말한다(살후 1:7). 천사들이 우리에게 영광을 숨길 때도 있지만(히 13:2) 그들이 온전한 영광 중에 나타날 때 보면 극도로 무서울 것이다.

또 다른 성경적 사실은 천사들이 나이를 먹는 것으로 보이지 않는다는 점이다. 자라서 날개가 생기는 '아기 천사'는 없다. 이것이 왜 중요한가? 생각해 보면 놀랍다. 엘리야와 다윗, 예수님, 베드로를 보호하고 섬겼던 천사들과 우리를 보호하는 천사들이 동일할 수 있다!

천사들은 강한 전사들이다. 성경에서 천사들은 사람들에게 나타날 때 인간의 몸과 비슷한 형태로 나타나는 듯하다. 하지만 기저귀를 찬 아기 천사의 모습은 절대 아니다.

천사들은 편재하지 않다. 그들은 지체될 수 있다(단 10:12-14). 이것이 내가 '수호천사'라는 개념에 회의적인 이유다. 성경에서 천사들은 어떤 임무를 수행하거나 메시지를 전하기 위해 보냄을 받지, 처음부터 현장에 있지는 않는 듯하다. 편재는 오직 우리 하나님께만 가능하다.

가장 믿을 만한 최고의 경호원

천사들은 무엇보다도 하나님을 섬기기 위해 보냄을 받는 사자들이다. 그들은 하나님에 대한 섬김의 일환으로 하나님의 종들을 섬긴다. 하나님을 믿을 때 우리는 최고의 경호를 받는다.

네가 말하기를 여호와는 나의 피난처시라 하고 지존자를

너의 거처로 삼았으므로 화가 네게 미치지 못하며 재앙이 네

장막에 가까이 오지 못하리니 그가 너를 위하여 그의 천사들을

명령하사 네 모든 길에서 너를 지키게 하심이라 그들이 그들의

손으로 너를 붙들어 발이 돌에 부딪히지 아니하게 하리로다.

○ 시편 91편 9-12절

이 성경 구절에서 "말하기를"을 보라. 우리는 이처럼 신앙을 고백해야 한다. 성경 어디에도 불신자들을 위한 천사들의 보호는 약속되어 있지 않다. 천사들이 우리를 섬기는 것은 하나님을 섬기기 때문이다. 그들의 목적은 무작위로 인간들을 보호하는 것이 아니라 하나님의 뜻을 수행하는 것이다. 이것이 내가 각 사람에게 할당된 수호천사가 성경의 가르침이 아니라 전설일 뿐이라고 생각하는 이유다. "모든 천사들은 섬기는 영으로서 구원받을 상속자들을 위하여 섬기라고 보내심이 아니냐"(히 1:14).

그리스도께 충성하면 천사들과 관련된 특권을 얻는다. 예수님은 그분의 제자 중 단 한 사람도 얕보거나 경멸하지 말라고 경고하셨다. 그 이유는 이렇다. "그들의 천사들이 하늘에서 하늘에 계신 내 아버지의 얼굴을 항상 뵈옵느니라"(마 18:10).* 신자들에게는 지극히 높은 곳에 들어갈 수 있는 대변인이 있다. 이 사실을 기뻐하

---

* 이 구절에서 예수님은 "작은 자"라는 표현을 사용하신다. 이전 구절에서 이는 어린아이를 지칭한다. 하지만 대부분의 주석자는 예수님이 10절에서 그분의 모든 제자를 포괄적으로 말씀하시는 것이라고 본다.

라. 요한 페터 랑게(Johann Peter Lange)는 이 사실을 아름답게 표현했다. "핵심은, 하늘에 있는 하나님의 가장 높은 천사들이 이 땅에 있는 그분 나라의 가장 작은 자들을 대변한다는 사실이다."[5] 예수님께 헌신하면 그분의 "작은 자"의 특권들을 얻는다. 이것은 그리스도인이 되어야 하는 수만 가지 이유 중 하나일 뿐이다. 이런 종류의 확신과 도움 없이 살기를 원할 사람이 누가 있을까?

강력한 천군 천사가 대기 중이다

천사가 아무런 역할도 하지 못하는 물질주의적 세계관을 고수하는 것이 왜 문제가 될까? 그것이 우리 삶에 무슨 차이를 만들어 내기는 하는 걸까?

결론부터 말하자면, 분명히 차이가 있다. 천사들은 우리가 위협과 위험, 혼란으로 가득한 이 망가진 세상에서 눈을 떼고, 우리가 결코 혼자가 아님을 일깨워 주는 거대한 영적 세계를 바라보게 한다. 우리는 초자연적인 보호하심을 베푸시는 초자연적인 하나님을 섬기기 때문이다. 천사들이 나타날 때 자주 하는 말 중 하나는 "두려워하지 말라"이다. 그들은 우리가 보지 못하는 것을 보기 때문이다. 엘리사가 종의 눈이 열리게 해 달라고 기도하자 종은 산을 가득 채운 "불병거"를 보게 되었다. 그들은 엘리사를 위해 전장에 투입될 만반의 준비를 하고 있는 천사들이었다(왕하 6:17).

내가 강연이나 설교를 마친 뒤에 나를 찾아와 이렇게 말하는 사람들이 적지 않다. "목사님이 하시는 일을 마귀가 미워할 테니 목사님을 위해 늘 기도하겠습니다." 이런 기도는 늘 감사하고, 그 모든 기도가 응답되기를 원한다. 하지만 동시에 나는 마귀가 내 앞으로 귀신을 하나 보낼 때마다 하나님이 열두 천사를 보내 나를 보호하신다는 확신 속에서 안식할 수 있다.

두려움은 우리의 시선을 대적에게 고정케 한다. 하지만 믿음은 우리의 친구이신 우주의 하나님과 그분의 친구들인 천사들에게 시선을 고정하게 한다.

이 책의 초고를 검토해 준, 사별의 아픔을 겪은 한 여성은 내게 이렇게 말했다. "분노로 타오르는 세상 속에서 혼자된 몸으로 살려니 지독히도 외롭습니다." 그녀는 이번 장에서 하나님의 보호하심에 대한 부분을 읽고서 눈물을 흘렸다. 그녀는 자신이 혼자가 '아니라는' 사실을 깨달았다. 남편은 육체적으로 그녀 곁에 있지 않지만 필요할 때 하나님의 천사들이 영적으로 그녀와 함께할 것이다.

물질주의적 세계관은 위협에 시선을 고정하게 한다. 하지만 천사를 보는 초자연적인 세계관은 보호하심에 시선을 고정하게 한다. 주로 악령에 대해 생각하는 사람들은 방어적으로 군다. 반면, 주로 천사들을 떠올리는 사람들은 공격 자세를 취한다.

성경에서는 250번도 넘게 하나님을 "여호와 사바오트"(ESV에서는 "만군의 여호와"로, NIV에서는 "전능하신 여호와"로 번역한다)라 부른다. 무려 250번! 그런데 "만군의 여호와"는 "군대 사령관"으로 번역될 수 있다. 그렇다면 하나님은 천군의 하나님이시다. 하나님은 그분을 섬기는 자들을 위해 필요시 그들 편에 서서 싸울 가장 큰 군대를 소집해 놓으셨다. 하나님은 우리가 계시된 말씀을 통해 이 군대를 계속해서 상상하기를 원하신다.

셔그 조던(Shug Jordan)은 1951년부터 1975년까지 오번 타이거스(Auburn Tigers) 미식 축구팀 감독을 맡았으며, 1957년에는 전국 챔피언십 우승도 차지했다. 한번은 조던이 자신의 팀에서 뛰었던 선수 중 한 명에게 마이애미 지역의 유망주 발굴을 도와 달라고 부탁했다. 그 선수가 물었다. "감독님, 어떤 선수를 찾으십니까?"

조던은 대답했다. "한번 쓰러뜨리면 그대로 누워 있는 녀석들이 있지."

"그런 녀석들은 탈락이겠군요."

"물론이지!"

"그럼 쓰러뜨려도 다시 일어나는 녀석들은요? 쓰러뜨려도 일어나고, 쓰러뜨려도 또 계속해서 일어나는 그런 녀석들 말입니다. 그런 선수를 원하시는 거 맞죠?"

"아니야, 그런 녀석들도 안 돼. 이 모든 녀석들을 들이받아 쓰러뜨리는 녀석을 찾아와. 우리가 원하는 건 바로 그런 선수야."[6]

다른 모두를 쓰러뜨리는 것, 그것이 바로 천사들이 하는 일이다. 승리에 승리를 거듭하는 것, 그것이 바로 천군이 창조된 목적이다. 당신이 예수님을 신뢰할 때, 당신의 팀으로 영입할 수 있는 선수가 바로 그런 존재다. 상대방 모두를 단번에 쓰러뜨릴 수 있는 그런 존재 말이다.

사탄의 능력을 과대평가하는 그리스도인이 너무 많다. 하지만 사탄은 하나님에 필적하는 '반하나님'(anti-God)이 아니라 그저 악한 존재일 뿐이다. 사탄은 많은 면에서 한계를 지닌 피조물일 뿐이다. 사실, 하나님보다 훨씬 못한 존재가 사탄을 패배시킬 것이다. 한 천사가 사탄을 파멸시킬 것이다.

> 또 내가 보매 천사〔천군이 아닌 한 천사〕가 무저갱의 열쇠와 큰
> 쇠사슬을 그의 손에 가지고 하늘로부터 내려와서 용을 잡으니
> 곧 옛 뱀이요 마귀요 사탄이라 잡아서 천 년 동안 결박하여
> 무저갱에 던져 넣어 잠그고 그 위에 인봉하여 천 년이 차도록
> 다시는 만국을 미혹하지 못하게 하였는데 그 후에는 반드시
> 잠깐 놓이리라. ○ 요한계시록 20장 1-3절

마침내 하나님이 "이제 그만!"이라고 말씀하실 영광스럽고 무시무시하고 중차대한 날이 올 것이다. 그날 사탄은 끝장난다. 완전히 패배한다. 그자의 시간이 끝나고 만다. 하나님이 한 천사 쪽을 바라보시며 "지금이다! 놈을 잡아오라!"라고 명하실 것이다. 그러면 단 한 천사가 그 일을 해낼 것이다. 바로 이런 천사가 지금 '당신'을 지키고 있다.

가장 어두운 곳까지 찾아오는 사랑의 메신저

서른네 살의 쉴라 월시(Sheila Walsh)는 가수로 성공을 거두었고, 당시 기독교 방송계에서 최고 시청률을 자랑하던 프로그램 〈700

클럽〉(*700 Club*)의 공동 진행자였다. 그녀는 가면을 쓴 채 방송으로 수백만 명의 신자들을 만나고 있었지만, 실제로는 전혀 괜찮지 않았으며 무너져 가는 삶을 지탱하기 위해 처절하게 사투를 벌이고 있었다.

방송이 끝난 지 열두 시간 뒤, 이 모범적인 그리스도인 여성은 자해의 두려움 속에서 스스로 정신과 병동에 입원하는 용감하고도 지혜로운 선택을 내렸다. 그곳에서 그녀가 자살하지 않도록 간호사가 15분에 한 번씩 찾아와 확인을 했다. 대부분의 시간을 그녀는 멍한 상태로, 무슨 일이 일어나고 있는지 믿지 못한 채 두 손에 얼굴을 파묻고 앉아 있었다. 수백만 명을 격려하고 축복하던 사람이 어떻게 홀로 방에 갇혀, 자해하지 않도록 간호사가 수시로 확인해야 하는 상태로 전락할 수 있단 말인가. 시청자들은 뭐라고 말할까? 신앙을 조롱할 기회만 호시탐탐 노리는 그리스도의 대적들은 뭐라고 말할까?

정해진 시간마다 의사와 간호사들이 병실을 들락거렸다. 그런데 어느 날 의료진이 아닌 듯한 한 남자가 방문했다. 그는 의사나 간호사 복장이 아니었고, 윌시의 바이탈 사인(맥박, 호흡, 체온, 혈압)을 확인하지도 않았다. 앞서 내가 순전한 악의 기운이 느껴지는 사람을 만나 본 적 있는지 물었던 걸 기억하는가? 그런데 이 남자는 그와 정반대였다. 그는 더없이 고요하고 평화롭고 안전한 기운을 뿜어냈다. 그는 윌시 앞에 서서 그녀의 머리를 들어 올리더니 그녀의 손에 어린양 인형 하나를 올려놓았다. 그리고 밖으로 걸어 나가다가 문 앞에서 멈춰 이렇게 말했다. "윌시, 목자께서는 당신을 어디서 찾을지 알고 계십니다.”

당신은 숲속을 혼자 걸어가는 젊은 여성인가? 목자께서는 당
신을 어디서 찾을지 아신다. 정신 병원에 입원한 30대의 유명인인
가? 그렇다 해도 당신은 하나님의 임재에서 벗어날 수 없다. 목자
께서는 당신을 어디서 찾을지 아신다. 남편과 사별하고 홀로 새로
운 삶을 마주한 여인인가? 목자께서는 당신을 어디서 찾을지 아신
다. 새로운 책임감이 버거운 젊은 아빠인가? 혹은 가족과 친구들에
게 모두 버림받고 재활 센터에서 홀로 사투를 벌이는 청년인가? 목
자께서는 당신을 어디서 찾을지 아신다.

주체할 수 없는 평강이 온몸을 감싸자 월시는 잠에 빠져들었
다. 몇 시간 뒤에 깨 보니 바닥이었다. 그녀는 생생한 꿈을 꾼 것이
아닐까 생각했다. 그때 침대 위를 보니 어린양 인형 하나가 여전히
놓여 있었다. “한 줄기 희망의 빛이 내 인생의 가장 어두운 밤을 비
추었다.” 그녀는 그렇게 회상했다. 하나님은 그녀가 천사라고 믿는
남자를 통해 그녀를 치유해 주셨다.[7]

하나님은 그분의 딸에게 “네가 어디로 가도 나의 군대가 찾아
가 보호해 주지 못할 곳은 없다”라고 말씀하고 계셨다.

그리스도인들이여, 목자께서는 당신을 어디서 찾을지 아신다.
당신이 정신 병원에 입원해 있든, 교도소에 수감되어 있든, 혹은 부
모가 한창 싸울 때 옷장 속에 숨어 있든, 목자께서는 당신을 어디서
찾을지 아신다.

네가 말하기를 여호와는 나의 피난처시라 하고 지존자를 너의

거처로 삼았으므로 …… 그가 너를 위하여 그의 천사들을
명령하사 네 모든 길에서 너를 지키게 하심이라.

○ 시편 91편 9, 11절

우리가 혼자 남겨졌다고, 우리의 신앙이 그저 인간의 의지와
이해, 인간의 계략에 불과하다고 말하는 그 빈약한 물질주의적 세
계관을 해체하라. 우리 주변에 보이지 않는 세상이 있으며, 우리가
인지하든 못 하든 우리를 위로하고 보호하며 섬기는 실제적인 영
적 존재들이 있다는 강력한 성경적 진리를 배우라. 우리가 그리스
도와 연합할 때 이 선하고 강력한 힘들이 우리를 지켜 준다.

화려한 신기루 너머
영원한 부요함에 삶을 쏟아붓다

썩을 양식을 위하여 일하지 말고
영생하도록 있는 양식을 위하여 하라
이 양식은 인자가 너희에게 주리니.
요한복음 6장 27절

내가 내게 영광을 돌리면
내 영광이 아무것도 아니거니와.
요한복음 8장 54절

*

오래전, 소중한 친구들이 아내 리사와 나를 프랑스 부르고뉴
(Burgundy) 지역 운하 투어에 데려갔다. 레스토랑 사업을 하는 미식가
친구들은 세계에서 가장 비싼 와인인 로마네 꽁띠(Romanée-Conti)의
주재료인 포도를 재배하는 포도밭을 방문한다는 사실에 무척 들떠
있었다. 참고로 나는 양자물리학만큼이나 와인에 대해 모른다. 한
마디로 전혀 모른다는 뜻이다. 그래서인지 그 순간의 낭만보다는
마음속 의구심이 더 컸다.

우리는 로마네 꽁띠 포도가 재배되는 밭까지 차를 타고 갔다.
그곳에는 폭이 기껏해야 2.5미터 정도 되는 비포장도로가 리쉬부
르(Richebourg) 포도밭과 로마네 꽁띠 포도밭을 가르고 있었다.

로마네 꽁띠는 워낙 귀한 와인인지라 어떤 판매처에서는 리
쉬부르 와인 한 상자(열두 병)를 먼저 사야만 판매하기도 한다. 로
마네 꽁띠는 한 병에 8,000유로에 달하며, 경매에서는 한 병에

20,000달러가 넘는 가격에 팔리기도 한다. 그에 비하면 한 병에 보통 1,000~2,000유로 정도인 리쉬부르는 저렴해 보일 정도다. 어떤 경우에는 10,000달러짜리 로마네 꽁띠 한 병을 '살 자격'을 얻기 위해, 먼저 다른 와인을 사는 데 15,000달러 정도를 써야 할 때도 있다.

가이드가 설명하는 동안, 두 와인의 가격 차이에 대한 의구심이 폭발했다. 리쉬부르 밭과 로마네 꽁띠 밭이 너무 가까운 게 수상쩍었다. 나는 가이드에게 물었다. "(로마네 꽁띠 줄을 가리키며) 바로 여기 있는 포도가 (2.5미터 떨어진 다음 줄을 가리키며) 저기 있는 포도보다 여덟 배에서 열 배나 더 좋다는 말인가요?"

가이드가 고개를 끄덕이며 말했다. "글쎄요, 저 끝에 있는 포도나무는 바로 옆 리쉬부르 밭의 첫 번째 포도나무와 별반 다르지 않을지도 모릅니다. 하지만 기억하세요. 포도는 밭 전체에서 수확해 함께 섞는 법입니다. 각 포도밭의 한가운데로 갈수록 품질의 차이가 정말 확연하지요."

나는 텍사스주와 몬태나주의 광활한 대지를 차로 달리면서, 로마네 꽁띠 밭이 100개는 들어가고도 남을 법한 드넓은 옥수수밭들을 본 적이 있다. 그에 비하면 우리가 서 있던 포도밭은 그리 넓지 않았기에 포도 품질의 차이가 그렇게까지 클 리가 없다는 생각이 들었다. 여덟 배나 좋다는 사실이 납득하기 어려웠다.

하지만 사람들은 그 급의 차이를 열렬히 옹호했다. 우리는 역시 부르고뉴에 있는 뮈지니(Musigny) 포도밭 중 두 줄을 소유한 한 여성을 만났다. 이곳의 포도밭은 소유권을 주로 줄(row) 단위로 나누며, 심지어 때로는 한 줄을 나눠 그 일부만 소유하기도 한다. 바로 이 뮈지니 밭에서 모두가 몹시 탐내는 그랑 크뤼(grand cru) 와인이 생산된다. 그래서 이 여성의 가족은 이 포도밭 '두 줄'을 넘겨주는 대가로 400만 유로라는 거액을 제안받기도 했다. 두 줄이면 1년에 고작 와인 두 통 정도를 만들 포도가 수확될 뿐이다. 사실, 그 두 줄에서 생산되는 와인 양으로는 그 가족이 평생 가도 400만 유로를 벌 수 없지만 명성 높은 포도밭의 일부를 소유하는 것은 돈으로 매길 수 없는 가치의 문제였다.

가이드는 여성이 그 제안을 거절한 이유를 설명하면서 이렇게 말했다. "이 포도밭은 우리 가족의 유산이랍니다."

이 현상에 흥미가 생긴 나는 여행에서 돌아온 뒤 좀 더 자세히 조사했다. 그 결과, 우리의 뇌가 (심지어 똑같은 와인이라 해도) 값비싼 와인을 값싼 와인보다 좋게 생각하는 이유에 관한 연구 결과를 발견했다.[1] 값을 알면 뇌가 대상에 대한 경험을 처리하는 프로세스에 실제로 영향을 미친다. 대개 사람들은 가장 비싼 가격이 붙은 와인을 가장 좋은 와인으로 판단했다. 이 현상은 충분히 이해가 간다. 내가 8,000유로를 내고 단 한 병의 와인을 사기로 마음먹었다면 그것이 내 평생에 맛본 최상의 와인이기를 바랄 것이다.

당신이 진정한 와인 마니아라면 진작 나에 대한 존경심을 다 잃었을 것이다(원래 존경을 받을 만한 주제도 못되지만). 하지만 그 경험은 나로 하여금 이런 질문을 던지게 했다. '인생의 좋은 것들'이 '실제로' 더 좋을까? 아니면 단지 우리가 그렇다고 생각하는 것일 뿐일까?

물론 훈련된 혀에는 로마네 꽁띠 와인이 코스트코에서 박스째

산 와인과 180도로 다를 것이 분명하다. 하지만 내가 방금 전 소개한 연구를 생각해 보라. 와인 마니아가 아닌 평범한 사람들을 모아 놓고 박스째 산 와인이 로마네 꽁띠 와인보다 비싸다고 말하면 그들 입맛에는 그 값싼 와인이 프리미엄급 와인보다 맛 좋게 느껴질지도 모른다.

실제로 '가짜 프리미엄 와인'이 최고급 와인 생산자들에게 골칫거리가 되고 있다. 2003년 〈타운 앤 컨트리〉(Town and Country)지에 이런 기사가 실렸다. "도멘 드 라 로마네 꽁띠(Domaine de la Romanée-Conti)는 (가짜 최고급 와인이 만들어지는) 역사가 반복되지 않도록 다양한 조치를 취했다. 병에 시리얼 넘버를 새기고, 불가시광선에서만 보이는 숨은 코드를 넣고, 코르크에 정보를 새기는 것 같은 조치들이다."[2] 세계보건기구(WHO)는 전 세계적으로 판매되는 모든 술의 25퍼센트가 불법 주조된 술이라는 보고서를 발표하면서 이런 조치의 효과에 의문을 제기했다.[3] 보다시피 가짜를 판별하는 기준은 와인의 맛만이 아니라 숨은 코드와 코르크에 새겨진 정보다.

우리가 무지하게 비싼 와인이나 싸구려 와인이나 다를 바 없다고 생각하게 만들 만큼 가짜 최고급 와인을 감쪽같이 만들어 낼 수 있다면? 그래도 최고급 와인은 뭔가 다를까?

자, 중요한 질문이다. '인생의 좋은 것들'이 정말로 그렇게까지 더 좋은가? 아니면 단지 우리가 그렇다고 생각하는 것뿐일까?

마찬가지로, 우리는 영원에 비추어 볼 때 훨씬 더 못한 것들을 추구하고 있지 않은가? 이번 장의 내용은 생사의 문제다. 풍성한 삶이라는 의미에서 생(生)이고, 영적 죽음이라는 의미에서 사(死)다.

이 말은 아무리 강조해도 지나치지 않다. 이 부분에서 잘못되면 모든 것이 잘못된다. 이것은 우리가 시간과 돈과 에너지를 어떻게 사용하는지에 영향을 미치며, 우리 삶의 목표들을 결정한다.

세상적인 화려함의 유혹, 세상의 휘황찬란한 허식과 요란함에서 눈을 떼기 전까지는 영원한 의미에서 중요한 삶을 추구하기는커녕 바랄 수도 없었다. 세상은 화려한 모습을 갖추고 있다. 우리의 눈길을 사로잡을 만큼 매력적이다. 교묘한 손놀림으로 우리의 주의를 끄는 전문 마술사처럼 이 시대의 영은 우리가 하나님의 영광과 선하심, 아름다움, 은혜에서 눈을 떼어 자신이 보여 주는 것에 한눈을 팔게 만든다. 우리의 영이 끌리는 것들보다 감각이 끌리는 것들을 가치 있게 여기지 않기란 참으로 어렵다. 세상 사람들은 세상적인 화려함이 하나님의 은혜 안에서 경건하게 사는 것보다 즐겁다고 믿으며, 그 믿음에 따라 산다.

하지만 과연 그럴까?

수없이 '멋진 옷'을 선택해 왔다

나는 한 좋은 친구와 또 다른 여행을 떠났다. 이 친구는 나와 수많은 아침 시간을 함께 보냈지만 실제로 만난 적은 없는 친구다. 앞서도 소개한 윌리엄 로다. 18세기에 살았던 로는 *A Serious Call to a Devout and Holy Life*(경건하고 거룩한 삶으로의 엄숙한 부르심)라는 중요한 기독교 고전을 썼다. 이 책은 하나님께 남김없이 헌신하는 삶의 아름다움과 지혜를 권한다. 그 책은 내 마음속에서 며칠 내내 사라지지 않은 하나의 이미지를 불러일으켰다. 그 이미지는 내 삶을 새롭게 형성하고 내 우선순위를 재설정한 뒤 나를 옳은 궤도에서 벗어나지 않게 해 주었다. 그것은 모든 것의 '진짜 가치'를 아는 삶과 관계가 있다.

내 상상력을 사로잡은 로의 개념은 이러하다. 유혹 거리들과 세상적인 목표들(명예, 부, 평판, 권력)을 추구하고 하나님의 것들을 무시하는 사람은 '방대한 땅' 대신 '멋진 옷'을 선택하는 어리석은 사람과도 같다는 것이다. 옷은 당장의 가치와 매력이 있지만 유행이 지나고 결국 해진다. 땅은 평생을 가며 1년에 수백 벌의 멋진 옷을 사기에 충분한 소득을 가져올 수 있다. 하지만 어리석은 사람은 당장의 쾌락과 안위, 그릇된 우선 사항들에만 눈이 멀어 옷을 집어 그 땅을 떠나간다.[4]

나 역시 내가 얼마나 허다한 멋진 옷을 좇고 살았는지 깨달았다. 남들이 나에 관해 어떻게 생각하고 말하는지에 신경 쓰는 것, 이것이 멋진 옷이다. 방대한 땅은 남들이 예수님을 좋게 생각하도록 만드는 일에 관심과 시간을 쏟는 것이다. 영원한 집의 복들을 자주 생각하고 갈망하는 것이 아니라 내 외모와 이 땅의 집이 주는 편안함에 더 신경 쓰는 것, 이것도 방대한 땅 대신 멋진 옷을 선택하는 것이다. 사람들을 사랑하기보다는 사람들에게 잘 보이려고 하는 것, 섬김보다 오락을 더 좋아하는 것, 내 영혼의 건강보다 먹고 마실 것에 더 연연하는 것, 하늘의 보화보다 내 '은퇴 후 숫자'를 더 추구하는 것, 이것들은 다 멋진 옷이다. 창피하게도 나는 너무도 많은 세월 동안 멋진 옷을 추구하면서 조금도 깨닫지 못하고 있었다.

로의 책은 내게 세상적인 만족을 추구하는 삶의 유혹을 떨쳐 내고 하나님께 대하여 부요한 삶의 가치를 배우라는 경종을 울렸다. 이제 나는 그리스도의 명령과 우선순위를 따르는 삶에서 오는 기쁨을 원한다. 나는 더 이상 멋진 옷에 한눈팔지 않고 방대한 땅을 물려받을 수 있는 분별력과 신앙적 열정을 기르고 싶다.

당신은 어떤가? 궁극적으로 사람들이 당신을 인정하고 존경하는지에 더 신경을 쓰는가, 아니면 하나님이 당신을 기뻐하시는지에 더 신경을 쓰는가? 이 세상에서 편하게 살고 싶은가, 아니면 하나님께 대하여 부요해지고 싶은가?

마크 배터슨(Mark Batterson)은 이렇게 표현했다. "사람들 앞에서 기꺼이 낮아질 수 있다면 하나님 앞에서 높아질 준비가 된 것이다."[5] 다른 사람들 앞에서 낮아질 수 없다면 하나님 앞에서 높아질 자격이 없다. 이 두 목표는 상호 배타적이다. 좋은 옷, 방대한 땅 중 하나만 가질 수 있다. 둘 다 가질 수는 없다.

하나님께 대하여 부요한 삶

앞서 알래스카에 낚시 여행을 다녀왔던 이야기를 했다. 그런데 고백할 것이 하나 있다. 그 여행의 목표 중 하나는 나로 인해 아들을 창피하지 않게 하는 것이었다. 우리 아들은 그 무리에 어울리

기에 적합하다. 하버드 석사 학위가 두 개나 있고 모두가 부러워할
만한 직장에 다니고 있으니까. 무엇보다 우리 아들 녀석은 가난한
사람들을 향한 열정을 자신이 하는 일에 접목시킬 방법을 찾아냈
다. 나는 그런 점에서 아들이 너무도 자랑스럽다.

그런데 저녁 식사 시간에 아들이 내 옆에 앉아 있을 때 마침내
그 질문을 받았다. "목사님은 어느 학교를 나오셨어요?"

나는 껄껄 웃으며 대답했다. "네, 웨스턴워싱턴대학교(Western
Washing University)를 나왔습니다."

순간, 어색한 침묵이 흘렀다.

"흠, 어디에 있는 대학이죠?"

"워싱턴주에 있는 공립 대학교입니다."

그렇다. 나는 하버드나 스탠퍼드(Standford)를 나오지 못했다.
그렇다. 내가 사랑하는 모교 웨스턴워싱턴대학교는 딱히 유명한
대학교가 아니다. 물론 나는 교육을 중요하게 생각한다. 할 수만 있
다면 더 명성이 있고 규율이 엄격한 대학교에 갔을 것이다. 하지만
이것 역시 어디까지나 멋진 옷이다. 광활한 땅은 어디서 교육을 받
느냐가 아니라 받은 교육을 통해 무엇이 '되느냐'는 것이다.

한번은 예수님이 한 어리석은 부자 이야기를 해 주셨다. 풍년
이 들자 이 부자는 곳간을 더 크게 증축하고 사치와 이기주의와 쾌
락의 삶을 누리기로 결심했다. 그는 자신만을 위한 삶이 '바로 그날
로' 끝날 줄은 꿈에도 생각 못 하고 스스로에게 "먹고 마시고 즐거
워하자"라고 말했다(눅 12:19). 예수님은 "자기를 위하여 재물을 쌓아
두고 하나님께 대하여 부요하지 못한" 모든 자의 운명이 이와 같다

고 말씀하셨다(눅 12:21).

하나님께 대하여 부요한 삶은 사람이 누릴 수 있는 가장 풍성한 삶이다. 하지만 이 삶은 전혀 인기 있는 삶이 아니다. 심지어 어떤 부류 안에서는 존경받는 삶조차 아니다. 사실, 세상에서 이런 삶은 조롱받을 가능성이 더 높다. 심지어 가난한 삶이라고 손가락질 당할 수도 있다. 하지만 참된 풍요는 하나님의 사전과 정의를 채택할 때 시작된다.

좋은 소식은, 하나님께 대하여 부요한 삶은 나이, 소득, 커리어, 교육, 결혼 여부와 상관없이 누구든 오늘부터 시작할 수 있는 삶이라는 것이다. 이런 삶을 부여잡겠다는 새로운 열정만 품으면 된다. 세상적인 화려함의 유혹을 꿰뚫어 보고 이 새로운 삶을 배우기 시작하면 돈, 명성, 관계, 시간, 여가, 에너지, 초점까지 모든 것에 관한 생각이 달라진다. 가치 있게 여기는 것, 추구하는 것, 무시하는 것, 관심을 기울이는 것까지 다 달라진다. 나는 이것이 우리가 살 수 있는 최고의 삶, 거듭난 사람에게 예비된 삶이라고 믿는다.

사회학적 연구들이 이를 뒷받침한다. 하버드대학교 교수 아서 브룩스(Arthur Brooks)는 주로 "본질적"(intrinsic) 목표를 세운 대학원생들과 "비본질적"(extrinsic) 목표를 세운 대학원생들 사이의 차이를 조사한 로체스터대학교(University of Rochester)의 연구를 소개했다.[6] 브룩스는 이렇게 썼다. "본질적 목표들은 깊고도 지속적인 관계에서 오는 만족을 중심으로 이루어졌다. 비본질적 목표들은 돈을 많이 벌고, 물질을 많이 소유하고, 권력을 얻고, 평판이나 명성을 얻는 것을 중심으로 이루어졌다."[7]

1년 뒤 대부분의 대학원생은 자신이 원하는 방향으로 순항했다. 그런데 본질적(관계적) 목표를 품은 학생들이 더 행복했다. 브룩스는 이런 결론을 내렸다. "돈과 명성 같은 세상적인 것들을 중심으로 인생의 목표를 세우면 욕망은 폭발하고 삶의 만족도는 떨어질 수밖에 없다."[8]

"욕망은 폭발하고 삶의 만족도는 떨어지는" 것이야말로 오늘날 현대인들의 삶에 대한 가장 정확한 진단이다. 따라서 우리는 모든 것의 진정한 가치를 분별하고, 하나님께 대하여 부요한 삶을 추구해야 한다. 즉 모든 관계 중에 가장 중요한 궁극적인 관계를 추구해야 한다. 그렇다고 해서 좋은 음식이나 좋은 음악을 비롯한 '인생의 좋은 것들'을 아예 즐기지 말아야 한다는 뜻은 전혀 아니다. 하나님은 이 중 많은 것을 창조하셨고, 우리는 이것들을 감사와 기쁨, 심지어 예배하는 마음으로 받을 수 있다.*

하지만 그리스도 안에서의 삶을 추구하려면 우리가 진정으로 가치 있게 여기고 가장 열심히 추구하는 것들에 관해 다시 생각해 봐야 한다. 프레더릭 페이버(Frederick Faber)는 이렇게 말했다. "그 누구도 가난할 필요가 없다. 원하기만 한다면 예수님을 자신의 재산이자 소유로 삼을 수 있기 때문이다. …… 우리는 많은 것을 과장하며 이야기하지만 …… 우리를 향한 예수님의 자비롭고 풍성한 사랑만큼은 아무리 과장해도 지나치지 않다."[9]

나는 지난 6년간 살았던 휴스턴의 집이 너무 마음에 들었다.

---

* 내 책 《쾌락》(*Pure Pleasure : Why Do Christians Feel So Bad Abound Feeling So Good?*, CUP 역간)을 보라.

구조 하나하나가 작가이자 교사로서 내게 영감을 주는 집이었다. 하지만 하나님 나라를 위해 휴스턴을 떠나 콜로라도주로 이사하는 것이 옳다는 판단이 들었을 때 휴스턴의 이 아름다운 집을 중심으로 우리의 인생 방향을 결정할 수는 없었다(콜로라도주에서 우리는 1970년대에 지어진 집을 샀다. 그 집은 천장이 낮고 화장실은 여태껏 내가 본 화장실 중에서 가장 흉물스러웠다). 세상 것들을 이용하는 것은 좋지만 그것들이 족쇄가 되어서는 안 된다. 텍사스를 떠나지 않으면 콜로라도주로 갈 수 없었다.

다른 추구들로 우리의 마음이 쪼개져 있으면 하나님의 뜻에 순종하는 삶을 살 수 없다. 세상이 가치 있게 여기는 것을 가치 있게 여기면서 하나님이 가치 있게 여기시는 것도 가치 있게 여길 수는 없다. 이 둘은 서로 충돌하며, 하나를 향한 열정이 타오르면 다른 하나를 향한 열정은 무뎌진다. 그래서 예수님은 이렇게 말씀하셨다. "너희가 서로 영광을 취하고 유일하신 하나님께로부터 오는 영광은 구하지 아니하니 어찌 나를 믿을 수 있느냐"(요 5:44). 세상적인 영광을 추구하면 하나님에게서 오는 영광을 추구할 수 없다. 하다못해 하나님에게서 오는 영광을 추구하고 '싶은' 마음이라도 들려면 일단 세상적인 영광을 추구하는 것부터 멈추고 봐야 한다.

다른 사람들이 나를 어떻게 생각하는지에 신경을 쓰기 시작하면, 그 즉시 하나님의 임재와 은혜를 가치 있게 여기지 못하게 된다. 나는 늘 내가 사는 집을 호텔 방으로 생각하려고 애쓴다. 호텔 방은 좋을 수도, 좋지 않을 수도 있지만 그것이 궁극적으로는 별로 중요하지 않다. 어차피 정해진 시간이 지나면 체크아웃을 해야 하기 때문이다. 호텔 방에 있는 동안 그곳을 즐기는 건 전혀 문제가 아니다. 하나님께 감사하며 잠시나마 음미하고 그 시간을 즐기라. 하지만 그곳에 눌러앉겠다고 결심하는 순간, 새로운 지역에 여행 온 이유를 놓치기 시작한다.

쉬이 사라지고 마는 세속적 영광

아그립바와 버니게 앞에 나타난 바울에 관한 이야기는 방대한 땅(하나님께 대하여 부요한 것)보다 세상적인 화려함(멋진 옷)을 택하는 사람들을 향한 선지자적 경고다.

> 이튿날 아그립바와 버니게가 크게 위엄을 갖추고 와서
> 천부장들과 시중의 높은 사람들과 함께 접견 장소에 들어오고
> 베스도의 명으로 바울을 데려오니 베스도가 말하되 아그립바
> 왕과 여기 같이 있는 여러분이여 당신들이 보는 이 사람은
> 유대의 모든 무리가 크게 외치되 살려 두지 못할 사람이라고
> 하여 예루살렘에서와 여기서도 내게 청원하였으나.
>
> ○ 사도행전 25장 23-24절

명성이 화려한 아그립바와 버니게가 으리으리한 홀로 들어오는 장면을 상상해 보라. 모든 사람이 그들의 환심을 사기 위해 아첨을 하고 비위를 맞춘다. 다들 그들처럼 되고 싶어 한다. 그들은 최고급 숙박 시설에서 머물며 최고급 산해진미를 먹는다. 그들에게는 누

구든 죽이고 풀어 줄 만한 권력과 그 명령을 수행할 종들이 있다.

한편, 버니게는 아그립바의 아내가 아니라 '누이'였다. 하지만 그녀는 아그립바와 동거했다. 그래서 소문이 돌고 있었다.

이제 관심을 돌려 안 좋은 시력에 모아 놓은 돈도 없으며, 로마 시민이라는 지위 외에 세상적인 권력이라곤 눈곱만큼도 없는 가난한 죄수를 떠올려 보라. 그는 독신인지라 혼자였으며, 얼굴에는 험악한 세상에서 쉼 없이 선교 여행을 한 흔적이 가득했다. 그는 여러 번 심한 매질을 당했고, 심지어 죽을 뻔하기까지 했다. 그의 등은 상처로 보기 흉할 정도였다.

많은 사람이 이 죄수를 위험해서 죽어 마땅한 자로 여겼다. 이 사람이 없으면 세상이 좀 더 좋아지겠거니 생각했다. 하지만 내가 볼 때 그것은 지독히 어리석은 생각들 가운데서도 가장 어리석은 생각이었다. 바울과 그의 저술들이 없으면 세상이 더 좋아질 거라고? 오히려 나는 그가 지금보다 두 배로 많은 저술을 집필하지 않은 게 아쉬울 따름이다. 그가 일주일간 진행하는 세미나에서 내가 알고 싶은 것들, 오늘날 세상에서 적용하고 싶은 것들을 논할 수 있다면 억만금을 줘도 아깝지 않으리라. 하지만 지식층이며 백성을 지도하고 가르칠 책임이 있는 이 유대인 종교 지도자들은 이 죄수가 글을 쓰고 강연하는 것을 완전히 중단시키고자 했다.

적어도 지위와 부, 권력, 영향력에 관해서는 아그립바와 버니게가 압승인 것 같았다. 아그립바는 그 뒤로도 수십 년간 통치를 이어 갔고, 로마에 충성한 결과로 많은 혜택과 부를 얻었다. 반면, 살날이 몇 달밖에 남지 않은 바울은 아그립바와 버니게에 비해 형편

없는 몰골에 아마 냄새까지 났을 것이다. "이자를 보라. 살 가치가 없는 자다!"

2,000년 전 아그립바와 종교 지도자들은 바울의 외양을 보고 그의 가치를 판단했다. 그리고 지금 우리는 바울의 영향력을 '보고' 있다. 결과를 보면 누가 진정으로 '이겼는가?' 오늘날, 매 순간 세상 어딘가에서는 누군가가 바울의 글을 읽고 있다. 바울의 저술과 사상에 관해 쓴 책을 생산하기 위해 수많은 숲이 벌목되었다. 내세에서 나는 이 사람과 커피 한잔을 마시기 위한 사람들 줄에 기꺼이 설 것이다(사실 나는 커피보다는 새 땅에도 차가 있으면 좋겠다).

잘 들어 보라. 아그립바와 버니게는 바울과 만난 사건 외에는 오늘날 사람들에게 기억조차 되지 않고 있다. 아그립바와 버니게의 육체는 그들의 화려한 옷과 함께 이미 오래전에 썩어 흙으로 변했다. 그들이 소유했던 으리으리한 건물들은 지금 돌무더기일 뿐이다. 지금 누군가가 "아그립바는 이런저런 생각을 했다"라고 말하면 대부분의 사람은 "아그립바가 대체 누구야?"라며 고개를 갸웃거릴 것이다. 이 커플의 권력은 마치 텍사스의 폭우와도 같다. 폭우가 지속되는 동안은 피할 수 없지만 밝은 태양이 나오는 순간 감쪽같이 사라져 버리는…….

사실, 오늘날 그들이 희미하게나마 기억될 수 있는 건 '전적으로' 살 가치가 없었던 '불쌍한' 바울과의 만남 덕분이다. 물론 그들은 그것을 전혀 몰랐고, 그래서 어리석게 굴었다. 상황 파악이 전혀 안 된 아그립바는 바울에게 이렇게 말했다. "너를 위하여 말하기를 네게 허락하노라"(행 26:1). 그는 바울에게 발언을 '허락'했다. 마치 누가 바울의 말을 들을 수 있는지 결정할 권한이 자신에게 있는 것처럼 말이다. 종교 지도자들은 바울의 입을 막아 아무도 그의 말을 듣지 못하게 하고 싶었지만 그들의 계획은 완전히 실패했다. 오늘날 우리는 그들 중 단 한 사람의 이름도 모른다. 오늘날 신학 교수가 바울의 이름을 언급하면 모든 사람이 누구를 말하는지 정확히 안다. 하지만 아그립바를 말하려면 긴 배경 설명에 돌입해야 한다.

시간을 내서 이 차이를 깊이 생각해 보라. 역사 속에 이런 장면이 흔치 않기 때문이다. 세상적인 화려함은 아침 이슬보다도 쉬이 사라지고 만다. 그러나 하나님께 대하여 부요한 것은 수 세기를 걸쳐서 계속해서 불어나는 투자다.

진정한 부, 진정한 힘, 진정한 영향력

예수님의 말씀을 제외하면 사도 요한이 쓴 계시록은 하나님께 대하여 부요한 것과 세상을 가치 있게 여기는 것 사이의 차이를 가장 극명하게 보여 주는 글이다. 요한계시록의 주된 주제 중 하나는 불길 속으로 떨어지는 세상의 영광과 영원히 빛나는 하늘의 영광 사이의 대조다.

성서학 교수인 로드니 리브스(Rodney Reeves)는 이렇게 말한다. "그리스도의 죽음은 사탄의 허위를 드러낸다. 즉 그의 일시적인 능력, 공허한 부, 거짓 지혜, 덧없는 힘, 억지로 짜낸 명예, 허식, 거짓 복을 드러낸다. 반면, 죽임을 당했지만 여전히 살아 계신 하나님의 어린양은 진정한 능력, 부, 지혜, 힘, 명예, 영광, 복 그 자체이시다."[10] 거시적인 차원에서 사탄은 하나님을 이기려고 끊임없이 시도하는데, 미시적인 차원에서 사람이 그런 시도를 할 때도 그와 똑같은 말로를 맞게 된다. 리브스의 말을 들어 보자. "최대한 많은 권력을 움켜쥐고 사람들을 이용하려고 하는 자들을 볼 때마다 언젠가 그들이 사탄처럼 모든 것을 잃게 되리라는 것을 알라."[11]

이 사실을 기억하면 위로가 되고 영적으로 도움이 된다. 또한 세속적 풍요로움에 마음을 빼앗기지 않고 하나님께 대하여 부요한 삶을 가치 있게 여기려면 이 사실을 반드시 기억해야 한다. "많은 사람이 오직 이생의 보상만이 인생을 걸 만한 가치가 있다고 생각한다. 하지만 우리는 내세의 보상만이 목숨을 바칠 만한 가치가 있다고 생각한다."[12]

밝히기가 조금 창피하지만, 요한계시록은 성경에서 내가 좋아하는 책이 아니었다. 실용적이기보다 기괴해 보였기 때문이다. 하지만 리브스의 책 *Spirituality According to John*(요한이 말하는 영성)에서 그의 설명을 듣고 요한계시록 안의 강력한 진리에 눈을 떴다. "이 세상 것들을 위해 낮의 힘을 쏟다가 허무하게 죽는 것은 지독한 낭비다. 우리가 그분의 나라에서 영원히 살도록 세상을 이기신 어린양께 삶을 바치는 것이야말로 참된 능력을 얻는 길이다. 용은 패배하고 어린양은 승리한다."[13]

하나님께 대하여 부요한 삶을 명쾌하게 요약한 글을 찾고 있다면 이보다 더 간결하면서도 강력한 문장은 웬만해선 찾지 못할 것이다. "용은 패배하고 어린양은 승리한다."

악이 이기는 것처럼 보이고 선한 사람들이 공개적으로 치욕을 당할 때 스스로에게 이렇게 말하라. "용은 패배하고 어린양은 승리한다."

복음을 열정적으로 옹호한 탓에 부당한 대우를 받거나 조롱을 당할 때 이 사실을 기억하라. "용은 패배하고 어린양은 승리한다."

수입이 변변치 않아 창피를 당하고 선행을 해도 아무도 알아주지 않을 때 이 진리를 굳게 부여잡으라. "용은 패배하고 어린양은 승리한다."

자신의 나라가 아닌 하나님 나라를 먼저 구하다가 사랑하는 이들에게조차 인생을 허비하고 있다는 비난을 받을 때 스스로에게 이렇게 말하라. "용은 패배하고 어린양은 승리한다."

하나님께 대하여 부요한 삶을 배우기 위해서는 그동안 부러워했던 것들을 잊으라. 무엇이 부인가? 무엇이 힘인가? 무엇이 영향력인가? 당신이 하늘의 능력과 인정을 받는데 이 땅의 시민들이 당신에 관해 뭐라고 말하든 신경 쓸 일이 무언가.

하나님의 사랑이 세상의 명예보다 낫다. 하나님의 영원한 보상이 세상의 재물보다 비교할 수 없이 귀하다. 하나님의 은혜를 받는 것이 역사서에 위인으로 기록되는 것보다 더 값지다. 하나님께 대하여 부요한 삶이란 하나님이 소중히 여기시는 것을 우리도 가치 있게 여기는 법을 배우는 삶이다. 세상의 갈채를 받으며 세속적 부를 쌓기보다 하나님께 대하여 부요하기를 추구해야 한다.

결국, 용은 패배하고 어린양은 승리하기 때문이다.

불평 가득한 청구서를 찢고
'구조받은 자'의 심장으로

✳

1849년, 러시아 대문호 표도르 도스토옙스키(Fyodor Dostoevsky)는 반정부 활동으로 사형 선고를 받고 총살형 집행장으로 끌려갔다. 페트라셰프스키 서클(Petrashevsky Circle; 러시아 정부가 전복적으로 여긴 이념들을 옹호한 지식인 집단)의 동료들과 함께 사슬에 묶인 채 총살을 기다리던 그 공포를 상상해 보라. 죽음은 피할 수 없는 운명처럼 보였다.

이윽고 병사들에게 총을 들라는 명령이 떨어졌다. 그는 자신의 목숨을 앗아 갈 총알이 터져 나올 총구를 정면으로 바라보았다. 불과 50미터 남짓 되는 거리에서 소총들이 자신들을 겨누고 있었다. 도스토옙스키와 동료들이 죽음을 각오하며 몸을 바짝 움츠린 바로 그 순간, 또 다른 명령이 하달되었고 사수들은 일제히 총을 내렸다.

대체 어떻게 된 일일까?

나중에 밝혀진 사실이지만, 정부 당국은 그들이 고마움을 느끼고 정부를 지지하기를 기대하며 형 집행 정지 결정을 내린 것이었다. 대신 그들에게는 시베리아 노동 수용소에서의 4년 강제 노역형이 선고되었다.[1] 시베리아 수용소 생활은, 특히 겨울에는 결코 만

만치 않다. 열악한 환경에서 단 하루도 쉬지 못한 채 4년을 사는 것
은 가혹한 형벌이다. 날이 갈수록 불평이 느는 것이 지극히 당연하
다. 하지만 방아쇠를 당기는 손가락 끝에 목숨이 달렸던 순간을 겪
은 도스토옙스키에게 강제 노역은 오히려 선물처럼 느껴졌다.

도스토옙스키는 그 순간을 평생 잊지 못했다. 나중에 자신의
소설 《백치》(The Idiot)에서 한 인물의 감정을 묘사할 때 그는 그때의
경험을 녹여 냈다. 죽음 직전에 기적적으로 살아나 그 후의 삶을 보
너스처럼 살게 된다면, 그래서 세상이 경탄할 위대한 작품들을 남
기며 살 수 있다면 어떨까? 아마 매일매일이, 심지어 수용소에서의
고된 하루조차 선물처럼 느껴질 것이다.

복음을 이해하는 모든 그리스도인도 마찬가지다. 정죄받아 죽
어 마땅한 우리에게 하나님은 용서받을 길을 마련해 주셨다. 우리
는 극적으로 구조받은 사람들이다. 그러므로 회심 이후에 닥치는
사소하고 불편한 상황들에 예민하게 반응하기보다, 우리에게 일어
나는 모든 선한 일에 감사해야 한다.

마음가짐을 근본적으로 바꾸자 내 안의 실망감은 줄어들고,
예전에 당연하게 여기던 것들에 대한 감사가 자라났다. 이렇듯 영
적 특권 의식을 해체하는 것은 우리 삶에 새로운 기쁨과 예배가 살
아나기 위한 열쇠다.

내가 세상의 모든 존경과 찬사, 부와 안위를 누려야 마땅하다
고 생각하다가 그중 80퍼센트만 얻게 된다면 분명 자신이 가난하
다고 느낄 것이다. 마땅히 내 것이어야 할 나머지 20퍼센트를 도둑
맞았다고 생각할 테니 말이다. 반면, 내가 세상의 그 어떤 것도 누

릴 자격이 없다고 믿다가 단 10퍼센트만 얻어도 스스로를 부유하
다고 느낄 것이다.

이것이 바로 우리가 구조받았다는 사실을 깨닫고 특권 의식을
해체할 때 얻게 되는 비밀이다. 내가 누려야 마땅하다고 생각하는
수준이 곧 내 행복의 기준이 된다. 하나님을 제대로 예배하고 자신
을 제대로 이해하려면 이 특권 의식을 해체하고, 구조가 절박한 상
황에서 하나님이 나를 건져 주신 것이 무슨 의미인지를 배워야 한
다. 하나님은 나를 구하실 수 있고 실제로 구해 주신 유일한 분이시
다. 이미 그분의 역할을 다 하신 하나님이 내게 자신을 또다시 증명
해 보이실 필요는 없다. 내 삶의 모든 육체적·영적 측면이 이런 태
도에 따라 정의되어야 한다.

나는 특권 의식의 손아귀에 붙들린 채 지독한 기만에 빠져 있
었다. 그럼에도 내 감정과 기분, 생각이 얼마나 철저히 특권 의식에
좌우되는지를 전혀 몰랐다. 그러다 나 자신을 구조받은 자로 보기
시작하면서 딱딱하게 굳어 나를 짓누르던 특권 의식의 짐이 서서
히 힘을 잃기 시작했다. 나는 나를 죽이는 불만족을 버리고, 생명을
주는 기쁨과 소망의 흐름에 올라타게 되었다.

특권 의식에서 벗어나 구조받은 자의 마음으로 나아가는 여정
은 지극히 개인적이어서 사람마다 다르다. 하지만 이것이 우리가
하는 모든 일에 얼마나 폭넓게 영향을 미치는지 보여 주기 위해 내
생각이 어떻게 달라졌는지를 예로 들어 보겠다.

이제 나는 항공편이 지연되거나 취소될 때 불평하기보다 현대
항공 기술 덕택에 비행기로 지금껏 먼 곳에 있는 수많은 교회를 방

문할 수 있었음을 떠올리며 감사한다. 자녀나 손주가 근처에 살지 않는다고 쓸쓸해하기보다 내게 자녀가 있다는 사실에 깊이 감사한다. 더구나 화상 통화로 아이들을 볼 수 있고 비행기를 타면 언제든 찾아갈 수 있다는 사실에도 감사한다. 내가 쓴 책이 크게 주목받지 못해도 낙심하는 게 아니라, 원래 20권은커녕 단 한 권의 책도 쓸 자격이 없는 사람임을 깨닫는다. 특정 교회나 콘퍼런스에 강사로 초대받지 못해 서운해하는 게 아니라 나의 죄에도 불구하고 여전히 어느 교회나 콘퍼런스 강단에서 말할 수 있도록 허락하신 하나님의 과분한 은혜에 기뻐한다.

어디 그뿐인가! 제2차 세계대전 당시 추운 겨울날 병사들이 겪은 고생에 관한 글을 읽으면 수리할 곳이 많은 낡은 침실일지라도 그곳에서 편히 잘 수 있음이 얼마나 큰 복인지 깨닫는다. 노화로 인해 약해지는 여러 신체적 변화에도 하나님이 지금까지 내게 이토록 많은 세월을 주셨다는 사실에 감사가 밀려온다.

구조받은 삶은 우리의 마음가짐을 이미 영적 복권에 당첨된 사람의 상태로 재설정한다. 우리는 받아 마땅한 것보다 훨씬 더 많은 복을 받았다. 모든 복은 선물이며, 모든 결핍은 우리가 받은 구원과 소망, 하나님의 임재로 인해 그 힘을 잃는다.

당신과 나는 한없이 무력했다. 그리고 우리 힘만으로는 지금도 여전히 무력하다. 이 사실을 받아들일 수 없다면 기독교를 받아들일 수 없다. 예수님은 이 땅에 도덕 개선 프로그램을 가져오신 것이 아니라, 죽음과 부활, 재창조라는 초대장을 가져오셨다. 죽음 없이는 새로운 삶도 없다.

내가 특권 의식을 구조받은 자의 정체성으로 바꾸고 나서 얻은 것은 바로 기쁨과 감사, 그리고 그분에 대한 전적인 의존이다. 그로 인해 나는 낙심과 의심, 영적 고갈에 빠지지 않는다. 예수님의 멍에를 메고 영혼의 쉼을 찾는 삶, 이 얼마나 좋은가. 나는 마땅히 받을 자격이 있는 것을 받지 못하고 있다는 그 끔찍한 무게(실제로는 받아야 할 심판을 받지 않았으니, 내 생각과는 다른 의미에서 받지 못한 게 맞다!)를 마침내 내려놓았다. 대신 모든 순간과 모든 호의를 하나님의 후하신 선물로 감사하며 누리게 되었다.

영적 특권 의식에 발목이 잡힌 인생

케일린(Kaylin)은 결혼을 원하는 서른다섯 살의 싱글 여성이다. 그녀는 또래 친구들보다 건강을 잘 관리했고, 외모를 잘 가꾸었다. 거기다가 집도 장만했고, 대화를 이끌어 가는 기술 또한 누구보다 탁월하다. 물론 주님을 사랑하는 사람이었다. 그러나 기약 없이 늦어지는 결혼에 그녀는 결국 하나님을 원망하기 시작했다. "저는 제가 해야 할 일을 다 했어요. 혼전 순결을 지켰고, 기독교 신앙이 없는 남자에게는 눈길도 주지 않았어요. 하나님, 제 몫은 다 했어요. 그런데 왜 하나님은 하나님의 몫을 하시지 않으시나요? 왜 제게 남편을 주시지 않는 거죠?"

제프(Jeff)와 그레이스(Grace)는 자녀들이 대학교에 입학하면서 기숙사에 들어갈 때까지 교회에 열심히 데리고 다닌 독실한 부모다. 집에서 말이나 행동으로 늘 신앙의 본을 보였다. 그래서인지 네 자녀 모두 자진해서 세례를 받았다. 하지만 성인이 된 두 명은 더 이상 교회에 다니지 않고, 그중 한 명은 더 이상 하나님을 믿지 못하겠다고 말한다. 이 부부는 이렇게 따지고 싶은 유혹을 느낀다. "하나님, '마땅히 행할 길을 아이에게 가르치라 그리하면 늙어도 그것을 떠나지 아니하리라'라는 성경 구절은 대체 어떻게 된 거죠? 우리는 그대로 했는데 하나님은 우리 아이들에 대한 약속을 지키시지 않았어요."

조시아(Josiah)는 자신의 직업을 지독히 싫어한다. 물론 직업이 있어 생계를 유지하고는 있지만 성취감이 전혀 없다. 다른 친구들은 적어도 자신의 직업을 싫어하지는 않는다. "왜 하나님은 내게 더 좋은 직업을 주시지 않을까?"

칩(Chip)은 빚쟁이들의 끊임없는 독촉 전화에 죽을 맛이다. 그가 실제로 내게 이런 식으로 말하지는 않았지만 그가 하는 말을 가만 들어 보면 이런 특권 의식이 어쩔 수 없이 엿보인다. "내가 번 돈은 다 써야 해. 신용카드 빚이 쌓여도 걱정 없어. 성경에서 하나님이 우리의 필요를 채워 주신다고 했으니 은퇴 후 생활이나 응급 상황을 위한 저축 따위는 안 해도 돼."

세사르(Cesar)는 음주 운전으로 면허 취소가 되고 나서 하나님이 도와주시지 않았다며 화를 낸다. 이번에도 여기에 그가 한 말 그대로를 옮긴 것은 아니지만 그의 생각을 최대한 정리했다. "술을 마시고 운전해도 면허가 취소되지 않을 자격이 내게는 충분해. 음주 운전을 자주 한 것도 아니고, 그날 그렇게 많이 마신 줄도 몰랐어.

하나님, 단속에 걸리지 않게 도와주실 수 없었나요? 음주 운전을 나보다 훨씬 더 많이 하고도 한 번도 걸리지 않은 친구들이 얼마나 많은지 아세요?”

이 모든 생각이 바로 영적 특권 의식이며, 그리스도인이 가질 수 있는 최악의 태도 중 하나다. 여기서 빠져나오기 위한 가장 효과적인 방법 중 하나는 우리가 구조받은 존재임을 깨닫는 것이다. 우리가 하나님께 받아 마땅한 것보다 훨씬 더 좋은 대접을 받고 있다는 사실을 깨달으면 특권 의식은 사라진다.

나를 무엇으로부터 건져 주셨는가

우리가 영적으로 파산 상태이며, 우리가 하나님의 마음을 얼마나 아프게 하는지를 제대로 아는 것이 특권 의식이 죽기 위한 조건이다. 장 칼뱅은 《기독교 강요》(*Institute of the Christian Religion*) 중에서도 가장 설득력 있는 글에서 그리스도께서 우리를 무엇으로부터 건져 주셨는지를 정확히 아는 것이 왜 중요한지를 설명한다. 칼뱅은 하나님의 진노에 집착했다고 하는데, 결국 그것이 하나님의 놀라우면서도 사실상 이해할 수 없는 자비를 깨닫게 하는 열쇠가 되었다. 하나님은 단순히 무단 횡단이나 속도 제한 위반에 대해서만 우리를 용서해 주신 것이 아니다. 그분은 우리가 영원한 형벌을 앞두었을 때 개입하셨다.

칼뱅은 죄에 대한 하나님의 미움과 자신을 기다리는 파멸을 개략적으로만 알다가 하나님이 자신을 무엇으로부터 건져 주셨는지에 관해 자세히 듣게 된 한 남자를 묘사한다. 자신이 처한 위험의 '모든' 세부 내용과 그리스도께서 해 주신 구원의 '모든' 측면을 분명히 알고 나면 우리가 그리스도 안에서 얻은 것에 대해 훨씬 더 깊이 감사하고 찬양하게 된다.

성경의 가르침대로 당신이 죄 때문에 하나님과 멀어졌고,
진노의 자식이며, 영원한 죽음을 피할 수 없는 존재였다고
가정해 보자. 구원의 소망은 전혀 없고 하나님의 모든 복에서
제외된 채, 사탄의 종이자 죄의 멍에에 묶인 포로로서 결국
끔찍한 파멸을 맞이할 운명이었으며 이미 그 비극 속에
발을 들여놓은 상태였다고 해 보자. 그런데 바로 그 순간,
그리스도께서 중보자로 나서셨다. 그분은 하나님의 의로운
심판에 따라 모든 죄인이 받아야 할 형벌을 친히 짊어지셨고,
우리를 하나님과 원수 되게 만든 그 악한 죄를 자신의 피로
씻어 내셨다. 이 속죄의 제사를 통해 성부 하나님의 공의를
온전히 충족시키셨으며, 중보자로서 하나님의 진노를
누그러뜨리셨다. 이 토대 위에서 비로소 하나님과 인간 사이의
화목이 이루어졌고, 이 견고한 화해의 끈으로 우리를 향한
그분의 자비가 계속 이어지는 것이다. 그렇다면 자신이 얼마나
거대한 재앙에서 건져졌는지 이토록 생생하게 깨달을 때, 어찌
감격하지 않을 수 있겠는가?[2]

내 영적 상태를 솔직하게 그리면 이러하다. 나는 쓰레기 중에 쓰레기였다. 하지만 하나님은 예수님을 보내 주셨고, 이제 나는 평강과 소망, 용서, 기쁨, 은혜를 누린다. 하나같이 내가 받을 자격이 없는 것들이다. 우리가 무엇에서 건져졌는지에 관해 대수롭지 않아 하는 것은 구원의 가치를 폄하하는 것이다. 그러면 이토록 자비롭고 인자하고 강하신 구원자를 온전히 예배하지 않게 된다. 이유는 간단하다. 그토록 놀라운 구원을 받고도 자신이 받아 마땅한 것을 받지 않고 있다고 생각하기 때문이다.

특권 의식에 빠진 사람들은 하나님이 자신에게 공정하게 굴지 않으셨다고 생각한다. 자신은 자신의 역할을 했는데 하나님이 그분의 역할을 하시지 않았다고 생각한다. 때로 그들은 성경에서 나라들을 향해 선포된 말에 취해 자신을 위한 '개인적인' 약속으로 해석한다. 그러면서 자신이 하나님께 얼마나 큰 빚을 졌고 앞으로도 계속해서 빚을 질 것이라는 사실을 망각한다.

성경은 우리가 하나님께 마땅히 무엇을 기대할 수 있다고 말하는가? 그것들이 무엇인지 한번 살펴보자.

하나님이 우리에게 약속하신 것

우리의 삶을 성경이 펼쳐 보여 주는 대로 보지 않으면 특권 의식이 기승을 부린다. 우리가 특권 의식을 느끼는 것은 삶이 특정한 모습으로 펼쳐져야 한다고 생각해서다. 하나님이 우리에게 우리가 원하는 대우를 해 주셔야 한다고 생각해서다. 우리가 이런저런 일을 겪을 필요가 없어야 한다고 생각해서다. 이런 그릇된 생각을 해체해야 한다.

성경은 우리가 무엇을 기대할 수 있고 기대해야 한다고 말하는가?

> 우리의 죄는 우리를 하나님에게서 떼어 놓는다(사 59:2).
>
> 우리는 하나님의 진노를 당해 마땅하다(롬 1:18).
>
> 우리는 관계가 몹시 어려워진 타락한 세상 속에서 산다(창 3:16).
>
> 죄와의 싸움은 맹렬하고 지속적일 것이다(롬 7:15).
>
> 믿지 않는 세상이 우리를 핍박할 것이다(요 15:18).
>
> 우리의 몸은 병들고 마침내 육체적 죽음을 맞을 것이다(고전 15:42-44).

예수님은 한술 더 떠서 이렇게 말씀하신다. "세상에서는 너희가 환난을 당하나 담대하라 내가 세상을 이기었노라"(요 16:33). 예수님은 인생이 고난으로 가득할 것이라고 '약속하신다.' 하지만 동시에 그 고난의 한복판에서 우리와 함께하실 것을 약속하신다.

그렇다면 우리의 마음을 새롭게 함으로 변화를 받는 것은 무엇을 의미하는가?(롬 12:1-2) 이는 특권 의식을 버리고, 삶이 지독히 힘들어도 인생길의 걸음걸음마다 예수님이 우리와 나란히 걸어 주신다는 사실을 받아들이는 것을 의미한다.

사도 바울은 우리를 위한 기대 수준을 정해 준다. "우리가 먹을 것과 입을 것이 있은즉 족한 줄로 알 것이니라"(딤전 6:8). 그런데 이것을 익히고 삶에서 적용하는 그리스도인은 매우 드물다. 대부분의 그리스도인은 바울이 과장법을 사용하고 있다고 생각한다.

우리는 특정한 종류의 음식, 특정한 종류의 옷, (결혼한다면) 특정한 종류의 결혼 생활을 원한다. 그리고 특정한 종류의 집을 원한다. 또 가끔 한 번씩 휴가를 갈 만한 삶의 여유를 바란다. 또한 대부분의 사람들에게 '좋은 사람, 착한 사람'으로 평가받으며 존경도 받고 싶다. 단순히 의식주만 해결해 주는 직업이 아니라 우리의 재능을 활용하며 성장할 수 있는 직업, 최소한 어느 정도는 즐길 수 있는 직업을 원한다.

우리가 디모데전서 6장 8절 말씀에 무언가를 추가하고 요한복음 16장 33절 말씀을 거부하는 만큼, 우리 안에서 특권 의식이 자라난다. 구조받은 자의 태도는 이러해야 한다. 인생은 힘들고 실망스러울 수 있다. 우리가 예수님을 사랑하고 섬겨도(사실, 예수님을 사랑하고 섬길수록) 세상은 우리에게 적대적으로 굴 수 있다. 하지만 내가 그리스도 안에서 누리는 영적 부요함은 내가 내 힘으로 누릴 수 있는 그 어떤 부요함보다 압도적으로 좋다. 그래서 나는 스스로를 하나님께 가장 큰 복을 받는 피조물 중 하나로 여긴다.

이것이 도전이 된다면, 앞에서 소개한 우리가 받아 마땅한 것과 우리에게 약속된 것에 관한 성경 구절을 프린트하라. 아울러 뒤에 곧 소개할 그리스도의 구하심의 본질을 알려 주는 성경 구절도 프린트하라. 영적 특권 의식에서 벗어나게 해 줄 진리로 마음과 영혼을 가득 채우라. 그리하면 그리스도께 구조받은 사람으로서의 지위를 소중히 여기게 될 것이다. 이 마음가짐을 받아들일 때 얻는 보너스가 있다. 특권 의식이 줄어들수록 행복감이 치솟을 것이다.

물론 고난이 닥치리라 예상하든 아니든 상관없이 고난은 닥칠 것이다. 하지만 고난 앞에서 우리는 전혀 다른 마음으로 설 수 있다. 특권 의식으로 가득한 사람은 "하나님, 어떻게 저한테 이러실 수 있나요?"라고 물을 것이다. 하지만 자신이 구조받은 존재임을 믿는 사람은 "하나님, 저를 과분하게 대해 주시는군요"라고 말한다. 그리고 그런 태도에서 믿음과 기쁨, 인내심이 더욱 자라난다.

하나님은 내 배우자가 부부간의 신의를 지킬 것이라는 약속은 하시지 않았다. 따라서 아내가 신의를 저버려도 하나님께 따질 이유가 내게는 없다. 하나님은 다만 내게 '그분 자신의' 신실하심을 약속하신다. 하나님은 내 상사가 나를 부당하게 대우하지 않거나 내 자녀가 내게 늘 감사할 것이라 약속하시지도 않는다. 대신, 그분을 찾고 섬기는 자들에게 복을 주시겠다고 약속하신다.

우리가 하나님에게서 등을 돌리고 그분께 분노하는 것은 대개 특권 의식 때문이다.

특권 의식, 죄로 들어가는 관문

기독교 세계관에서 모든 죄는 기괴할 정도로 일그러진 특권 의식을 동반한다. "내가 원하니까 가질 거야"라는 특권 의식 없이는 도둑질할 수 없다. 특권 의식에 사로잡히지 않고서는 살인("네가 나를 불쾌하게 했으니 너는 살아 있을 자격도 없어"), 험담, 간음, 억압("너를 이용해야 한다면 그렇게 하겠어"), 또는 그 누구에게도 해를 입힐 수 없다.

심지어 술 취함, 과식, 원망 어린 생각을 곱씹는 일 같은 개인적인 죄조차, 내 몸과 마음이 하나님의 것이 아니라 내 것이라고 여기며 무엇이든 내 마음대로 해도 된다고 생각하는 특권 의식에서 비롯한다. 자신의 몸을 함부로 다루는 것은 부유한 아버지의 고급 자동차를 훔쳐 기분 내키는 대로 몰다가 부주의하게 전신주를 들이받아 차를 완전히 망가뜨린 뒤, 태연하게 걸어 나와 키를 도랑에 던져 버리는 것과 같다.

하나님의 말씀은 그분 뜻 안에 머물 때 누릴 수 있는 풍성한 삶으로 우리를 인도한다. 하나님의 명령은 변덕스럽지 않다. 다시 말해, 순간 화가 나서 충동적으로 아무렇게나 내리는 명령이 아니다. 나는 모든 죄에는 대가가 따른다고 말하는 선생들의 말을 숱하게 들었다. 실제로 제자의 길은 과도한 대가가 따르는 길처럼 느껴질 수 있다. 하지만 적어도 이 길은 막대한 보상이 따르는 투자다. 게다가 불순종에는 훨씬 더 가혹한 대가가 따른다. 순간적으로 원하는 걸 아주 조금 얻을지는 몰라도 결국 모든 것을 잃고 만다. 불순종은 치명적인 특권 의식을 부추긴다. 불순종은 단순히 부패한 상태일 뿐만 아니라 다른 것들까지 부패시키는 동력이다.

나 역시 그 함정에 빠진 적이 있고 당신도 그럴 것이다. 신자들을 참소하는 자(계 12:10)인 사탄이 우리의 가장 악한 행동들과 가장 적대적인 동기들을 모아 실수 동영상을 만든다면 우리가 얼마나 자주 특권 의식에 젖어 행동했고 (좀 더 솔직해져 보자) 계속해서 행동하는지 적나라하게 보고 수치를 느낄 것이다. 나는 단순히 과거에 구조받은 존재가 아니다. 나는 여전히 구조가 필요한 존재다.

신자로서 짓는 나의 죄는 불신자의 죄보다 더 나쁘다. 나는 그들이 모르는 진리를 더 잘 알고 있으며, 내게는 의지할 성령이 계시기 때문이다. 내가 죄를 짓는 유일한 이유는 진리를 알고 시험을 거부할 능력도 받았음에도 불구하고 그렇게 하기로 죄를 선택하기 때문이다. 나의 과거의 죄만이 아니라 현재의 죄를 알면 나를 수렁에서 구해 주실 수 있는 유일한 분 안에서 피난처를 찾을 수밖에 없다. 그분은 바로 내 구주시며 구조자이신 예수 그리스도이시다. 그분을 의지할 때 특권 의식이라는 영적 수렁에서 벗어날 수 있다.

은혜롭고 능력 있는 구주 예수

사도 바울은 우리를 구원하시는 예수님의 비할 데 없이 크신 능력을 설득력 있게 제시했다.

> 그가 우리를 흑암의 권세에서 건져 내사 그의 사랑의 아들의 나라로 옮기셨으니 그 아들 안에서 우리가 속량 곧 죄 사함을 얻었도다. ○ 골로새서 1장 13-14절

오호라 나는 곤고한 사람이로다 이 사망의 몸에서 누가 나를

건져 내랴 우리 주 예수 그리스도로 말미암아 하나님께 감사하리로다. ○ 로마서 7장 24-25절

우리 하나님 아버지와 주 예수 그리스도로부터 은혜와 평강이 있기를 원하노라 그리스도께서 하나님 곧 우리 아버지의 뜻을 따라 이 악한 세대에서 우리를 건지시려고 우리 죄를 대속하기 위하여 자기 몸을 주셨으니 영광이 그에게 세세토록 있을지어다 아멘. ○ 갈라디아서 1장 3-5절

우리는 하나님의 진노뿐만 아니라 "이 악한 세대"로부터도 건 짐받았다. 잠시 신학교에 가 보겠다. 신학자들은 예수님이 왜 십자 가에서 죽으셨는지, 그리고 그분의 죽음이 무엇을 이루었는지를 설명하기 위해 대속에 관해 보통 두 가지 관점을 말한다. 서구 기 독교에서 가장 일반적인 관점은 '형벌적 대속'(penal substitutionary atonement)이다. 이 관점은 본질적으로 그리스도께서 우리의 죄와 반 역에 대한 값을 치르셨고, 우리가 용서받을 수 있도록 우리 대신 형 벌을 받으셨다고 가르친다. 나는 성경이 그렇게 가르친다고 믿기 에 형벌적 대속을 믿는다(사 53:6, 12; 롬 3:25-26; 고후 5:21 참조).

11세기 기독교의 동방 교회와 서방 교회 사이에 이른바 '대분 열'(Great Schism)이 일어났다. 여러 쟁점이 있었지만 가장 큰 쟁점 중 하나는 로마의 주교가 최고의 통치자인 '교황'으로서 가장 높은 권 위를 가진다는 사안이었다. 대분열 이후 동방 교회 신학자들과 서 방 교회 신학자들은 대속과 관련해서 다른 점들을 강조하게 되었

다. 동방 교회 신학에서는 그리스도의 죽으심의 목적을 주로 '승리자 그리스도'(Christus Victor)라는 용어로 정리한다. 이는 예수님이 죽음과 부활을 통해 죄와 죽음, 사탄을 포함한 악의 세력에 승리하셨다는 것이다. 예수님이 우리를 해방시키기 위해 우리를 대신해 돌아가시기 전까지 우리는 이 세력들 앞에 무력했다.

신학자들은 때때로 이 두 가지 설명을 대립시키기도 했지만, 만약 둘 다 옳다면? 나는 형벌적 대속 교리에 동의한다. 즉 나는 하나님의 진노를 받아 마땅하며, 누군가가 내게서 그 진노를 제거해 주어야 했다. 하지만 '승리자 그리스도'의 관점에도 동의한다. 즉 나는 무력한 희생자여서 내 힘으로는 도저히 이길 수 없는 전쟁에서 누군가가 나를 구해 주어야 했다(참고로, '승리자 그리스도'를 높이는 것은 동방 정교회의 관점만이 아니다. 청교도 리처드 백스터도 이런 견해를 보였다).

나는 우리가 하나님의 진노를 받아 마땅한 죄인이라는 인식과 우리가 구조받아야 할 희생자라는 두 가지 인식이 공존할 수 있으며 실제로 하나님의 경륜 안에서 실제로 그러하다고 믿는다. 그렇다. 우리는 죄인이다. 어떤 의미에서 우리는 우리 자신의 파멸에 앞장선 자들이기에 우리 자신으로부터 구조받는 것이다. 하지만 동시에 우리는 우리의 힘만으로 물리치기에는 더 영리하고 강력한 악한 세대에 사로잡힌 희생자이기도 하다. 우리는 부패하고, 길을 잃고, 속고, 유린당할 운명이었다.

로마서 3장 9절에서 바울은 우리 모두가 "죄 아래에" 있다고 고백했다. 로마서 7장 14절에서 그는 우리 모두가 "죄 아래에 팔렸도다"라고 덧붙였다. 그리고 갈라디아 교인들에게 보낸 편지에서는 "성경은 우리 모두가 죄의 포로라고 선언한다. 따라서 우리는 오직 예수 그리스도를 믿음으로만 자유에 관한 하나님의 약속을 받는다"라고 말했다(갈 3:22, NLT).

나는 이 구절을 읽으며 생각한다. "주님, 저를 불쌍히 여기소서! 저는 구조받아야만 합니다. 이 상황은 절대 제 힘으로 극복할 수 있는 상황으로 보이지 않습니다!" 우리보다 훨씬 더 강하신 분이 우리 스스로는 도저히 극복할 수 없는 상황에서 우리를 구해 주셔야만 한다.

만약 '승리자 그리스도'(우리를 죄에서 구해 주시는 승리자 그리스도)와 '형벌적 대속'(우리의 죄 때문에 쏟아진 하나님의 진노를 받아 내신 그리스도)이 상호 보완적인 방식으로 제시된다면 이 둘은 공존할 수 있다. 동방 교회와 서방 교회는 우리가 희생자인 동시에 진노의 대상이라는 진리 위에서 하나가 될 수 있다. 그리스도의 사역은 어느 한쪽으로 설명할 수 있는 것보다 훨씬 더 온전한 구원이다. 나는 내 죄와 하나님의 정당한 진노로부터 구조되었으며, 또한 악한 세대로부터도 구조되었다. 내가 죄를 범한 가해자이면서 동시에 죄의 피해자이기도 했다. 둘 다 사실이며, 둘 다 그리스도만이 주실 수 있는 구조를 필요로 한다.

구조받은 자의 마음가짐을 갖는다는 것은 내가 은혜받을 자격이 없음을 떠올리는 것이다. 나는 삶에서 성령의 임재를 누릴 자격이 없다. 나는 영원한 구원의 약속을 받을 자격이 없다. 나는 하나님 말씀의 지혜와 진리를 받을 자격이 없다. 나는 하나님이 그분의 아들과 성령을 통해 주시는 소망과 능력을 받을 자격이 없다. 나는 성부 하나님의 용납하심과 인정을 누릴 자격이 없다.

그 어느 것 하나 받을 자격이 없지만 그 모든 것을 받았다. 내가 좋아하는 집, 내가 즐기는 직업, 사랑하는 배우자 같은 삶 속의 다른 모든 것은 그야말로 케이크 위에 얹어진 설탕 크림이며, 그 위에 뿌려진 장식과도 같은 과분한 행복이다.

내가 마땅히 누려야 한다고 생각하는 것이 곧 내 행복의 기준을 정한다. 이것이 내가 특권 의식이 낮아질 때 행복감이 높아진다고 믿는 이유다. 하나님이 풍성한 복을 주셨을 때 죄책감을 가지라는 말이 아니다. 모든 작은 복에 대해 감사하는 마음을 길러야 한다는 뜻이다.

오늘 아침 조깅을 마칠 즈음, 감사할 거리가 열 가지도 넘게 생각났다. 나는 좋은 운동화를 신고 조깅에 나섰다. 대머리를 가려 줄 모자와 좋은 선글라스도 있다. 기능성 러닝복을 입고 특별한 러닝 양말도 신었다. 하나님은 내게 건강과 여전히 달릴 수 있는 몸을 허락하셨다. 날씨도 쾌청했다. 그리고 하나님이 설계하신 길은 어찌나 아름답던지! 스마트폰의 앱이 달린 거리를 세세하게 측정해 주고, 무선 이어폰으로 달리면서도 기분 좋은 팟캐스트를 들을 수 있으며, 현재 내 주변 모든 환경은 더없이 안전하다. 전쟁이나 강도, 그 어떤 종류의 폭력도, 위협도 없다.

이 모든 감사할 일을 헤아려 보는 것이 전혀 의무처럼 느껴지지 않았다. 오히려 기쁘고 행복하고 감사하기만 해서 절로 하나님을 예배했다. 나는 이 중 그 어떤 것도 누릴 자격이 없다. 내가 행복할 수 있는 이유는 내 반역에도 불구하고 예수님이 나를 나의 창조주와 화해시키셨기 때문이다.

당신은 구조받아야만 살 수 있다는 절박함이 있는가, 아니면 당신이 그분을 따르기로 했을 때 하나님이 잭팟이라도 터뜨리셨다고 생각하는가? 그분 없이는 당신이 얼마나 철저히 파멸할지 생각해 보았는가?

하나님과 당신 자신, 그리고 타인을 바라보는 방식을 왜곡하고 변질시키는 특권 의식을 내려놓고 철저히 해체하라. 대신 당신이 구조받았다는 사실을 깨닫고, 구조받은 자로서의 새로운 삶의 태도를 배우라.

구조받은 자로 살아가는 기쁨

우리 자신을 처형 직전에 극적으로 구조받은 사형수로 여긴다면 다른 사람들이 우리보다 더 큰 영향력을 가졌다 해도 불평하지 않게 된다. 아예 영향력이 없어도 오히려 감사할 것이다. 우리 자신을 죽을 수밖에 없었던 도스토옙스키처럼 여기면 네 자녀 중 세 자녀와 소원하게 지낸다 해도 그것에 집착하지 않고 한 명과의 관계에 감사하게 된다. 심지어 모든 자녀와 소원하다 해도 그저 살아 있음에 감사할 수 있다. 살아 있다면 언젠가는 화해할 가능성이 남아 있으니 말이다.

구조받은 자의 마음가짐은 시베리아 강제 노동 수용소조차 풍요로운 곳으로 바라보게 하는 비결이다. 우리가 무엇을 받아 마땅한 죄인이었으며, 무엇으로부터 건져졌는지를 복음의 렌즈로 바라보라. 그리스도의 죽음과 부활에 나타난 하늘 아버지의 자비롭고 관대하신 개입을 깨닫는 순간, 특권 의식은 사그라들고 은혜와 기쁨이 우리 안에 차오른다.

구조받은 자의 마음가짐은 곧 신뢰하는 마음이다. 사실, 하나님이 우리에게 허락하시지 않은 것들은 실상 우리를 망칠 수 있었던 것들이다. 윌리엄 로는 세상적인 부유함이 지닌 위험을 경고하며, 돈이 많아 방탕하게 살았던 한 남자의 사례를 들었다. 그 사람은 생의 마지막에 이르러 부유함의 유혹을 이겨 내지 못했던 자신을 돌아보며, 차라리 가난했더라면 좋았을 것이라고 후회할지도 모른다. 어떤 여성은 미모로 주변의 부러움을 사지만 결국 그 미모 때문에 온갖 불행을 겪는 반면, 또 어떤 여성은 훗날 '자신을 흠모하는 사람이 아무도 없었기에 오히려 영원히 행복할 수 있었다'고 고백할지도 모른다.

로는 주교가 되어 파멸한 한 성직자 이야기를 하며, 그가 만약 '처음 사역했던 가난한 교구'에 그대로 머물렀더라면 영혼을 지켰을 것이라고 말했다. 로는 사도 바울과 수많은 도시를 건설하고 거대한 동상을 세운 알렉산드로스(Alexandros) 대왕을 비교했다. 알렉산드로스는 "수많은 나라에 자신의 영광스러운 흔적을 남겼다! 그에 반해 수없이 몽둥이질을 당한 가난한 설교자 바울은 얼마나 불쌍한가! 하지만 세상의 판단은 얼마나 큰 착각이었는가! 바울에게 부러워할 만한 것이 얼마나 많은가! 또 알렉산드로스에게 불쌍히 여길 만한 것이 얼마나 많은가!"[3]

목사로서 내 바람은 사람들이 시편 17편 7절에 기록된 다윗의 놀라운 기도를 드리도록 만드는 것이다. "주의 기이한 사랑을 나타내소서." 하나님의 사랑을 아는 사람만이 다른 사람을 사랑할 수 있어서다(요일 4:19). 그런데 하나님께 분노한 상태에서는 그분의 크고 기이한 사랑을 받을 수 없다. 그리고 이것을 알아야 한다. 하나님에 대한 분노는 대개(분명 예외도 있다) 특권 의식에서 비롯한다. 특권 의식에 사로잡힌 그리스도인들은 이렇게 기도한다. "하나님, 왜 제가 원하는 기도 응답을 주시지 않는 겁니까?" 반면, 구조받은 그리스도인들은 이렇게 기도한다. "하나님, 저는 지옥에 떨어져야 마땅한 줄 너무도 잘 압니다. 그래서 저 같은 자에게 은혜를 베푸신 당신을 찬양합니다."

나는 누가복음 10장을 읽다가 깜짝 놀랐다. 예수님은 72명의 제자를 보낼 때 어디든 맞아 주는 곳에 머물고 무엇이든 주어진 대로 먹으라고 말씀하셨다. 그 이유는 이러했다. "일꾼이 그 삯을 받는 것이 마땅하니라"(7절). 그런데 그들이 받아 마땅하다는 그 "삯"은 침대도 없이 그냥 지붕만 있는 집과 소박한 음식뿐이었다. 사치품에 대한 언급은 일절 없다. 철저히 필수품만 거론된다. 나머지는 다 선물이다.

내가 증명할 길은 없지만, 예수님이 "이 집에서 저 집으로 옮기지 말라"라고 덧붙이신 것은 이런 뜻이지 않았을까. "숙소를 업그레이드하려고 시도하지 말라. 환경 따위를 따지지 말고 그저 사역에 집중하라."

무엇을 받아야 할지와 어떤 대접을 받아야 할지에 대한 우리의 기대에는 '부'가 포함되어 있다. 그래서 우리는 하나님의 크신 사랑과 영적 공급하심에 대한 경이감을 잃고 하늘 아버지께서 세상적인 사치품들을 주시지 않는다고 화를 내기 쉽다. 2,000년 전 사람들은 풍족한 먹을거리와 여벌 옷을 마련하는 데 온통 신경을 집중하며 살았음이 분명하다. 예수님은 그들에게서 그런 걱정을 덜어 주고자 하셨다. "너희는 무엇을 먹을까 무엇을 마실까 하여 구하지 말며 근심하지도 말라 이 모든 것은 세상 백성들이 구하는 것이라 너희 아버지께서는 이런 것이 너희에게 있어야 할 것을 아시느니라 다만 너희는 그의 나라를 구하라 그리하면 이런 것들을 너희에게 더하시리라"(눅 12:29-31).

(일단 서구에서는) 오늘날의 신자들이 하나님 나라를 구하는 데 걸림돌은 오히려 '더 좋은' 차, '더 큰' 집, 더 이국적인 휴가, 더 비싼 레스토랑, 클럽 회원권이다. "우리가 먹을 것과 입을 것이 있은즉 족한 줄로 알 것이니라"(딤전 6:8)라는 바울의 조언을 받아들이면 특권 의식에 대한 잣대가 완전히 달라진다.

나는 하루도 참기 힘든 고통이나 불편 속에서 평생을 살아가는 신실한 신자들을 많이 만나 보았다. 어릴 적 뒷마당에서 친구들과 미식축구를 하며 놀았던 기억이 난다. 그런데 한번은 무모한 태클을 시도하다가 갑자기 목이 찌릿해지면서 뭔가 단단히 잘못된 것 같은 기분이 들었다. 순간, 시간이 멈춘 것 같았다. 영화를 보다가 갑자기 배경이 뿌옇게 흐려지고 모든 소리가 조용해지는 장면처럼 큰일이 났음을 직감했다. 그런데 전혀 다치지 않았다.

이상하게 들릴지 모르지만, 그리고 이성적으로 설명할 수 없고 이에 관해 누구와 논쟁할 생각도 없지만, 그 순간 하나님이 평생 불구가 될 수 있는 상황에서 나를 구해 주셨다는 생각을 떨칠 수 없다. 천국에 가 봐야 확실하게 알겠지만 지금도 나는 하나님이 덩치 큰 친구의 무릎을 머리로 박아 터치다운을 막으려는 내 무모한 시도를 무산시키셨다고 믿는다. 덕분에 나는 상대적으로 건강한 몸으로 달리기를 즐기고, 아이들과 놀고, 아내를 포용하고, 자동차를 몰고, 내 발로 여행할 수 있다. 나는 이 모든 것이 보너스요, 선물이라는 사실을 한시도 잊지 않았다. 원래 나는 평생 휠체어에 묶여 살았어야 했다.

하나님은 나를 구조해 주셨다. 사실 그분은 내가 사는 내내, 내가 구조될 필요가 전혀 없다고 생각한 것들로부터, 이를테면 어린 시절부터 돈이 넘쳐 나는 것, 외모가 지나치게 뛰어난 것, 지나치게 인기를 얻고 유명해지는 것, 지나치게 많은 권력을 손에 쥐는 것으로부터 나를 건져 주셨다. 나는 이런 것들에서 구해 달라고 기도한 적이 단 한 번도 없다. 하지만 지금 와서 보니, 이 중 어느 하나만 가졌더라도 나는 여러 번 넘어지고도 남았을 것이다. 그러니 이 모든 것을 다 가졌다면 어땠을지 생각만 해도 아찔하다.

60대인 지금의 나는 그 어느 때보다 하나님을 더 사랑한다. 20대 때도 하나님을 열정적으로 사랑한다고 생각했지만, 지금 내 안에 있는 하나님 나라를 향한 열정과 그분과의 교제에 대한 감사, 그분의 성품에 대한 경외감은 그때와 비할 수 없이 깊고 크다. 만약 내 삶에 실망스러운 일이 더 적고 세상적인 성공이 더 많았더라면, 이 모든 영적인 보화들을 잃어버렸을지도 모를 일이다. 한때 하나님을 향한 열정으로 불타올랐지만 지금은 그분을 믿는지조차 불분명해진 사람들을 볼 때면 나도 모르게 식은땀이 흐른다. 내가 한때 갈망했던 그 수많은 것들로부터 나를 구해 주신 하나님께 진심으로 감사드린다.

하나님은 부러진 목보다 훨씬 더 위험한 것들로부터 나를 구원하셨다. 그분은 무너진 영혼과 냉담한 마음으로부터 나를 건져 주셨다. 오직 그분만이, 방황하는 내 마음에도 불구하고 나를 거듭 건져 올려 단단한 반석 위에 세우시는 유일한 구원자이시다.

특권 의식을 해체하고, 당신이 구조받은 존재라는 아름다운 현실을 늘 기억하며 사는 법을 배우라.

지혜 없이 내달리는 세상,
하나님 나라의
지적 화력으로 맞서다

그러나 우리가 온전한 자들 중에서는 지혜를 말하노니
이는 이 세상의 지혜가 아니요
또 이 세상에서 없어질 통치자들의 지혜도 아니요.
고린도전서 2장 6절

지혜를 얻는 자는 자기 영혼을 사랑하고
명철을 지키는 자는 복을 얻느니라.
잠언 19장 8절

✳

내 평생 보스턴 마라톤 대회 출전 자격을 얻는 것보다 간절히 원했던 일은 거의 없었다. 40대 중반에 접어들었을 때, 이제 도전할 때가 왔다고 생각하고 체중을 감량했다. 스피드 훈련을 하고 장거리 달리기도 병행했다. 태평양 연안 북서부에서 장거리 훈련을 한다는 것은 때로 쉬지 않고 두 시간 동안 쏟아지는 빗속을 달리는 것을 의미했다. 처음 세 번의 시도에서는 기준 기록에 미치지 못했지만, 마침내 해낼 수 있을 것 같은 최상의 몸 상태를 만들었다.

네 번째 마라톤에서, 40킬로미터 지점을 지날 때 평소 내 페이스(1킬로미터당 약 4분 49초)로 달리면 기준 기록까지 16분이라는 여유 시간이 있었다. 남은 거리는 약 2킬로미터. 평소대로라면 충분히 성공할 수 있는 상황이었다. 드디어 해냈다는 생각이 들었다! 그런데 갑자기 눈앞이 아찔할 정도로 어지럽기 시작했다. 너무 어지러워서 뛰면서 하나님께 간절히 매달렸다. "제발 하나님, 기절하지 않게 해 주세요. 거의 다 왔어요!”

나는 결국 예상보다 8분이나 앞서, 3시간 22분의 기록으로 결승선을 통과했다. 그리고 완주자 명단에서 그토록 갈망하던 ‘BQ’(보스턴 마라톤 출전 자격 획득)라는 글자가 내 이름 옆에 선명히 박혀 있는 것을 확인했다.

그런데 갑자기 경기 책임자가 청천벽력 같은 소식을 전했다. “이 코스는 42.195킬로미터가 확실합니다. 하지만 도로 개선 공사 때문에 마지막 순간에 코스를 일부 변경해야 했습니다. 코스 길이는 100퍼센트 확신하지만 적절한 법적 인증을 받을 시간이 없었습니다. 따라서 올해 우리 마라톤 기록은 보스턴 마라톤 출전 자격 기록으로 인정될 수 없습니다.”

나는 필요한 훈련을 다 해냈다. 고통을 참아 내며 끝까지 완주했다. 하지만 잘못된 코스를 달렸기에 모든 것이 허사였다. 다행히 몇 달 뒤 시애틀 마라톤에 다시 출전하여 보스턴 마라톤 출전 자격을 얻었다. 하지만 만약 그렇지 못했다면 어땠을까? 나는 막대한 시간과 노력을 쏟아붓고 극한의 고통을 견뎠다. 하지만 인증된 코스로 달리지 않으면 보스턴 마라톤 관계자들에게 그런 것은 아무 의미가 없다.

당신은 어떤 인생 목표들에 막대한 시간과 노력을 쏟아부었는가? 특정한 종류의 가정? 학업이나 커리어에서의 특정한 성과? 인생의 끝에서 당신의 경주가 엉뚱한 경주였음을 알게 된다면? 진정으로 중요한 코스로 달리지 않았다면?

솔로몬왕은 많은 사람이 인생에 많은 노력을 쏟아붓는다고 말했다. 수많은 목표를 부지런하게 좇는다. 그 목표들을 이루기 위해 뼈를 깎는 노력과 희생을 치른다. 하지만 인생 끝에 이르러서야 자신이 엉뚱한 경주를 해 왔다는 사실을 발견한다. 나는 마라톤 목표를 이루는 데 몇 달, 아니 실제로는 몇 년을 투자했다. 그런데 만약 인생의 끝에서 당신이 하찮은 것들을 추구하는 데 '수십 년'을 허비했다는 사실을 발견하게 된다면?

성경은 지혜에 대한 추구를 최고의 가치로 여긴다. 우리는 충분히 지혜롭다고 안주하는 태도를 해체하고, 매일 더 많은 지혜를 추구해야 할 필요를 배워야 한다. 이 주제를 이 책 마지막에 다루는 데는 이유가 있다. 지혜가 우리가 지금까지 이야기해 온 해체와 다시 배움의 과정을 강화해 주기 때문이다.

지혜는 저절로 생기지 않는다

지혜가 제일이니 지혜를 얻으라 네가 얻은 모든 것을 가지고 명철을 얻을지니라 그를 높이라 그리하면 그가 너를 높이 들리라 만일 그를 품으면 그가 너를 영화롭게 하리라 그가 아름다운 관을 네 머리에 두겠고 영화로운 면류관을 네게 주리라 하셨느니라. ○ 잠언 4장 7-9절

솔로몬은 우리의 삶 속에서 '더 많은' 지혜와 명철을 계속해서 추구하지 않는다면 우리가 잘못된 코스에서 달리는 것이라고 경고

했다. 하나님을 경외하는 것(잠 9:10)과 더불어 지혜와 명철의 진정한 시작은 현재의 우리보다 더 지혜롭고 명철해지기를 간절히 바라는 것이다. 설령 우리가 5년 전보다 조금 더 지혜롭다 하더라도 지금부터 5년 뒤에 훨씬 더 지혜로워지기를 추구해야 한다.

사실 우리 대부분은 현재 수준에 안주하기에 지혜를 열정적으로 추구하지 않는다. 우리는 스스로 충분히 알고 있다고 생각한다. 우리는 이미 가진 것들로 그럭저럭 살아가려고 하며, 훨씬 더 매혹적인 수많은 것들에 마음을 빼앗기곤 한다. 우리는 지금 가진 지혜로 충분하다는 안일함을 멀리해야 한다. 그 대신, 최고로 값진 이 영적 보화에 더 목마르고 주리며, 기꺼이 희생하는 법을 배워야 한다.

지혜를 간절하게 추구하지 않으면 절대 더 지혜로워지지 않는다. 지혜는 우연히 생기지 않기 때문이다. 지혜를 얻으려면 치러야 할 대가가 있다. 솔로몬은 말했다. "네가 얻은 모든 것을 가지고 명철을 얻을지니라"(잠 4:7). 우리가 가진 나머지 모든 것을 다 합쳐도 지혜만큼 유용하거나 가치 있지 않다.

존 비비어(John Bevere)는 한 가지 강력한 비유를 소개한다. "누군가가 당신의 집 어딘가에 1,000만 달러가 숨겨져 있다고 말하면 필시 당신은 그 숨은 보물을 찾기까지 쉼 없이 집 안을 뒤질 것이다. 그 많은 돈을 찾기 위해 필요하다면 카펫을 치우고, 벽을 들어내고, 꼭 그래야만 한다면 집의 기초까지도 허물 것이다."[1] 지혜를 추구할 때 우리에게 바로 이런 종류의 결단이 필요하다. 지혜가 얼마나 귀한지를 안다면, 우리는 지혜를 얻기 위해 삶의 방식과 스케

줄을 통째로 뜯어고치는 수고도 마다하지 않을 것이다.

지혜는 우리의 집, 자동차, 옷장, 은퇴 자금보다 더 중요하다. "지혜를 얻는 것이 금을 얻는 것보다 얼마나 나은고 명철을 얻는 것이 은을 얻는 것보다 더욱 나으니라"(잠 16:16).

이런 지혜를 얻으려면 잠을 좀 포기해야 할 수도 있다. 텔레비전이나 스마트폰은 무조건 덜 봐야 한다. 지혜를 얻는 과정은 일처럼 고단하게 느껴질 수 있다. 하지만 솔로몬은 지혜를 소중히 여기고 열심히 얻는 사람은 모두 높아질 것이라 약속했다. 지혜는 너무도 귀한 보화라서 그것을 추구하는 것은 곧 자신을 사랑하는 것이다. "지혜를 얻는 자는 자기 영혼을 사랑하고 명철을 지키는 자는 복을 얻느니라"(잠 19:8).

성경을 읽지 않는 이 시대 그리스도인들

팟캐스트나 설교, 강연을 듣고, 다큐멘터리를 보는 것도 물론 지혜와 명철을 기르는 데 도움이 되지만 정신을 강화하고 명철을 얻는 가장 좋은 방법 중 하나는 단연 독서다. 한번은 아들 그레이엄(Graham)이 방학 중에 두툼한 책 한 권을 읽고 있는 것을 보았는데, 대학원 전공 공부와는 거리가 멀어 보이는 책이었다. 학기 중에는 물론이고 방학에도 읽어야 할 과제 도서가 얼마나 많은지 잘 알기에, 아들이 왜 다른 책을 읽고 있는지 궁금해서 물어보았다.

배경을 설명하자면, 아들이 다니는 대학원에는 세계에서 가장 영향력 있고 소위 성공한 인물들이 객원 강사로 온다. 그레이엄은 국가 원수, 재계의 거물, 프로 운동선수, 정치인, 유명 연예인 등 소위 내로라하는 사람들의 강연을 직접 들어 왔다. 읽고 있는 책에 관해 묻자 아들은 이렇게 답했다. "크게 성공한 사람들의 강연을 들으면서 그 사람들에게서 한 가지 공통점을 발견했어요. 다들 책을 엄청나게 많이 읽고, 텔레비전은 거의 보지 않더라고요."

그레이엄의 이런 시각은 이미 많은 이들이 공유하는 것이다. 워렌 버핏(Warren Buffett)과 함께 버크셔 해서웨이(Berkshire Hathaway)를 설립한 찰리 멍거(Charlie Munger)는 이런 말을 했다. "내 평생 다양한 분야에서 지혜롭다고 인정받은 인물치고, 항상 독서를 하지 않은 사람은 본 적이 없다, 단 한 명도."[2]

비단 재계와 투자업계 거물들만 이런 견해를 가진 것은 아니다. 수십 년 전에 읽었던 설교에 관한 책 한 권이 생각난다. 그 책에는 매주 청중을 사로잡는 탁월한 설교로 미국에서 손꼽히는 대형 교회를 일궈 낸 텍사스주 휴스턴의 한 역동적인 목사가 소개되었다.

그 책의 저자는 그 목사에게 어떻게 매주 그토록 꾸준히 훌륭한 설교를 전할 수 있는지 물었다. 가끔 한 번씩 사람들을 주목시키는 것은 가능해도, 매주 그러기는 쉽지 않기 때문이다. 그 목사는 바로 에드 영(Ed Young)이었다. 그는 저자가 기대했을 법한 답변을 내놓지 않았다. 아마 인터뷰를 진행한 저자는 설교 작성의 십계명이나 흡입력 있는 설교 준비를 위한 여섯 가지 비결 같은 것을 기대했을지 모른다. 그러나 에드 영의 답변은 더없이 심플했다. "책을 많이 읽습니다.”

인생이나 사업, 사역에서 성공을 거두고 싶다면 좋은 책 읽기를 매일의 습관으로 삼아야 한다.

그리스도인에게 독서란 하나님의 말씀인 구약과 신약에서 시작된다. 요즘은 어디에서나 성경책을 쉽게 구할 수 있다 보니 집 안의 안 쓰는 물건처럼 별로 소중하게 여기지 않는 경우가 많다. 마치 아름다운 배우자와 살면서도 그 소중함을 잊은 사람이나, 매일 밤 세계 최고의 선수들을 취재하면서도 더 이상 놀라지 않는 스포츠 기자처럼 말이다. 처음의 그 강렬한 감흥은 무뎌질 수 있지만, 만약 하나님의 말씀인 성경에 대해서까지 그렇게 무덤덤해진다면 그것은 우리에게 매우 심각한 손해다.

마이크 우드러프(Mike Woodruff) 목사는 성 금요일에 교인들에게 보내는 편지에 이렇게 적었다. “십자가 위에서 그리스도께서 하신 말씀은 시편 22편에서 온 것입니다. 예수님이 성경을 인용하신 것은 그때가 처음이 아닙니다. 광야에서 시험을 받으실 때도 사탄의 공격 하나하나를 신명기 말씀으로 물리치셨습니다. 십자가를 짊어지고 비아 돌로로사(Via Dolorosa)를 걸어가실 때는 호세아서를 인용하셨습니다. ‘성육신하신 하나님의 말씀’(예수님)은 ‘기록된 하나님의 말씀’(성경)으로 충만하셨기에 극심한 고통의 순간에도 그분의 생각과 언어에 깊이 배어 있었습니다.”[3]

약 500년을 거슬러 올라가 17세기 중반으로 가 보자. 그때는 성경을 오늘날처럼 쉽게 구할 수 없었다. 당시 성공회 사제 윌리엄 거널은 마태복음 11장 28절, “수고하고 무거운 짐 진 자들아 다 내게로 오라"를 인용하면서 "먹을 것과 마실 것, 빛과 공기, 대지와 생명, 그 밖의 모든 것을 잃을지언정, 이 위로의 성경 한 구절 없이 사는 것보다는 차라리 그 편이 더 낫다"라고 말했다.[4] 그는 당시 사람들이 성경을 얼마나 귀하게 여겼는지 생생한 비유를 들었다. "하나의 약속에 인도 제국의 모든 금은을 합친 것보다 더 많은 부와 보화가 있다. …… 한마디로 성경은 세상과 죄와 사탄이 일으킨 폭풍우가 걷히고 하늘이 맑아질 때까지, 풍파를 겪은 영혼의 배가 안전하게 머물 수 있는 항구이자 안전한 길이다."[5]

거널은 윌리엄 틴데일(William Tyndale)이 살았던 시대와 불과 100년도 채 차이 나지 않는 시대를 살았다. 틴데일은 평범한 신자들이 성경을 읽을 수 있게 번역했다는 이유로 살해당한 인물이다. 그보다 앞선 1415년에는 얀 후스(Jan Hus)가 화형을 당했다. 존 위클리프(John Wycliffe, 1384년 사망)는 성경을 보급하려다 투옥과 박해를 겪었으며, 심지어 종교 당국은 그가 죽은 뒤 유골을 파내어 불태우기까지 했다. 이른바 '가증한 이단'이 조금이라도 숭상받는 일이 없도록 철저히 뿌리 뽑으려 했던 것이다.

이 용감한 믿음의 사람들이 '우리 집에서 먼지만 쌓여 가는' 성경책을 우리에게 전해 주기 위해 목숨을 바쳤다. 만약 내가 평생 요한복음의 한 장만으로 신앙생활을 하다가 예수님이 찾아오셔서 그분의 말씀과 행위와 기적이 기록된 사복음서 전체를 내게 건네신다면 나는 기쁨의 눈물을 흘리며, 하던 일을 당장 멈추고서 그것을 읽고 묵상하고 나누는 데 온 힘을 쏟을 것이다.

하지만 예수님이 2,000년 전 신실한 종들을 감동시켜 이 복음서들을 우리에게 주셨음에도, 우리는 이 말씀이 얼마나 귀하고 생명력이 넘치는지, 이를 소유했다는 사실이 얼마나 감사한 일인지, 그리고 이 말씀을 방치하는 것이 얼마나 부끄러운 일인지 잊고 산다.

우리에게는 성경이라는 선물에 더해, 그 지혜를 깨닫고 적용하게 하시는 성령이 계신다.* 누가는 예수님이 부활하신 후 두 번이나 제자들의 마음을 열어 성경을 깨닫게 하셨다고 기록한다(눅 24:32, 45).

우리가 이 진리를 소중히 여기고, 이것을 양식 삼아 위로와 영감을 얻는 법을 배운다면 세상에서 가장 부유한 사람이 된 기분을 맛볼 것이다.

오늘날 우리가 마치 성경을 너무 과하게 숭상하기라도 하는 듯 이른바 '성경 숭배'(bibliolatry)를 경고하는 유명 목사들의 말을 들을 때마다 나는 불쾌함을 느낀다. 물론 살아 계신 하나님보다 책을 따르는 것처럼 행동할 위험이 있음을 잘 안다. 하지만 대개 성경을 우상화하는 사람 한 명을 찾을 때마다, 성경을 제대로 활용하지 않는 그리스도인 아흔아홉 명을 보게 될 것이다.

우리는 '성경을 이미 충분히 안다'는 생각을 해체해야 한다. 우리는 결코 성경을 충분히 알 수 없다. 생명을 주는 이 기적의 말

---

* 바울은 이렇게 썼다. "우리가 이것을 말하거니와 사람의 지혜가 가르친 말로 아니하고 오직 성령께서 가르치신 것으로 하니 영적인 일은 영적인 것으로 분별하느니라 육에 속한 사람은 하나님의 성령의 일들을 받지 아니하나니 이는 그것들이 그에게는 어리석게 보임이요, 또 그는 그것들을 알 수도 없나니 그러한 일은 영적으로 분별되기 때문이라"(고전 2:13-14).

씀을 부단히 공부해야 한다. 내가 성경을 몇 번이나 읽었는지 세 보지 않아서 잘 모르겠다. 아마 못해도 수십 번은 될 것이다. 하지만 이 익숙한 이야기들을 읽을수록 그 속에서 더 많은 것을 건지게 된다. 성경은 계속해서 나를 가르치고, 도전하고, 바로잡아 주고, 격려하며, 영감을 준다.

부흥의 원동력

머리로 아는 지식을 마음의 변화보다 열등한 것으로 여기는 슬프고도 잘못된 신앙의 조류가 있다. 그러나 성경은 어느 하나를 다른 것보다 우위에 두지 않으며, 우리 역시 그래서는 안 된다. 예수님은 "진리를 알지니 진리가 너희를 자유롭게 하리라"(요 8:32)라고 말씀하셨다. 머리는 마음을 이끌고 깨우치며 보호하는 역할을 하고, 마음은 머리가 올바른 방향으로 생각하도록 돕는 필수적인 역할을 한다. 우리의 감정이 빗나가면, 우리는 무엇이든 옳다고 스스로를 속일 수 있기 때문이다. 머리와 마음은 경쟁 상대가 아니라 서로를 보완하는 동반자다.

사역의 열매가 맺히고 수많은 사람이 하나님의 말씀에 반응했던 위대한 부흥 운동들을 돌아보며, 대다수 사람들은 기도가 그 핵심이었다고 생각한다. 그들은 "기도하고, 기도하고, 또 기도하라"라고 말하며, 나 역시 그 말에 전적으로 동의한다. 기도는 강력하며, 주님이 명하신 바다. 열정적인 신자라면 기도를 매일의 영적 양식으로 삼아야 마땅하다.

그런데 만약 기도가 부흥의 전부가 아니라면?

존 웨슬리(John Wesley)는 미국 역사상 가장 광범위한 부흥 운동 중 하나인 대각성 운동(Great Awakening)에 참여했다. 분명 그는 뜨겁게 기도하는 사람이었지만 그 역사적인 사역 이면에는 또 다른 중요한 요소가 있었다. 웨슬리와 그의 제자들은 엄청난 독서광이었다. 실제로 그는 말을 타고 이곳저곳 이동하는 길에도 많은 책을 읽었다. 나중에 마차를 타고 이동하게 되었을 때 그가 가장 먼저 한 일은 마차 한쪽 벽을 막아 책장을 만드는 것이었다.[6]

당신이 웨슬리 시대에 감리교 순회 설교자였다면 새벽 4시에 기상해 함께 모여서 한 시간 정도 성경을 읽어야 했다. 이어 아침 식사를 하고, 오전 6시부터 정오까지 웨슬리가 "기독교 문고"(Christian Library)라 부른 것을 읽는 것이 그들의 일과 규칙이었다. "기독교 문고"는 웨슬리가 모든 그리스도인이 매일 읽어야 한다고 생각한 위대한 신앙 서적들이다.

웨슬리가 그토록 큰 부흥 운동을 일으킬 수 있었던 비결은 간단하다. 먼저 자신을 채우지 않으면 내줄 수 없다는 것이다. 그러지 않으면 우리의 사역은 그냥 종이를 태우는 불과 같을 뿐이다. 순식간에 활활 타오를지는 몰라도, 생각보다 훨씬 빨리 꺼져 버리고 만다.

당신은 순회 설교자로 부름받지 않았을지도 모른다. 하지만 누군가의 부모인가? 친구인가? 상사나 동료인가? 혹은 손주를 둔 조부모나 전도자인가? 사랑하는 이들에게 더 많은 것을 주고 싶다면, 더 많이 흡수하려는 영적 허기가 있어야 한다.

스크린 시청 vs 독서

비즈니스에서든 사역에서든 더 풍성한 삶을 경험하고 싶은가? 그렇다면 간단하지만 강력한 규칙 하나를 제안한다. 스크린 시청보다 독서를 더 많이 하라. 이것이 최고의 지성인들이 실천하는 습관이다.

2015년, 국제 학술지 〈세레브럴 코텍스〉(*Cerebral Cortex*)에 발표된 연구에 따르면, 텔레비전을 너무 많이 보면 인간의 뇌 구조 자체가 달라진다고 한다. 여기에 오늘날 소셜 미디어를 보는 시간이 뇌에 미치는 영향까지 더하면 결과는 더욱 치명적이다.

아이큐(지능지수)를 낮춘다.

언어 습득 능력을 저해한다.

스트레스, 불안, 우울증 등 심리적 문제를 가중시킨다.

주의 집중력을 떨어뜨린다.

분노 조절 능력을 약화시킨다.[7]

반면에 독서는 뇌의 신경 경로를 강화시킨다. 〈뉴롤로지〉(*Neurology*)에 게재된 한 연구는 꾸준한 독서가 노화에 따른 인지 저하를 막아 준다는 사실을 입증했다.[8] 서섹스대학교(Sussex University)

의 연구 또한 독서가 긴장 완화에 가장 확실한 길임을 밝혀냈다. 그저 하루 일과를 마칠 때 단 6분간 책을 읽는 것만으로도 우리 몸에서 스트레스가 해소되는 기적이 일어난다. 불과 360초 사이에 참가자들의 심장 박동이 느려지고 경직되었던 근육이 풀리기 시작했다. 연구 결과, 독서는 음악 감상이나 차 마시기, 비디오 게임이나 산책보다 긴장 완화에 훨씬 더 효과적인 것으로 밝혀졌다.[9]

평생 지혜를 추구하는 것이 권력을 쌓는 것보다 더 중요하다. 평생 막대한 권력을 누렸던 솔로몬은 이런 글을 남겼다. "가난하여도 지혜로운 젊은이가 늙고 둔하여 경고를 더 받을 줄 모르는 왕보다 나으니"(전 4:13). 지혜 없이 권세만 쥔 노인보다, 비록 가난할지라도 지혜를 품은 청년이 낫다는 뜻이다. 만약 시간과 돈은 많은데 지혜가 부족하다면, 당신은 언제 비극적인 몰락을 맞을지 모르는 벼랑 끝에 서 있는 것과 같다. 지혜가 뒷받침되지 않은 풍요는 오히려 어리석음을 부각하고 가속화하여, 비극적인 결말을 맞을 가능성만 높일 뿐이다.

물론 배운 것을 적용해야 한다. 삶의 변화를 낳지 않고 우리를 교만하게 만드는 '머리의 지식'은 오히려 독이다. 하지만 해법은 지혜를 덜 추구하는 것이 아니라 지혜를 적용하기 위해 더 노력하는 것이다.

독서는 다름 아닌 사도 바울이 지혜를 얻기 위해 주로 사용한 방법이다. 디모데후서 4장 13절에 기록된 바울의 유명한 부탁을 기억하는가? "네가 올 때에 내가 드로아 가보의 집에 둔 겉옷을 가지고 오고 또 책은 특별히 가죽 종이에 쓴 것을 가져오라."

이 구절에서 바울의 겸손을 볼 때마다 나도 모르게 미소를 짓게 된다. 만약 내가 로마서와 고린도전후서, 갈라디아서, 에베소서, 골로새서를 직접 썼다면 다른 사람이 쓴 글을 읽을 필요를 느끼지 못할 것 같다. 차라리 내가 쓴 글을 외우는 편이 낫지 않았을까? 더 배울 게 뭐가 있는가? 사도 바울이 쓴 책들은 성령의 영감이 깃든 천재적인 글이다. 단 한 문장이 내 마음을 몇 주간 사로잡을 수도 있다.

빌립보서 2장 3절을 보라. "아무 일에든지 다툼이나 허영으로 하지 말고." 이 한 문장이 인생의 방향을 바꿔 놓을 수 있다. 남편들에게는 에베소서 5장 25절이 최고의 한 문장이다. "남편들아 아내 사랑하기를 그리스도께서 교회를 사랑하시고 그 교회를 위하여 자신을 주심같이 하라." 이 강력한 문장에서 모든 지혜를 남김없이 길어 올리려 한다면 평생을 바쳐도 모자랄 것이다.

하지만 이토록 빛나는 진리의 보석들을 세상에 던져 주었던 바울조차, 계속해서 다른 이들이 일군 지혜의 산에서 더 많은 보석을 캐내려 했다. 바울이 요청한 책과 가죽 종이가 무엇이었는지는 확실히 알 수 없다. 하지만 대부분의 학자는 거기에 현재 신약의 일부가 포함되어 있었으리라 생각한다. 이것이 무슨 의미인지 생각해 보라. 성경을 '기록한' 사도조차 성경을 '읽었다.' 베드로가 바울의 서신서들을 읽은 것은 확실하다(벧후 3:16). 우리가 이미 충분히 지혜롭거나 똑똑해서 더는 책을 읽을 필요가 없다고 생각한다면 자신이 사도들보다 낫다고 생각하는 것이다.

찰스 스펄전(Charles Spurgeon)은 디모데후서 4장 13절에 관해 다음과 같은 글을 남겼다.

> 〔바울은〕 영감을 받은 사람이지만 그럼에도 책을 원했다! 그는 최소한 30년간 설교해 왔지만 여전히 책을 원했다! 그는 주님을 직접 뵈었지만 그럼에도 책을 원했다! 그는 누구보다도 폭넓은 경험을 쌓았지만 여전히 책을 원했다! 그는 "셋째 하늘"(고후 12:2)까지 이끌려 올라가 인간이 말로 표현할 수도 없고 말해서는 안 되는 것들을 들었지만, 그럼에도 책을 원했다! 신약의 대부분을 썼지만, 그는 여전히 책을 원했다![10]

바울이 책을 필요로 했고 베드로도 책을 필요로 했다면, 어찌 우리에게 책이 필요하지 않겠는가.

적극적으로 마음을 형성해야 한다

로마서 12장 2절은 바울이 독서를 풍성한 삶으로 가는 가장 좋은 길로 본 이유를 이해하는 데 큰 도움을 준다. "너희는 이 세대를 본받지 말고 오직 마음을 새롭게 함으로 변화를 받〔으라.〕"

이 문장은 그야말로 토씨 하나까지 다 연구할 가치가 있는 명문장이다. 지면 관계상 이 문장을 깊이 파헤칠 수는 없지만 그리스도 안에서의 삶을 추구할 때 꼭 알아야 할 몇 가지 요소만큼은 짚고 넘어갈 필요가 있다. 첫째, 바울은 "이 세대"를 "본받게" 되는 것

〔이 세상의 패턴에 맞춰 형성되는 것〕에 적극적으로 저항해야 한다고 경고한다. 집단 사고(무비판적 동조)는 그리스도 안에서의 삶의 적이다. 우리가 반드시 버려야 할 사고방식이다.

기억하라. 아무것도 하지 않으면 세상을 본받게 될 수밖에 없다. 본받지 않기 위해 '맞서' 싸우지 않으면 우리는 결국 본받게 되어 있다. 이 시대 대중문화가 쏟아 내는 블로그 포스트, 팟캐스트, 텔레비전 시리즈, 영화, 음악, 뉴스, 대중 소설을 아무 생각 없이 소비한다면 우리는 대중문화라는 틀에 찍혀 나올 수밖에 없다. 명심하라. 이 시대는 목적을 갖고 있으며, 그 목적은 우리를 하나님의 목적으로부터 최대한 빨리 도망치게 하는 것이다.

실제로는 전혀 그렇지 않은데도 역사적 인물들이 악한 행동과 부적절한 관계에 빠진 것처럼 그린 역사 드라마가 얼마나 많은가. 왜 엔터테인먼트 산업은 그토록 끈질기게 오늘날의 죄악들을 제멋대로 과거의 사회에 주입하려 드는 걸까? 이런 행동 이면에 무언가 의도가 있다고 생각되지 않는가? 우리는 그냥 재미 삼아 보고 있다고 생각할지 모르지만 영적 세력은 우리가 "통치자들과 권세들과 이 어둠의 세상 주관자들과 하늘에 있는 악의 영들"에 의해 형성되고 있다는 사실을 잘 알고 있다(엡 6:12). 이 영적 전쟁에서 우리 자신을 어떻게 보호할 수 있을까? 바로 '진리의 허리 띠'를 매는 것이다(14절).

우리의 마음은 한쪽 방향으로만 흐르는 사회라는 강물 속에 존재한다. 반대 방향으로 열심히 노를 젓지 않으면 계속해서 하류로 휩쓸려 내려가고 말 것이다. 타락한 세상에서 하나님의 지혜를 어쩌다 우연히 마주치는 법은 없다. 반드시 찾아 나서야 한다. 우리는 지혜의 근원을 분별해야 한다. 세상이 선전하고 찬양하는 책이나 강연에서 간혹 지혜로운 대목을 발견할 수도 있겠지만(나도 일반 서적을 많이 읽는다), 세상의 지혜는 송어를 먹는 것과 같다는 점을 알아야 한다. 영양가 있는 살코기를 먹기 위해서는 수많은 가시를 발라 내뱉어야 한다.

바울은 세상이 우리를 세상의 틀 속으로 밀어 넣어 세상의 모양대로 형성하려 안달이 나 있다는 것을 알았다. 때로는 수치를 주고("감히 우리 생각에 동의하지 않아?"), 때로는 즐거움으로 유혹하며("심각한 건 잊고 잠시 현실에서 도망쳐 봐"), 때로는 정면 공격을 퍼붓기도 한다("우리 생각에 동의하지 않으면 널 파멸시키겠다"). 세상은 우리를 결코 가만두지 않는다.

"이 세대를 본받게" 만들려는 이 거대한 힘에 어떻게 맞서야 할까? 바울은 '마음'을 사용하라고 말한다. 그는 우리에게 일종의 최후통첩을 보낸 것이다. "우리가 적극적으로 마음을 형성하지 않는다면, 세상이 우리의 마음을 형성할 것이다."

지적 역량을 충전하라

2015년, 브로드웨이 연극 〈핸드 투 갓〉(*Hand to God*) 공연 중 한 젊은 관객의 휴대폰 배터리가 곧 방전될 위기에 처했다. 그는 무대 위에 있는 콘센트를 발견하고는 무대에 난입해 휴대폰을 꽂으려 했다. 그는 아무도 모를 거라 생각했겠지만, 관객 모두가 그의 행동을 지켜봤다. 객석 여기저기서 야유와 휘파람이 터져 나오며 잠시 소란이 일었다. 연극 공연에 익숙한 사람들은 그 사람의 행동이 얼마나 어리석은 짓인지 바로 알았다. 그 콘센트는 전원과 연결되어 있지 않은 무대 소품일 뿐이었다.

오늘날 우리는 배터리 잔량에 집착하는 시대에 살고 있다. 하루 중 언제라도 누군가 내 스마트폰이나 태블릿 배터리가 얼마나 남았는지 물어본다면 꽤 정확한 추정치를 말할 수 있다. 나는 친한 친구의 집에서 저녁 식사를 할 때조차 꼭 식사하는 동안 휴대폰을 충전해도 되냐고 묻는다. 강연 중에 교회 휴게실에 갈 때면 가장 먼저 찾는 것 중 하나도 내 태블릿을 충전할 콘센트다.

아, 우리가 배터리 잔량만큼이나 지적 역량에 집착한다면 얼마나 좋을까! 지혜를 얻고 명철을 구하라는 솔로몬의 영광스러운 도전의 초대를 이해한다면, 지적 역량을 계속해서 단련해야 할 필요성을 깨닫게 될 것이다. 하지만 많은 이들이 우선순위를 다른 곳에 두는 바람에 그리스도 안에서 삶의 영광이 깊어지는 경험을 놓치고 있다. 우리는 솔로몬처럼 지혜와 명철을 중시하지 않는다. 우리는 더 큰 명철로 우리의 정신적 화력을 강화하는 것보다 체중계에 우리의 몸무게가 어떻게 나오는지, 퇴직 연금 잔고가 내 자산에 대해 뭐라고 하는지, 넷플릭스 같은 OTT에 볼만한 게 있는지에 더 신경을 쓴다.

이러한 맥락에서, 독서라는 길을 통해 풍요로움을 누려야 할 이유를 하나 더 제시하고자 한다. 만약 그동안 이 일에 조금 소홀했더라도 실망할 필요 없다. 이제부터라도 독서에 매진한다면 기분 좋은 반전이 당신을 기다릴 것이다. 영향력이 비약적으로 커진, 완전히 새로운 당신을 마주하게 될 것이다.

독서라는 기술이 갈수록 희귀해지는 시대이기에, 역설적으로 우리는 타인의 무지를 기회로 삼을 수 있다. 마키아벨리(Machiavelli)적인 동기와 윤리로 이 문장을 대한다면 불온하게 들리겠지만, '먼저 하나님의 나라를 구하겠다'는 결단으로 읽는다면 이는 타인에게 선한 영향력을 끼칠 소중한 기회가 된다.

꾸준히 독서하지 않으면 자신이 어떤 사람이 될 수 있는지 알 수 없다. 우리는 아직 개발되지 않았고 형체도 갖춰지지 않은 영적 원자재와 같다. 이는 마치 운동선수로서 잠재적 재능이 있지만 한 번도 훈련받은 적이 없거나, 뛰어난 음악가의 유전자를 타고났지만 단 한 번도 악기를 손에 잡아 본 적이 없거나, 타고난 리더지만 혼자 고립된 채 살아가는 것과도 같다.

전 영부인 미셸 오바마(Michelle Obama)는 젊은 여성들이 모인 자리에서 잠재력을 타고난 젊은이들을 격려하고자, 높은 지위에 앉아 오늘날 세상에 막대한 영향력을 행사하는 사람들에게 자신이 얼마나 실망했는지 말한 적이 있다. "저는 여러분이 생각할 수 있는 모든 중요한 자리에 있어 봤어요. 비영리 단체에서도 일했고, 재단에도 있어 봤죠. 대기업에서도 일한 적도 있고 기업 이사회에서도 일했어요. 주요국 정상 회담과 유엔(UN) 회의에도 참여해 봤고요. 그런데 그들은 그렇게 똑똑하지 않았습니다."[11]

미셸 오바마의 메시지는 이것이다. 자신을 제한하지 말라. 자신은 그런 자리에 어울리지 않는다는 생각을 거부하라. 이번에는 내 메시지다. 영향력 있는 자리에 오르고 싶다면, 가장 확실한 방법 중 하나는 독서다.

2007년, 억만장자 투자자 찰리 멍거는 USC 굴드로스쿨(Gould School of Law) 졸업생들에게 이렇게 말했다. "저는 가장 똑똑하지 않은 사람, 심지어 가장 부지런하지 않은 사람이 성공하는 모습을 자주 봅니다. 하지만 그들은 학습하는 기계입니다. 그들은 매일 아침보다 조금 더 지혜로워진 채로 잠자리에 듭니다. 앞으로 갈 길이 먼 여러분에게, 현재의 모습보다 발전하려면 이 습관이 꼭 필요합니다."[12]

결혼했지만 결혼에 관한 책은 읽어 본 적 없는가? 부모지만 자녀 양육에 관한 책은 읽어 본 적이 없는가? 그리스도인이지만 영적 성장에 관한 책은 읽어 본 적이 없는가? 리더지만 리더십 서적은 읽어 본 적이 없는가? 당신은 자신의 성장에 단단한 천장을 만들고 있는 것이다. 그것은 이미 배운 것에만 자신을 가두어 미래의 발전을 스스로 가로막는 일이다.

수년 전, 한 콘퍼런스에서 성(sex)을 주제로 강연했는데, 나중에 그 교회의 목사님이 소식을 전해 주었다. 그 콘퍼런스가 끝나고 몇 주 뒤에 한 70대 부부가 찾아왔다고 했다. 그 부부는 침실에서 제2의 신혼을 즐기고 있다. 부인은 어릴 적에 비성경적인 성 관념을 배우며 자랐다. 그런데 75분짜리 한 번의 강연으로 그녀는 성을 새롭게 이해하게 되었고, 너무 오랫동안 방치했던 결혼의 한 측면을 즐기고 싶어졌다. 그녀는 즐기지 못했던 그 "잃어버린 세월"(그녀의 표현)에 대해 몹시 아쉬워했다.

많은 사람이 독서의 유익을 안다. 자신이 독서에 쓰면 좋을 시간을 매일 허비하고 있다는 사실을 아는 사람도 적지 않다. 하지만 머리로만 알아서는 부족하다. 우리에게 필요한 것은 "습관의 요새"[13]다. 규칙적인 습관이 필요하다. 나의 '요새'는 독서하기 위해 아침 일찍 일어나는 것으로 시작된다. 나는 성경을 먼저 읽고, 기독교 고전과 현대 신앙 서적을 한 장(chapter)씩 읽는다. 낮에는 연구를 위해 책을 읽고, 밤에는 휴식을 위해 소설, 전기, 역사, 경영서 등을 섞어서 읽는다. 나의 아침 '요새'가 하루의 분위기를 결정한다. 나는 하루를 시작할 때, 독서 점수가 시청 점수보다 훨씬 높은 상태로 기분 좋게 출발하고 싶다.

또 하나 도움이 되는 것은 목표 설정이다. 내 목표는 누군가에게는 부족해 보일 수 있고 누군가에게는 공격적으로 보이겠지만, 나는 1년에 50권 읽기를 목표로 삼는다. 문제는 이 책들 중에 셸비 푸트(Shelby Foote)의 남북전쟁(Civil War) 시리즈나 N. T. 라이트(Wright)의 방대한 신학 서적처럼 600페이지가 넘는 책도 있다는 것이다. 하지만 전체 페이지 수에 너무 얽매이지는 않는다. 짧은 소설 네 권을 합쳐도 학술 서적 한 권을 읽는 것보다 시간이 훨씬 덜 걸릴 수도 있기 때문이다. 그럼에도 숫자를 세는 것은 큰 동기 부여가 된다. 사람들이 목록을 만들고 항목을 지워 나갈 때 쾌감을 느끼는 것과 마찬가지다.

독서를 어려워하는 사람이 많다. 하지만 이제는 오디오북이나 온라인의 훌륭한 설교와 강연을 통해 명철을 얻을 기회가 얼마든지 열려 있다.

기회의 문은 열려 있다

독서를 무가치하게 여기고 더 이상 지혜를 추구하지 않는 세태는 우리 인격과 문화의 죽음으로 이어진다. 지혜를 얻는 것은 단순히 똑똑해지기 위해서만이 아니다. 더 중요하게는 인격과 풍성한 삶을 얻기 위해서다. 달라스 윌라드(Dallas Willard)는 이렇게 말했다. "하나님을 잘 섬기려면 생각을 바로 해야 한다. 생각이 비뚤어지면 의도적이든 아니든 항상 악에게 유리한 길을 열어 주게 된다."[14]

1세기 로마는 고도로 문명화되고 강력했던 나라로, 활기와 예술, 웃음, 권력, 정치로 가득했다. 그런데 그런 나라가 5세기 말에 이렇게 빠른 속도로 철저하게 몰락했다는 사실은 충격적이다. 야만족인 훈족과 고트족, 서고트족은 로마 사람들을 정복하고 죽였을 뿐 아니라 문명 자체를 파괴했다. 그로 인해 6세기에는 유럽인 거의 모두가 문맹이 되었고 도서관도 사라졌다.

그렇다면 유럽은 어떻게 재건될 수 있었을까? 신실하고 경건한 소수의 수사들이 찾을 수 있는 글이란 글은 모조리 필사하고 또

필사했다. 그들은 유럽인들에게 글과 책을 다시 소개했고, 읽기와 교육을 통해 문명을 조금씩 다시 세웠다.

지적·도덕적 야만인들이 주도권을 잡고, 하나님을 해법이 아닌 문제로 보는 얄팍하고 수치심에 기반한 집단 사고를 퍼뜨리는 이 시대에 우리는 보다 엄격하고 정밀한 지혜와 명철의 사고로 게으른 생각에 맞서야 한다. 누가 이 시대의 도로시 세이어즈(Dorothy Sayers), C. S. 루이스, G. K. 체스터턴(Chesterton)이 될 것인가?

과거 기독교 공동체가 가졌던 역사적 신념 중에는 옹호할 수 없는 것들도 있다. 역사도, 성경 해석도 완벽하지 않기 때문이다. 하지만 성경의 권위와 실제적 의미, 그리고 우리에게 주신 하나님의 계시를 올바르게 해석하고 이해한다면, 우리는 풍성한 정신과 삶, 교회와 국가, 나아가 온 세계를 회복하는 가장 확실한 길을 찾을 수 있다. 더 나아가 그것은 그리스도 안에서의 삶, 곧 우리가 거듭난 목적에 합당한 삶을 여는 열쇠다.

25년 전, 나는 비행기를 탈 때마다 작가로서 큰 격려를 받았다. 승객의 90퍼센트가 책을 읽던 시절이다. 기내에서 볼 수 있는 영화는 단 한 편이었고, 노트북에 영화를 저장하거나 스트리밍할 기술도 없었다. 오늘날에는 그 수치가 정반대로 뒤집힌 듯하다. 승객의 90퍼센트가 모바일 기기로 무언가를 시청하거나 게임을 한다. 우리 문화의 미래라는 관점에서는 이 상황이 암담해 보일 수도 있지만, 그리스도 안에서의 삶을 사는 이들에게는 오히려 더 큰 영향력을 발휘할 기회가 될 수 있다. 매일 지혜와 명철을 열정적으로 추구하는 10퍼센트의 사람들에게 기회의 문이 활짝 열려 있기 때문이다.

이것이 이 주제가 에필로그 전의 마지막 장이 된 이유다. 거짓말과 방해 요소들을 해체하는 연습은 우리가 앞으로도 계속 이어 나가야 할 일이다. 멈춰서는 안 된다. 마음을 새롭게 함으로 변화를 받으려면 우리는 마음을 끊임없이 새롭게 해야 한다. 한 번 더 되새길 가치가 있는 이 말씀을 굳게 붙들자.

지혜가 제일이니 지혜를 얻으라 네가 얻은 모든 것을 가지고 명철을 얻을지니라 그를 높이라 그리하면 그가 너를 높이 들리라 만일 그를 품으면 그가 너를 영화롭게 하리라 그가 아름다운 관을 네 머리에 두겠고 영화로운 면류관을 네게 주리라 하셨느니라. ○ 잠언 4장 7-9절

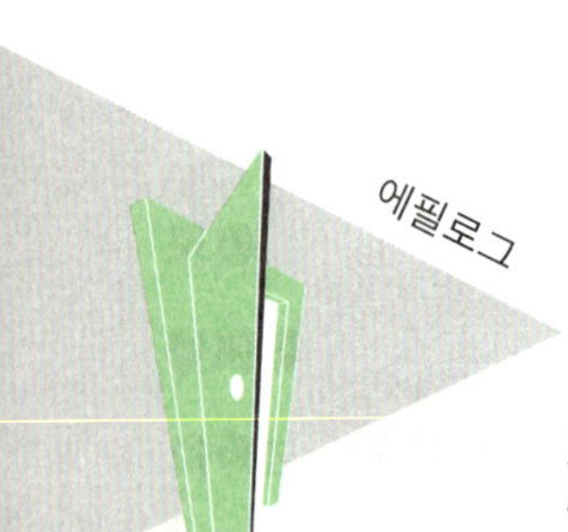

지금 여기서, 하나님 나라를 사는 즐거움

지금까지 나와 이 여정에 함께해 주어 고맙다. 아마도 이 책이 매우 개인적인 고백이자 간증이라는 것을 눈치챘으리라. 이 모든 진리 하나하나는 실제로 내 삶에서 큰 변화를 일으켰다. 나는 새로운 시각, 더 큰 기쁨과 평안, 그리고 확신을 얻었다. 이 모든 진리로 인해 새로운 영적 삶을 시작하게 되었다. 여기서 내가 '시작'이라고 말한 것은 내가 이 진리들을 온전히 터득하려면 아직 멀었기 때문이다. 거짓의 해체는 평생이 걸리는 과정이다.

이 세상의 거대한 환상과 우리를 미혹하는 것들에 대한 저항은 단 한 번의 토요일 행진으로 완성되지 않는다. 그것은 평생에 걸쳐 새로운 배움과 순복, 그리고 발견에 매진하는 삶을 요구한다. 이 책이 당신의 여정을 시작하게 할 수는 있지만, 이는 긴 마라톤의 시작 구간에 불과하다. 바울은 세상을 본받지 말고 계속해서 변화를 받으라고 촉구했다. C. E. B. 크랜필드(Cranfield)의 말처럼, 이 "변화는 순간적으로 일어나는 사건이 아니다. 끊임없이 반복되어야 하며, 그리스도인이 이 땅에 사는 동안 평생 지속되어야 하는 과정이다."[1]

우리가 더 이상 이 세대를 본받지 않기로 결심한다고 해서 우리로 하여금 본받게 하려는 이 시대의 시도가 멈추지는 않는다. 이 시대는 과거에 반도들을 진압했고, 지금도 시끄럽게 반대하는 이들을 압도할 힘을 지니고 있다. 이 세상에서 태어나고 계속해서 이 세상에서 살아간다는 것은 우리를 세상의 틀대로 형성하려고 발악하는 세력들이 있다는 뜻이다.

크랜필드는 이렇게 썼다. "〔이 세대를 본받지 말라는〕 명령이 증언하는 좋은 소식은 그들이 더 이상 억압적인 힘들의 무기력한 희생자가 아니라 자기 안팎에서 밀려오는 압박에 저항할 힘이 있다는 뜻이다. 이는 그리스도를 통한 하나님의 자비로운 역사가 저항의 기반을 마련해 주었기 때문이다."[2] 이 세대를 본받기를 거부하는 것이 "기독교 권면의 큰 부분을 차지해야 한다. 교회가 '이 땅에서 교전 중인' 동안에는 그래야 한다. 세상을 본받게 하려는 강하고 음험한 압박이 늘 존재하기 때문이다. 그래서 그리스도인은 무의식적으로 굴복하는 경우가 많다."[3]

이 책을 내려놓고서 이제 해체 과정이 끝났다고 안심하지 않기를 바란다. 이것을 평생 추구해야 한다. 게릿 스콧 도슨(Gerrit Scott Dawson)은 다음과 같이 조언한다.

우리에게 계시된 진리를 계속해서 부여잡으려면 부단한 훈련이 필요하다. 지속적으로 관심을 기울이지 않으면 우리의 정신과 마음은 주변 문화의 세계관을 따라간다. 의식적으로 강을 거슬러 올라가지 않으면 그 흐름을 자동적으로 따라가게 된다. …… 복음의 메시지가 현대 사상의 주류에서 멀어질수록, 그것을 우리 세계관의 일관된 일부로 굳게 지켜 내기란 더욱 어려워진다.[4]

그런 의미에서 이런 종류의 책은 소그룹 안에서 읽고 토론하는 것이 가장 좋다고 생각한다.

지금까지 논한 내용을 간단히 복습해 보자.

1. 나는 평안을 지극히 소중히 여긴다. 평안과 경쟁하는 인생의 목표와 열정, 정욕이 얼마나 값비싼 대가를 치르게 하는지 뼈저리게 경험했다. 이런 것은 추구할 만한 가치가 없다. 내게는 다른 무언가를 갖거나 이루지 않아도 '지금 바로' 평안을 누릴 수 있다는 것이 그리스도 안에서의 영적 삶을 위한 가장 귀중한 진리 중 하나다. 평안은 우리 삶의 망가진 것들을 스스로 고치려고 애쓰는 것이 아니라 목자이신 하나님 안에서 안식할 때 찾아온다.

2. 나는 내 하루하루와 인생 전체, 그리고 다른 사람들의 반응을 통제하려는 것은 마치 플라스틱 숟가락으로 강철 벽을 뚫으려는 것과 마찬가지라는 사실을 깨달았다. 왜 절대 이길 수 없는 게임을 하는가? 컨트롤할 수 없는 것을 컨트롤하려고 하면 고통스럽고 답답하고 분노만 끓게 된다. 상황을 뒤집어서 보라. 우리가 삶을

컨트롤할 수 없는 상황을 끔찍한 저주가 아닌 복된 모험으로 볼 때 비로소 한때 고통을 안기던 것들이 기쁨을 가져다준다. 놀랍지 않은가!

3. 나만큼 가족의 화목을 바라고 이를 위해 애쓰는 사람이 또 있을까? 완벽한 가정을 추구하는 성향이 내 DNA 속에 있다. 하지만 삼위일체 하나님이 나의 가장 진정한 가족이라는 사실을 받아들이고 나서 육신의 가족을 더 잘 받아 주고 섬기고 즐길 수 있게 되었다.

4. 나는 내향적인 사람이다 보니 전에는 다른 사람들만큼 공동체가 필요하지 않다고 생각했다. 햇빛이 찬란한 날씨 환경에서 사는 사람은 비타민 D 보조제가 덜 필요한 것처럼 말이다. 그렇게 공동체가 덜 필요하다는 '생각' 때문에 실제로는 나 역시 남들만큼 공동체가 필요하다는 사실을 보지 못했다. 하지만 결국 나도 다른 사람들과 같은 '양'은 아닐지라도 같은 '질'의 인간관계와 공동체가 필요하다는 것을 깨달았다. 덕분에 나는 진정한 복을 받았다. 나는 영적 고독을 소중히 여기면서도 독립적인 성향이 나를 점점 더 고립된 삶으로 이끌지 않도록 조심한다.

5. 지금은 분명히 보이지만, 우리가 우리 자신을 위해서가 아니라 하나님 나라의 확장을 위해 예수님처럼 살도록 그분이 이 땅에서 십자가를 지고 죽으셨다는 것이 복음의 요지임을 예전에는 미처 몰랐다. 그리스도인의 삶이 오직 천국에 가기 위한 여행이라는 어린아이의 믿음을 버리고, 복음의 이 요지를 깨닫고 나니 훨씬 더 큰 삶이 찾아왔다. 은퇴와 자기중심주의의 유혹이 '한창 열매를

맺어야 할 시기'를 퇴색시키기 전에 내가 이것을 깨달아서 얼마나 감사한지 모른다.

6. 대주교 풀톤 쉰(Fulton Sheen)은 이렇게 말했다. "하나님께 영혼을 뿌리내리지 않은 사람에게는 모든 고난이 더 크게 보인다."[5] 편안을 갈망할 때 내 삶이 그러했다. 나는 내가 철저히 하늘만을 바라본다고 생각했지만, 내내 나는 세상의 모든 저주만을 바라보았고 그것을 실제보다 더 크게 보았다. 이는 다 내 시각이 만들어 낸 신기루였다. 뛰어난 화가가 적절한 음영을 만드는 것처럼 하나님이 역경과 실망스러운 일을 사용하여 내 영혼을 색칠하신다는 것을 배우고 나니 매일 그분의 독창성과 경이로움이 눈에 들어왔다.

7. 나는 내 죄를 미워하지만, 내 구주를 사랑한다. 내가 저지른 과거의 죄뿐만 아니라 현재의 허물과 앞으로 지을 죄에 대해서도 구주가 절대적으로 필요하다는 사실을 깨달으면서, 내 시선은 구속자요 구주이신 예수 그리스도께로 강력하게 쏠리게 되었다. 내가 여전히 죄와 싸우며 살 수밖에 없다는 현실을 받아들이자, 나 자신을 바라보는 방식과 기대치가 달라졌을 뿐만 아니라, 나와 똑같이 죄와 씨름하는 타인들을 용납하고 그들에게서 배우려는 마음도 갖게 되었다. 이제 내 인생에서 누군가를 영구적으로 제쳐 두거나 가망 없다고 치부하는 일은 거의 없다. 우리 하나님은 죽은 자를 깨우시는 부활의 하나님이시기 때문이다. 그분은 심지어 우리가 내심 그대로 죽어 있기를 바라는 사람들까지도 다시 살려 내시는 분이다.

8. 사도 바울처럼 나는 이런 사람으로 불리고 싶다. "그 사람

은 교회를 위해 열심히 일했다.” 이 목표는 내게 새로운 열정과 목표를 줄 뿐 아니라 교회를 부끄러워하고 정죄하는 마음을 버리게 해 준다. 덕분에 나는 이 ‘그리스도의 신부’와 깊은 사랑에 빠졌다. 그리고 교회의 잘못을 확대하며 “나는 저들 가운데 한 명이 아니오!”라고 외치기보다 교회의 아름다움을 알아보는 법을 배웠다. 누군가를 미워하거나 비판하거나 경멸하는 것보다 사랑하는 것이 얼마나 더 좋은가! 특히 그 누군가가 그리스도께 사랑과 아낌을 받는 교회라면 더더욱 사랑해야 마땅하리라.

9. 영적으로 사악한 힘을 처음 느꼈을 때, 즉 내가 영적으로 환영받지 못한다는 느낌이 들었을 때 정말 오싹했다. 하지만 이내 내가 나를 사랑하는 강력하고 선한 영적 힘들에 둘러싸여 있다는 사실을 깨달았다. 앞서 그 이야기를 소개했지만, 나는 아직 그 경험의 깊은 의미를 다 이해하지는 못한다. 나보다 훨씬 오래 이 길을 걸어온 사람이 많겠지만, 적어도 내가 이 길을 걷기 시작했다는 사실만으로도 기쁘고, 하나님께 감사드린다.

10. 세상적인 화려함을 하나님께 대하여 부요한 삶과 바꿔야 할 필요성에 관한 내용을 쓰고 나서 밖에 나가 산책을 해야 했다. 이 주제가 그만큼 내 영혼을 세차게 흔들었다. 나는 세상적인 화려함의 유혹에서 벗어나 이런 삶을 살기를 원한다. 바울을 아그립바와 비교한 것은 내게는 충격적일 만큼 놀라운 교훈이었다. 덕분에 나는 전에 신경 쓰던 것들에서 눈을 떼고, 전에는 무지했던 것 혹은 관심을 거의 기울이지 않는 것으로 시선을 돌릴 수 있었다. 그리고 덕분에 완전히 새로운 삶을 얻었다. 내 평생에 로마네 꽁띠 와인을

맛보지 못할지도 모르지만 나는 하나님께 대하여 부요한 삶을 깊이 마시고 싶다.

11. 내가 구조받았다는 사실을 받아들이고, 내게 영적 특권이 있다는 거짓말을 거부하자 내 삶을 지배했던 질투와 원망이 눈 녹 듯이 사라졌다. 그리고 내 야망과 기대가 근본적으로 바뀌었다. 새로운 기쁨과 감사, 심지어 환희의 시절이 찾아왔다. 당신도 그렇게 되기를 바란다.

12. 마지막으로, 지혜를 부단히, 또 적극적으로 추구할 것을 새롭게 다짐한다. 내가 이 주제를 마지막 장에서 다루기는 했지만, 사실 이것은 내가 성경을 읽는 순전한 기쁨과 성경을 묵상하는 사람들의 통찰을 통해 가장 일찍 배운 교훈이다. 새로운 통찰은 나를 흥분하게 한다. 새로운 배움은 나를 살아 있게 한다. 지혜를 얻으면 영적으로 훨씬 더 강해진 기분이 든다. 마치 평생 오랜 시간 앉아 있는 생활 습관을 가지고 살다가 6개월간 운동하고 나서 "왜 진작 이렇게 하지 않았지?"라고 말하는 사람과 같은 기분이다.

이 열두 가지 생각은 내 친구가 되었다. 당신에게도 이 진리의 생각들이 평생의 동반자가 되기를 바란다. 그리하여 나와 함께 이 시대의 영을 본받는 삶의 속박에서 빠져나와 "마음을 새롭게 함으로 변화되기를" 바란다.

감사의 말

누구보다 예수님께 감사드립니다. 주님이 계시지 않는다면 이 모든 것은 아무런 의미가 없습니다.

존더반(Zondervan)의 팀원들, 특히 웹 욘스(Webb Younce), 앨리샤 케슨(Alicia Kasen), 그리고 26년간 함께 작업해 온 더크 버스마(Dirk Buursma)에게 감사를 전합니다. 커티스 예이츠(Curtis Yates), 마이크 샐리스버리(Mike Salisbury), 앨리 세펄베다(Alli Sepulveda)는 오랫동안 저를 지지해 준 분들로, 제 사역에 늘 함께하기를 바라는 소중한 동역자들입니다.

메리 케이 스미스는 원고 초안을 읽고 언제나처럼 유익한 조언을 해 주었습니다. 또한 서브스택의 여러 구독자도 원고 검토에 참여해 주셨습니다. 그중 몇 분의 글은 본문에 인용되기도 했지만, 친절하게 고칠 부분을 알려 주고 탁월한 통찰을 나누어 주신 다음의 모든 분께 깊은 감사를 드립니다. 제러마이어 리텐하

우스(Jeremiah Rittenhouse), 빌 워크업, 낸시 클래모(Nancy Clameau), 도로시 서스킨드(Dorothy Suskind), 베일리 러셀(Bailey Russell), T. 브로우트(Braught), 더그 맥크래(Doug Macrae), 닐 드사토(Neil DeSiato), 멜바 버러(Melva Buhrer), 로라 케이츠(Laura Kates), 셰릴 리커(Cheryl Ricker), 레아 홀더 그린(Leah Holder Green), 낸시 할로란(Nancy Halloran), 테일러 피트킨스(Taylor Pitkins), 오렐리 매그너슨(Aurelie Magnuson), 바네사 새뮤얼(Vanessa Samuel), 조나단 헤프너(Jonathan Hefner), 샌디 맥퀀(Sandy McKeown), 제이 디(Jay Dee), 제니퍼 코넬리(Jennifer Connelly).

제가 설교와 교육 사역으로 섬기는 체리힐스커뮤니티교회(Cherry Hills Community Church)와 담임목사 커트 테일러(Curt Taylor)에게도 감사를 전합니다. 지난 몇 년간 이 책의 주제들로 설교하는 기쁨을 누렸고, 그 과정에서 이 책의 핵심 내용이 잘 정리될 수 있었습니다.

마지막으로, 40년이 넘는 세월 동안 변함없이 이 여정에 함께해 준 아내 리사에게 고맙다는 말을 전하고 싶습니다. 당신과 함께하기에 인생이 훨씬 더 아름답소!

✦ **prologue**

1. William Law, *A Serious Call to a Devout and Holy Life* (Dutton, 1906), 218.

2. Law, *Serious Call*, 218-219.

3. Law, *Serious Call*, 351.

4. Karl Barth, *The Epistle to the Romans*, trans. Edwyn Hoskyns (Oxford University Press, 1933), 433.

5. John Stott, *Romans: God's Good News for the World* (InterVarsity, 1994), 322. 존 스토트,《로마서: BST 성경 강해》(IVP 역간).

✦ **chapter 1**

1. Safiya Richardson et al., "Presenting Characteristics, Comorbidities, and Outcomes Among 5700 Patients Hospitalized with COVID-19 in the New York City Area," *JAMA* 323, no. 20 (2020년): 2052-2059, https://jamanetwork.com/journals/jama/fullarticle/2765184.

2. Henry Drummond, *Pax Vobiscum: An Address* (Hodder & Stoughton, 1890), 21.

3. John Calvin, *Institutes of the Christian Religion*, ed. John T. McNeill (Westminster, 1960), II.3.1, 40. 장 칼뱅,《기독교 강요》.

4. Drummond, *Pax Vobiscum*, 31.

5. Drummond, *Pax Vobiscum*, 32.

6. Jingjing Meng et al., "Prevalence of Hypochondriac Symptoms Among Health Science Students in China: A Systematic Review and Meta-analysis," PLoS One 14, no. 9 (2019년), www.ncbi.nlm.nih.gov/pmc/articles/PMC6748570/.

7. Drummond, *Pax Vobiscum*, 36.

8. Drummond, *Pax Vobiscum*, 36-37.

chapter 2

1. Brother Lawrence, Frank Laubach, *Practicing His Presence* (SeedSowers, 1973), 36. 로렌스 형제, 프랭크 루박,《하나님의 임재 연습 플러스》(생명의말씀사 역간).

2. R. Somerset Ward, *To Jerusalem: Devotional Studies in Mystical Religion* (1931; repr., Morehouse, 1994), 15.

3. Ward, *To Jerusalem*, 16.

4. 윌리엄 캐리(William Carey)가 영국 노팅엄에서 열린 노스햄턴침례교협회(Northampton Baptist Association) 모임에서 이사야 52장 4절을 본문으로 전한 설교에서, 1792년 5월 30일; "Deathless Sermon," Wikipedia를 보라, 2025년 4월 16일 확인, https://en.wikipedia.org/wiki/Deathless_Sermon.

5. Ward, *To Jerusalem*, 16.

6. Ward, *To Jerusalem*, 17.

7. Ward, *To Jerusalem*, 139.

8. Ward, *To Jerusalem*, 17-18.

9. Ward, *To Jerusalem*, 18.

10. Ward, *To Jerusalem*, 18.

11. Dr. and Mrs. Howard Taylor, *Hudson Taylor's Spiritual Secret* (1989; repr., Moody, 2009). 하워드 테일러 부부,《허드슨 테일러의 영적 비밀》(좋은씨앗 역간).

12. Garth Lean, *Frank Buchman: On the Tail of a Comet* (Helmers & Howard, 1988).

13. Garth Lean, *Good God, It Works! An Experiment in Faith* (Blandford, 1974).

14. Brant Hansen, *Unoffendable: How Just One Change Can Make All of Life Better* (W Publishing, 2015), 190.

15. Hansen, *Unoffendable*, 190. 진한 글씨는 원문 그대로 표기한 것이다.

chapter 3

1. Richard Baxter, *A Christian Directory,* vol. 1 of *Christian Ethics* (R. Edwards, 1825), 109-110. 리처드 백스터,《기독교 생활지침 1》(부흥과개혁사 역간).

2. Thomas Smith, ed., *The Works of Thomas Brooks*, vol. 1 (J. Nichol, 1866), 391.

chapter 4

1. Stanley J. Grenz, "Theological Foundations for Male-Female Relationships," *Journal of*

the Evangelical Theological Society 41, no. 4 (1998년): 620, https://etsjets.org/wp-content/
uploads/2010/06/files_JETS-PDFs_41_41-4_41-4-pp615-630-JETS.pdf.

2. Nate Larkin, *Samson and the Pirate Monks: Calling Men to Authentic Brotherhood* (Thomas Nelson, 2006), 67.

3. Larkin, *Samson and the Pirate Monks*, 68.

4. Larkin, *Samson and the Pirate Monks*, 68.

5. Watchman Nee, *Love Not the World: A Prophetic Call to Holy Living* (CLC Publications, 1968), 91.

6. Nee, *Love Not the World*, 94.

7. Nee, *Love Not the World*, 100.

8. Liz Mineo, "Good Genes Are Nice, but Joy Is Better"에 인용, Harvard Gazette, 2017년 4월 11일, https://news.harvard.edu/gazette/story/2017/04/over-nearly-80-years-harvard-study-has-been-showing-how-to-live-a-healthy-and-happy-life/.

9. Mineo, "Good Genes Are Nice."

10. Mineo, "Good Genes Are Nice."

⁺✦　chapter 5

1. Greg McKeown, *Essentialism: The Disciplined Pursuit of Less* (Crown Business, 2014), 73-74에 인용. 그렉 맥커운, 《에센셜리즘》(알에이치코리아 역간).

2. C. S. Lewis, *The Screwtape Letters* (Spire, 1976), 119. C. S. 루이스, 《스크루테이프의 편지》(홍성사 역간).

3. William Law, *A Serious Call to a Devout and Holy Life* (Dutton, 1909), 101.

⁺✦　chapter 6

1. William Gurnall, *The Christian in Complete Armor* (1845; repr., Verlag, 2024), 590.

2. J. I. Packer, *God's Plans for You* (Crossway, 2001), 119.

3. Gurnall, *Christian in Complete Armor*, 590.

4. Thomas Brooks, *The Mute Christian Under the Smarting Rod* (Reformed Church Publications, 2009), 11. 토머스 브룩스, 《고난 가운데 잠잠한 영혼》(그책의사람들 역간).

5. Thomas Brooks, "The Signal Presence of God with His People," *The Complete Works of Thomas Brooks*, vol. 5, ed. Thomas Smith (J. Nichol, 1886), 491.

6. John Calvin, *Institutes of the Christian Religion*, ed. John T. McNeill (Westminster, 1960), III.8.1, 702. 장 칼뱅, 《기독교 강요》.

7. Calvin, *Institutes*, III.8.1, 702. 장 칼뱅, 《기독교 강요》.

8. Calvin, *Institutes*, III.8.1, 702. 장 칼뱅, 《기독교 강요》.

9. Brooks, *Mute Christian*, 21. 토머스 브룩스, 《고난 가운데 잠잠한 영혼》(그책의사람들 역간).

10. Brooks, *Mute Christian*, 25-26을 보라. 토머스 브룩스, 《고난 가운데 잠잠한 영혼》(그책의사람들 역간).

11. Brooks, *Mute Christian*, 48. 토머스 브룩스, 《고난 가운데 잠잠한 영혼》(그책의사람들 역간).

12. Brooks, *Mute Christian*, 120. 토머스 브룩스, 《고난 가운데 잠잠한 영혼》(그책의사람들 역간).

13. Brooks, *Mute Christian*, 22-23. 토머스 브룩스, 《고난 가운데 잠잠한 영혼》(그책의사람들 역간).

14. Brooks, *Mute Christian*, 23. 토머스 브룩스, 《고난 가운데 잠잠한 영혼》(그책의사람들 역간).

15. Thomas Brooks, *The Mute Christian Under the Smarting Rod, The Complete Works of Thomas Brooks*, vol. 1, ed. Thomas Smith (J. Nichol, 1866), 397. 진한 글씨는 원문 그대로 표기한 것이다.

16. Calvin, *Institutes*, III.8.2, 703. 장 칼뱅, 《기독교 강요》.

17. Calvin, *Institutes*, III.8.3, 704. 장 칼뱅, 《기독교 강요》.

18. Calvin, *Institutes*, III.8.5, 705-706. 장 칼뱅, 《기독교 강요》.

19. Calvin, *Institutes*, III.8.6, 706. 장 칼뱅, 《기독교 강요》.

20. Calvin, *Institutes*, III.8.7, 707-708. 장 칼뱅, 《기독교 강요》.

21. Brooks, *Works*, vol. 1, 304.

22. Brooks, *Works*, vol. 1, 391.

23. Brooks, *Works*, vol. 5, 491.

✤ chapter 7

1. Thomas Brooks, *The Mute Christian Under the Smarting Rod* (Reformed Church Publications, 2009), 123. 토머스 브룩스, 《고난 가운데 잠잠한 영혼》(그책의사람들 역간).

2. John Owen, *Of the Mortification of Sin in Believers, Overcoming Sin and Temptation: Three Classic Works by John Owen*, ed. Kelly Kapic and Justin Taylor (Crossway, 2006), 86-99.

3. Owen, *Mortification of Sin*, 87.

4. Andrew A. Bonar, *Memoir and Remains of the Rev. Robert Murray M'Cheyne* (W. Middleton, 1852), 254.

5. Thomas Brooks, *Precious Remedies Against Satan's Devices*, device 1, remedy 6, Grace Gems, 2025년 4월 2일 확인, www.gracegems.org/Brooks/precious_remedies_against_satan7.htm.

6. Brooks, *Precious Remedies*, device 8, remedy 2.

7. Richard Baxter, *A Christian Directory*, vol. 1 of *Christian Ethics* (R. Edwards, 1825), 256. 리처드 백스터, 《기독교 생활지침 1》(부흥과개혁사 역간).

8. Thomas Brooks, *The Mute Christian Under the Smarting Rod, The Complete Works of Thomas Brooks*, vol. 1, ed. Thomas Smith (J. Nichol, 1866), 367. 토머스 브룩스,《고난 가운데 잠잠한 영혼》(그책의사람들 역간).

9. Brooks, *Mute Christian*, 368. 토머스 브룩스,《고난 가운데 잠잠한 영혼》(그책의사람들 역간).

10. Brooks, *Mute Christian*, 369. 토머스 브룩스,《고난 가운데 잠잠한 영혼》(그책의사람들 역간).

11. Brooks, *Mute Christian*, 369. 토머스 브룩스,《고난 가운데 잠잠한 영혼》(그책의사람들 역간).

12. Brooks, *Mute Christian*, 369. 토머스 브룩스,《고난 가운데 잠잠한 영혼》(그책의사람들 역간).

13. Milton Vincent, *A Gospel Primer for Christians: Learning to See the Glories of God's Love* (Focus Publishing, 2008), 31.

✛　　chapter 8

1. "Martyr Gorazd of Prague, Bohemia, and Moravo-Cilezsk," Orthodox Church of America, 2025년 4월 4일 확인, www.oca.org/saints/lives/2017/09/04/102375-martyr-gorazd-of-prague-bohemia-and-moravo-cilezsk.

2. Augustine, "Sermon 25: On the Words of the Gospel, Matthew 14:24," Christian Classics Ethereal Library, 2025년 4월 4일 확인, www.ccel.org/ccel/schaff/npnf106/npnf106.vii.xxvii.html.

3. Bonnie Harvey, *D. L. Moody: The American Evangelist* (Barbour, 1997), 9.

4. J. B. Lightfoot, *Epistle to the Colossians* (Macmillan, 1875), 231, www.gutenberg.org/files/50857/50857-h/50857-h.htm. 진한 글씨는 내가 강조한 것이다.

5. John Deppen, "Hancock the Superb: Winfield Scott Hancock and the Battle of Gettysburg," *Warfare History Network*, 2004년 4월, https://warfarehistorynetwork.com/article/hancock-the-superb-winfield-scott-hancock-the-battle-of-gettysburg/.

✛　　chapter 9

1. Iain M. Duguid, *Daniel, Reformed Expository Commentary* (P&R, 2008), 185. 이언 두기드,《REC 다니엘》(부흥과개혁사 역간).

2. Duguid, *Daniel*, 187. 이언 두기드,《REC 다니엘》(부흥과개혁사 역간).

3. Duguid, *Daniel*, 188. 이언 두기드,《REC 다니엘》(부흥과개혁사 역간).

4. John Mark Comer, *God Has a Name* (Zondervan, 2017), 108-112.

5. John Peter Lange, *A Commentary on the Holy Scriptures: The Gospel According to Matthew* (Scribner, 1865), 325.

6. Wally Odum, "This Game Called Life"에 인용, CBN, 2025년 4월 5일 확인, https://cbn.com/devotions/game-called-life.

7. Shannon McIntyre, "Sheila Walsh Overcame Tortured Past After 'Angel' Brought Her a Lamb," God Reports, 2019년 4월 29일, www.godreports.com/2019/04/sheila-walsh-overcame-tortured-past-after-angel-brought-her-a-lamb/.

✦   chapter 10

1. Liane Schmidt et al., "How Context Alters Value: The Brain's Valuation and Affective Regulation System Link Price Cues to Experienced Taste Pleasantness," *Scientific Reports* 7, no. 8098 (2017년), www.nature.com/articles/s41598-017-08080-0; David DiSalvo, "How Your Brain Makes You Think Expensive Wine Tastes Better"를 보라, *Psychology Today*, 2017년 9월 8일, www.psychologytoday.com/blog/neuronarrative/201709/how-your-brain-makes-you-think-expensive-wine-tastes-better.

2. Gabe Ulla, "The Hot New Heist: Would You Believe It's Stealing Wine?," *Town and Country*, 2023년 11월 30일, www.townandcountrymag.com/leisure/drinks/a45852344/wine-heist-crime-scandal-news/.

3. Juan Tello, Kerry Waddell, and Rüdiger Krech, eds., "Unrecorded Alcohol: What the Evidence Tells Us," World Health Organization, 2021년 7월 2일, https://iris.who.int/bitstream/handle/10665/352516/9789240044463-eng.pdf.

4. William Law, *A Serious Call to a Devout and Holy Life* (Dutton, 1906), 11-19, 56-65.

5. Mark Batterson, *All In: You Are One Decision Away from a Totally Different Life* (Zondervan, 2013), 62.

6. Christopher P. Niemiec, Richard M. Ryan, Edward L. Deci, "The Path Taken: Consequences of Attaining Intrinsic and Extrinsic Aspirations in Post-College Life," *Journal of Research in Personality* 43, no. 3 (2009년 6월): 291-306, www.sciencedirect.com/science/article/abs/pii/S0092656608001360.

7. Arthur C. Brooks, *From Strength to Strength: Finding Success, Happiness, and Deep Purpose in the Second Half of Life* (Penguin, 2022), 140. 아서 브룩스, 《인생의 오후를 즐기는 최소한의 지혜》 (비즈니스북스 역간).

8. Brooks, *From Strength to Strength*, 141. 아서 브룩스, 《인생의 오후를 즐기는 최소한의 지혜》 (비즈니스북스 역간).

9. Frederick William Faber, *All for Jesus: Or the Easy Ways of Divine Love* (Richardson, 1855), 2.

10. Rodney Reeves, *Spirituality According to John: Abiding in Christ in the Johannine Writings* (InterVarsity, 2021), 236.

11. Reeves, *Spirituality According to John*, 236.

12. Reeves, *Spirituality According to John*, 237.

13. Reeves, *Spirituality According to John*, 238.

✦ chapter 11

1. Jordan Potter, "The Absurd Story of Fyodor Dostoyevsky's Fake Execution," *Far Out*, 2024년 3월 17일, https://faroutmagazine.co.uk/story-fyodor-dostoyevskys-fake-execution/.

2. John Calvin, *Institutes of the Christian Religion*, ed. John T. McNeill (Westminster, 1960), II.16.2, 505.

3. William Law, *A Serious Call to a Devout and Holy Life* (Dutton, 1906), 281–282.

✦ chapter 12

1. John Bevere, *The Fear of the Lord: Discover the Key to Intimately Knowing God*, rev. ed. (Charisma House, 2006), 127–128. 존 비비어, 《존 비비어의 경외》(터치북스 역간).

2. Peter D. Kaufman, ed., *Poor Charlie's Almanak: The Wit and Wisdom of Charles T. Munger*, rev. ed. (Stripe, 2023), 369.

3. Mike Woodruff, "The Good Friday Update" (weekly email), 2022년 4월 15일.

4. William Gurnall, *The Christian in Complete Armor* (1845; repr., Verlag, 2024), 584.

5. Gurnall, *Christian in Complete Armor*, 584.

6. H. Newton Malony, "John Wesley and the Eighteenth Century Therapeutic Uses of Electricity," *Perspectives on Science and Christian Faith* 45 (1995년 12월): 244, www.asa3.org/ASA/PSCF/1995/PSCF12-95Malony.html.

7. Hikaru Takeuchi et al., "The Impact of Television Viewing on Brain Structures: Cross-Sectional and Longitudinal Analyses," *Cerebral Cortex* 25, no. 5 (2015년): 1188–1197, https://pubmed.ncbi.nlm.nih.gov/24256892/.

8. Robert S. Wilson et al., "Life-Span Cognitive Activity, Neuropathologic Burden, and Cognitive Aging," *Neurology* 81, no. 4 (2013): 314–321, https://pubmed.ncbi.nlm.nih.gov/23825173/.

9. "Reading 'Can Help Reduce Stress,'" *The Telegraph*, 2009년 3월 30일, www.telegraph.co.uk/news/health/news/5070874/Reading-can-help-reduce-stress.html.

10. Charles Haddon Spurgeon, "Paul—is Cloak and His Books," 1863년 11월 29일에 전한 설교, Spurgeon Center, 2025년 4월 5일 확인, www.spurgeon.org/resource-library/sermons/paul-his-cloak-and-his-books/#flipbook/.

11. Chantal Da Silva, "Michelle Obama Tells a Secret: 'I Have Been at Every Powerful Table You Can Think of⋯They Are Not That Smart,'" *Newsweek*, 2018년 12월 4일, www.

newsweek.com/michelle-obama-tells-secret-i-have-been-every-powerful-table-you-can-think-1242695.

12. Charlie Munger, "USC School of Law Commencement Address," 2007년 5월 13일, *Poor Charlie's Almanak*, www.stripe.press/poor-charlies-almanack/talk-ten?

13. Charles Chu, "In the Time You Spend on Social Media Each Year, You Could Read 200 Books," Quartz, 2022년 7월 20일 업데이트, https://qz.com/895101/in-the-time-you-spend-on-social-media-each-year-you-could-read-200-books; Philip Yancy, "The Death of Reading Is Threatening the Soul"도 보라. *Washington Post*, 2017년 7월 21일, www.washingtonpost.com/news/acts-of-faith/wp/2017/07/21/the-death-of-reading-is-threatening-the-soul/.

14. Dallas Willard, *Renovation of the Heart: Putting On the Character of Christ*, rev. ed. (NavPress, 2021), 107. 달라스 윌라드, 《마음의 혁신》(복있는사람 역간).

✦ epilogue

1. C. E. B. Cranfield, *Romans* (T&T Clark, 1979), 607.

2. Cranfield, *Romans*, 608.

3. Cranfield, *Romans*, 608.

4. Gerrit Scott Dawson, *Jesus Ascended: The Meaning of Christ's Continuing Incarnation* (P&R, 2004), 170-171.

5. Fulton J. Sheen, *Way to Happiness* (Doubleday, 1954), 23.